KB014557

갈등하는 번역

갈등하는 번역

Translation in Certain Uncertainty
번역실무에서 번역이론까지 번역가들이 알아야 할 모든 것

● **제2판** 인쇄 2023년 2월 14일 ● **제2판** 발행 2023년 2월 24일
● **지은이** 윤영삼 ● **감수자** 라성일 ● **북디자인** 김정환
● **펴낸이** 김성순 ● **펴낸곳** 크레센도 ● **주소** 서울 강서구 마곡서1로 132, 301-516 ● **전화** 070-8688-6616
● **팩스** 0303-3441-6616 ● **이메일** editor@xcendo.net ● **홈페이지** xcendo.net ● **트위터** twitter.com/xcendo
● **페이스북** facebook.com/bookbeez

ISBN 979-11-88392-08-7(03700)

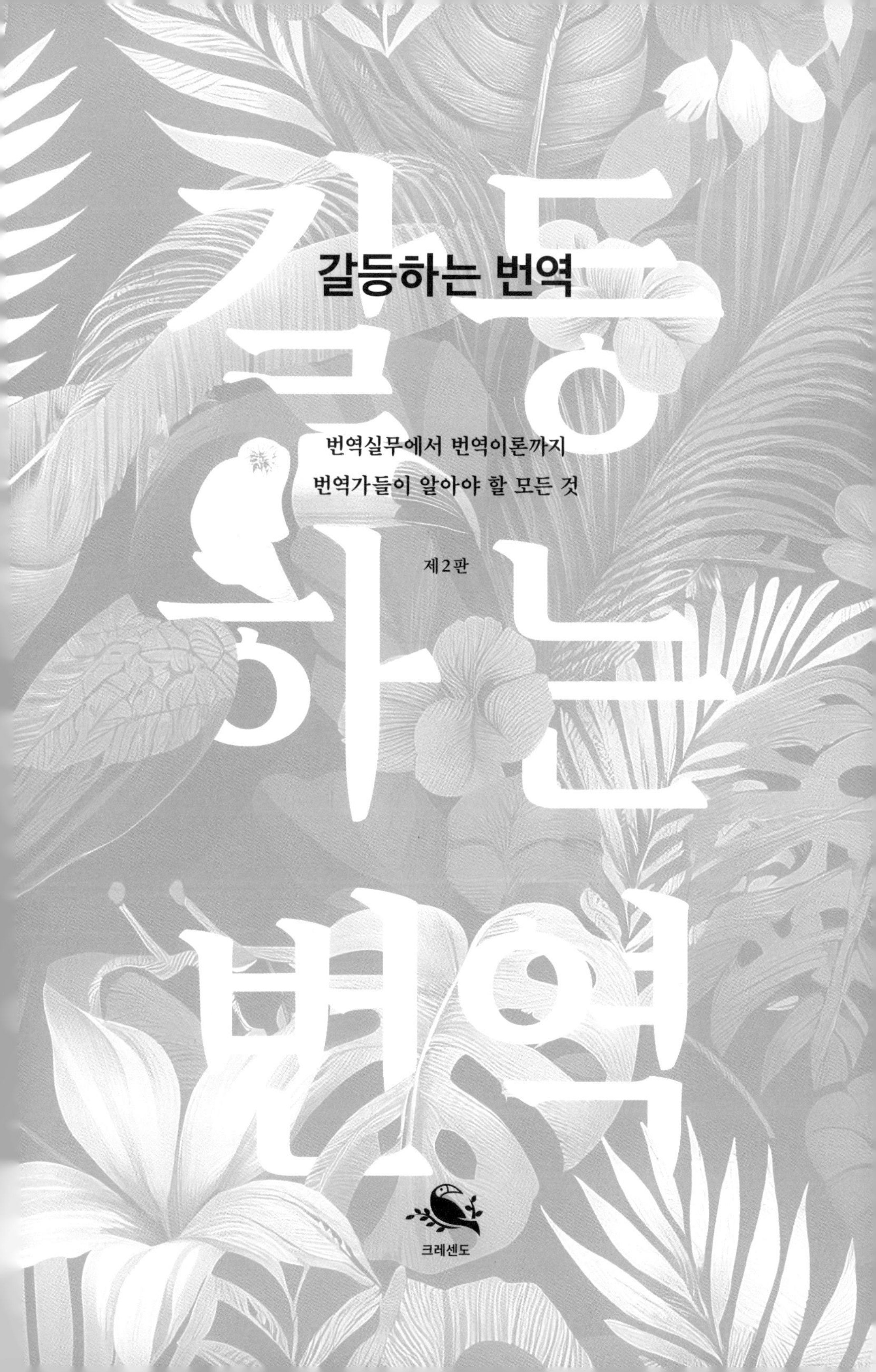
갈등하는 번역
번역실무에서 번역이론까지
번역가들이 알아야 할 모든 것
제2판
크레센도

1부 단어차원의 번역문제들

2부 문장차원의 번역문제들

3부 담화차원의 번역문제들

부족한 나를

늘 곁에서 응원해주는 라성일 선생께

제2판 서문

2014년 겨울부터 다음해 뜨거운 여름까지 동네 독서실에 처박혀 이 책을 썼다. 출판사로부터 몇 차례 번역의뢰가 들어왔지만 모두 물리치고 원고를 완성하는 데 집중했다. 물론 번역의뢰를 거절하는 것은 쉬운 일이 아니었다. 내가 옳은 선택을 하고 있는 것인지, 돈도 되지 않는 헛수고를 하고 있는 것은 아닌지 불안 속에서 끊임없이 갈등하였다. 어쨌든 책을 쓰기 시작한 이상, 무수한 번역문들을 속아내고 정리하여 해설하는 원고를 최대한 빨리 완성하는 것이 나의 유일한 목적이었다.

어느 정도 원고가 완성되었을 때, 원고에 대한 평가와 조언을 얻기 위해 동탄으로 매주 장거리 여행을 했다. 그곳에 라성일 선생이 있었기 때문이다. 그런데 막상 피드백을 받아보니 수정해야 할 부분이 생각보다 많았고, 수정작업은 원고를 쓰는 것 못지않게 많은 시간이 들었다.

이왕 시작한 일이 헛수고가 되지 않도록 최선을 다하다 보니, 결국 원고를 완성하는 데 거의 1년에 달하는 시간이 걸리고 말았다. 사실, 변변한 수입 없이 1년을 보낸 상황에서 부족한 점이 있더라도 이제 타협할 수밖에 없었다. 어쨌든 원고는 만족할 만한 수준에서 마무리되었고, 원고를 출간해줄 출판사를 찾기 시작했다.

겨울이 시작될 무렵 파주에서 몇몇 번역가들과 점심을 먹고 어느 큰 절에 구경을 갔는데, 함께 동행했던 글항아리 강성민 대표께서 내 원고에 상당한 관심을 보였다. 거의 즉흥적인 결정처럼 보일 만큼 빠르게 계약이 성사되었고 곧바로 출간작업이 진행되었다.

2015년 12월 이 책이 출간되었을 때, 반응은 좋았다. 물론 독자들의 반응이 나쁘지는 않을 것이라고 어느 정도 예상하고 있었지만, 《한국일보》 문화부 기자로부터 저자인터뷰 요청이 왔을 때는 나도 놀랐다. 번역을 하는 방법을 설명하는 책을 써서, 신문지면에 큼지막하게 사진과 인터뷰가 실릴 것이라고 누가 예상이나 할 수 있었을까? 아마도 지금껏 내 삶에 우연히 찾아온 가장 큰 행운이자 영광의 순간이었을 것이다. 이후 《채널예스》에도 몇 쪽에 걸쳐 저자인터뷰 기사가 실렸고, 그 밖에 몇몇 매체에도 이 책과 관련한 기사가 실렸다.

더욱 기쁜 소식은, 이 책이 2016년 문화체육관광부에서 실시하는 세종도서 우수교양도서부문에 선정되었다는 것이다. 이 책을 쓰기 위해 쏟았던 시간과 노력이 결코 헛되지 않았음을 나름 국가(?)가 인증해준 것이다. 어쨌든 이러한 성과에 힘입어 '번역'이라는 특수한 주제에 관한 책이었음에도 꽤 많은 독자들과 만날 수 있었다.

하지만 앞서 이 책을 쓰는 과정에 대해서 이야기했듯이, 몇 가지 아쉬운 점은 여전히 그대로 남아있었다. 책이 출간된 지 벌써 7년이라는 시간이 흘러, 드디어 원고를 개정할 수 있는 기회가 찾아왔다. 개정판에서 수정된 내용은 다음과 같다.

단어차원의 번역문제

초판에서는 6장에서 '가치편향어휘'에 대해서 다뤘는데, 가치편향어휘는 2장에서 다루는 '표현적 의미'와 겹치는 주제이며, 번역보다는 글쓰기 측면에서 주의해야 할 요소이기 때문에 이 주제를 삭제했다. 대신 의미장과 어휘집합을 새로 추가했다. 번역을 하는 과정에서 등가어휘를 찾을 수 없는 경우 '의미장'이라는 개념을 활용하면 좀더 생산적인 어휘를 찾아낼 수 있다.

문장차원의 번역문제

초판에 있던 11장 명사구를 만드는 '의' 해체하기, 12장 부사를 명사로 쓰지 않기, 15장 병렬처리하기는 번역보다 글쓰기에서 다뤄야 할 요소라고 판단하여 삭제하였다. 대신 개정판에는 10장 대명사 번역하기, 14장 문장과 어순을 새롭게 추가하였다. 13장 능동태와 수동태의 번역은 초판의 설명방식에 한계가 있어 거의 다시 썼다. 전반적으로 문장차원의 번역문제를 어순 측면에서 설명하는 비중을 높였다.

담화차원의 번역문제

개정판에는 우리가 심리적으로 인지하는 최소 의미단위 '청킹'에 기반하여 번역하는 기술이 19장에 새롭게 추가되었다. 그리고 23장 화제어는 '한국어의 사고방식과 정보구조'라는 주제에 초점을 맞춰 전반적으로 수정되었다. 또한 번역문마다 청크 단위에서 비교할 수 있도록 표를 추가하였다.

전반적인 개정

주제를 좀더 쉽게 이해할 수 있도록 곳곳에 짧은 예문들을 삽입하고 설명을 추가하였다. 또한 기존의 예문보다 더 나은 예문을 찾은 경우, 교체하였다. 초판 출간 이후 터득한 좀더 나은 접근방식과 해설방식을 최대한 반영했다. 개정판을 준비하면서 챕터를 좀더 체계적으로 구성할 수 있다는 사실을 발견하여 몇몇 챕터의 순서를 바꿨다. 또한 챕터마다 집중적으로 다루는 개념을 부제에서 좀더 명확하게 제시하였다.

아무쪼록 이 책이—지난 7년간 그러했듯이 앞으로도—문장의 숲 속에서 길을 찾는 이 땅의 번역가들, 또 장차 번역가가 되고자 하는 분들 곁에서 믿음직한 조언과 통찰을 일깨워주는 든든한 길잡이가 될 수 있기를 희망한다.

프롤로그

원칙과 규범을 의심하라

대학을 졸업하고 무역회사를 다니던 나는, 좀더 의미 있는 일을 하고 싶다는 생각을 하던 차에 '번역'이라는 힘들지만 보람 있어 보이는 일을 찾아냈다. 영어로 된 책을 읽거나 한국어로 글을 쓰는 일은 제각각 많이 해보았지만, 이 두 가지 일을 거의 동시에 하나의 작업과정 안에서 해내는 일은 그다지 해본 적이 많지 않았다. 나는 빈약한 경험을 조금이나마 보완하기 위해 '번역하는 법'에 대해 설명하는 책을 몇 권 사서 읽었고, 그러한 '번역 가이드'를 통해 전문번역가들이 10년 이상 번역을 하며 터득한 비법들을 단시간에 습득할 수 있었다.

머지않아 나는 운 좋게 출판번역일을 시작하게 되었고, 책에 밑줄을 치며 몇 번이나 곱씹던 다양한 원칙과 규칙들을 되뇌며 그것들을 실제 번역문에 적용하기 위해 많은 노력을 했다. 비록 초보번역가이긴 하지만 초보 티를 내지 않기 위해 나름 최선을 다했던 것이다.

하지만 결국 나의 시도는 실패로 끝나고 말았다. 번역할 때 '절대 해서는 안 된다'는 번역계의 고수들이 제시하는 규칙을 나는 어길 수밖에 없었기 때문이다. 나는 몇 번이고 그 '번역의 원칙'을 시간 나는 대로 들춰보며 복습을 했다. 왜 나는 대가들의 조언대로 번역을 하지 못하는 것일까? 나 자신의 부족함을 탓하며 번역가로서 자질이 부족한 것은 아닌가 자책하기도 했다.

하지만 번역경험이 조금씩 쌓이면서 감히 범접할 수 없어 보이던 그 금쪽같은 조언들 사이에 삐걱거리는 모순이 있다는 것을 어렴풋이 깨달았다.

한 문장을 한 문장으로 번역하는 것이 바람직하다고 조언하다가도 어떤 곳에서는 문장이 길면 잘라서 번역하라고 말하는가 하면, 수동태를 능동태로 바꿔 번역하라는 조언해놓고는 실제 번역문에서는 수동태를 그대로 번역해놓기도 했다. 그리고 많은 경우, 이렇게 상충하는 조언들을 늘어놓고는 결국 번역은 '글쓰기' 능력에 달려있다는 뻔한 말로 퉁치고 넘어갔다.

나는 좀더 보편적이고 타당한 번역에 관한 조언은 없을까 궁금해지기 시작했고, 결국 영국 버밍엄대학 대학원에 진학하여 번역학을 좀더 깊이 있게 공부하기로 결정했다. 어쨌든 번역을 본업으로 삼기로 마음먹은 이상 내가 하는 일을 좀더 체계적으로 이해하고 싶었다. 물론 '번역학'이라는 것이 실제 번역에 아무런 도움이 되지 않는다고 만류하는 사람들이 많았지만, 가보지 않고 후회하기보다는 가본 다음에 후회하는 쪽을 선택했다.

번역과 공부를 병행한 지 얼마 지나지 않아 나는 번역가지망생들에게 번역을 가르치는 일을 하게 되었다. 물론 내가 남들보다 훨씬 번역을 잘 한다거나 번역경험이 많기 때문에 번역을 가르치게 된 것이라기보다는, 버밍엄에서 배운 언어학적 접근방식을 통해 번역과정에서 부딪히는 문제들을 구체적인 언어로 설명하고 해설할 수 있는 능력을 습득했기 때문이다.

막상 강의를 시작하고 보니, 번역을 가르치는 일은 생각만큼 쉬운 일이 아니었다. 초보자들의 다양한 번역문들을 평가하고 첨삭하고 더 나은 번역문을 제시하고 그 이유를 설득하는 일은 매번 큰 도전이었다. 원문을 왜 이렇게 이해해야 하는지, 왜 이런 표현은 쓰면 안 되는지, 이 번역이 다른 번역보다 더 나은 이유는 무엇인지 설명하는 일은 쉽지 않았다. '경험적으로 볼 때 이렇게 하는 게 좋다'라고 권위를 내세우거나 '이렇게 하는 게 한국어답다'라는 막연한 기준을 내세워 학생들을 설득하는 것은 내 취향이 아니었다. 나는 언어학과 번역학의 지식을 바탕으로 누구나 납득할 수 있는 번역과 글쓰기의 기준을 제시하기 위해 노력했고, 그러한 노력은 학생들은 물론 나 스스로도 더 많은 공부를 하게 만드는 기폭제가 되었다.

내가 학생들에게 처음부터 한결같이 강조하는 조언은 '글쓰기나 번역하기에 원칙 같은 것은 없다'는 말이다. 누군가 글쓰기의 원칙 같은 것을 제시한다면 일단 적용해보려고 노력하는 것은 나쁘지 않지만, 그것을 철칙처럼 삼아서는 안 된다. 심지어 내가 수업 중에 제시하는 규칙 같아 보이는 것도 무조건 믿지 말고 의심할 것을 당부한다. 사실 번역이라는 분야에 대해 아무것도 모르는 초심자 입장에서는 수많은 선배번역가들이 늘어놓는 조언을 무조건 외워 적용하는 것이 최선의 노력처럼 보일 수 있지만, 잘못된 조언으로 인해—그렇지 않아도 긴 시간이 필요한—번역가가 되기 위한 수련의 시간이 더 길어질 수 있다.

기존의 번역가이드나 글쓰기책에서 제시하는 '이렇게 써라·쓰지 말라'는 처방을 실제 글쓰기에 적용하기 어려운 것은, 문법과 스타일이라는 개념을 제대로 구분하지 않고 뭉뚱그려 진술하기 때문이다. 간단히 말해서 문법은 옳고 그름을 따질 수 있는 항목으로 반드시 지켜야 하는 규칙으로 이루어져있다. 하지만 문법을 정확하게 지킨다고 해서 좋은 글이 나오는 것은 아니다. 좋은 글과 나쁜 글은, 문법보다 한 차원 높은 수준에서 이루어지는 선택으로 인해 갈라지는 것인데, 이 미지의 영역을 스타일이라고 한다.

번역이나 글쓰기에 관한 기존의 책들이 제시하는 조언들은 대개 문법에 관한 것이 아니라 스타일에 관한 것이다. 다시 말해, 선택의 문제를 규칙으로 환원하여 해법을 처방한 것이다. 스타일은 글을 쓰는 목적과 의도, 글을 쓰는 사람의 태도, 독자들에게 미치는 효과 등을 고려하여 적절하게 선택하는 것이다. 문법처럼 획일적인 규칙으로 결정할 수 있는 영역이 아니다.

문법을 배우는 것은 사실 어려운 일이 아니다. 문법책 한두 권을 달달 외우면 된다. 한국어문법 역시 마찬가지다. 하지만 스타일은 복잡하다. 정량화하고 계측할 수 없는 다양한 요소들을 음미하여 가늠할 줄 알아야 하고, 또 그러한 선택의 의도를 독자들도 느낄 수 있도록 재현해낼 줄 알아야 한다. 다시 말해 적절한 스타일을 선택할 수 있는 능력은 '글의 효과'를 감별할 줄 아는 능력에서 나온다. 그것은 문장길이를 맞춰라, 수동태를 쓰지마라, 일본어식·영어식 문장을 쓰지 마라 등과 같은 간단한 명제로 배울 수 있는 것이 아니다.

또한 번역에 관한 다양한 책들이 내세우는 좋은 번역의 기준은 '한국어다움'이다. 사실 '한국어다움'은 지금까지 번역에 관한 무수한 조언들을 정당화하고, 때로는 검증가능성을 차단하는 은빛 탄환으로 사용되었다. 물론 한국어의 특성을 살려 번역하는 것은 바람직한 일이지만, 이것 역시 과유불급이다. 한국어의 문법규칙은 반드시 지켜야 하겠지만, 이것을 충족한다면 나머지 영역에서는 저자·번역자가 선택할 몫이다. 또한 '한국어답다'라는 기준은 시대에 따라 지역에 따라 계속 바뀐다. 예컨대 지금은 번역서보다 한국어저자가 쓴 글에서 외래어·외국어가 더 많이 등장하는 경우도 어렵지 않게 찾을 수 있다.

변치 않는 진실은, 말이든 글이든 전달하고자 하는 의미에 따라 그 형태가 선택된다는 것이다. 정확히 말하자면, 어떤 '의미'를 어떤 '목적'으로 어떤 '대상'에게 전달하고자 하느냐에 따라 말하는 방식이 달라지고 선택하는 어휘가 달라진다. 좋은 번역도 이 기준에서 한 발짝도 벗어나지 않는다. 물론 번역은 기존에 작성된 글(원문)에서 의미와 목적과 대상을 파악해내, 그것을 새로운 대상을 향해 의미와 목적을 전달해야 하는 다소 복잡하고 난해한 임무까지 수행해야 한다는 측면에서 특별할 뿐이다.

나는 지금 기존의 번역가이드와 글쓰기 책들이 모두 무의미하다고 말하는 것이 아니다. 다만, 이런 책들이 자칫 경험과 지식이 부족한 초심자들을 엉뚱한 길로 인도할 수 있다는 점을 경고할 뿐이다. 사소한 처방들, 혼란스러운 규칙들만 좇다가 형편없는 번역결과물을 만들어내고도 문제를 인지하지 못할 수 있다. 글쓰기라는 행위의 본질적인 기능에 대한 고민을 놓쳐서는 안 된다. 그러한 고민을 하지 않으면 번역이든 글쓰기든 결코 늘지 않는다. 그렇게 긴 시간을 허비하고, 또 결국에는 포기하고 마는 번역가 지망생들을 실제로 나는 무수히 목격했다.

물론 내가 이 책에서 이야기하는 것들도 또 다른 번역규칙처럼 보일지도 모른다. 하지만 나는 여러분들이 규칙의 함정에 빠지지 않도록 '처방적인prescriptive' 접근보다는 '묘사적인descriptive' 접근을 하기 위해 노력했다. 다시 말해 '이렇게 써야 한다'는 연역적 접근이 아닌 '더 나은 번역의 특성은 어떠할까'라는 귀납적 접근을 통해 글쓰기·번역하기의 원리를 설명하려고 노력했다. 또한 무엇이 옳고 그르다고 단정하기보다는 '이렇게 번역할 수도 있다'는 가능성을 제시하고자 노력했다.

이 책에서 내가 다양한 번역문들을 제시한 이유는 번역자의 선택에 따라 효과(독서경험)가 어떻게 달라지는지 여러분들 스스로 음미할 수 있는 기회를 주기 위한 것이다. 자신이 만들어낸 번역문을 발신자가 아닌 수신자의 눈으로 읽어낼 줄 아는 능력을 익히길 바란다. 또한 이러한 훈련은 여러분이 앞으로 혼자 번역을 공부해나가는 데에도 아주 유용한 방법론이 될 것이다.

물론 묘사적인 접근을 하려다 보니 번역결과물들을 분석하고 설명해야만 했고, 따라서 이 과정에서 몇몇 언어학 용어들을 사용하지 않을 수 없었다. 이런 용어들이 다소 낯설게 들릴 수도 있겠지만 글을 읽는 와중에 방해가 되거나 혼란을 주지 않도록 세심하게 사용했기 때문에 그다지 어려움은 느끼지 못할 것이다. 또한 실무적인 성과를 내는 데 도움이 되는 것들만 선별했기 때문에 현실과 동떨어진 '이론'이라는 느낌은 받지 않을 것이다.

번역을 하기 위해 이론까지 알아야 하느냐 따지는 사람들이 혹시 있을지도 모르겠다. 흔히들 언어학이나 번역학과 같은 이론이 번역실무와는 아무 상관도 없다고 생각하는 사람이 많지만, 오늘날 번역가가 처한 환경에서 이론적인 배경지식은 갈수록 중요해지고 있다. 원문을 읽을 수 있는 사람들이 늘어나고 있으며, 또한 대형서점에서는 원작과 번역서를 나란히 놓고 판매한다. 또한 온라인을 통해 번역에 관한 다양한 평가와 비판이 오간다. 지금까지 번역에 대한 논란이 있을 때마다 번역가들은 대개 뒤로 숨어버리면 그만이었지만, 앞으로도 그러한 행태가 용납될 수 있을지 의문이다. 번역가는 이제 자신의 번역선택을 객관적으로 설명하고 정당화할 줄 알아야 한다. 경험과 감感으로만 번역해서는 자신의 번역선택을 제대로 설명할 수도 없고 독자를 설득할 수도 없다.

이 책에서 나는 많은 경우 번역문을 먼저 보여주고 원문은 나중에 보여준다. 이것은 앞에서도 말했듯이 번역문만 보고 여러분 스스로 문제를 진단하고 해법을 고민할 수 있는 기회를 주기 위함이다. 실제로 전문번역가나 노련한 편집자들은 원문을 보지 않고도 번역에 문제가 있다는 것을 쉽게 알아챈다. 물론 어떤 점에서 문제가 있는지 구체적인 언어로 설명하지는 못할 수도 있지만 '뭔가 어색한데' 하는 막연한 느낌만으로 오역을 찾아내고 직관적인 방법으로 글을 다듬는다.

실제로 초보자와 경험자의 차이는 이러한 감각이 있느냐 없느냐로 구분된다. 글을 많이 써보지 않은 사람들, 번역을 많이 해보지 않은 사람들은 잘못된 글을 보고도 전혀 이상하다고 생각하지 못한다. 텍스트감각은 무수히 많은 글을 읽고 번역을 하고 문장을 다루는 과정에서 무의식적으로 습득되는 것이다. 시험공부를 하듯이 단기간에 습득할 수 있는 것이 아니다. 하지만 구체적이고 체계적인 설명을 통해서 좀더 짧은 시간에 습득할 수 있도록 도움을 줄 수는 있다고 생각한다. (그렇지 않다면 내가 번역을 가르치거나 이 책을 쓸 이유는 없을 것이다.)

이 책에서 제시하는 예시문들은 실제로 나의 강좌에서 학생들이 작성해서 제출한 번역에서 발췌한 것이다. 물론 좀더 전문적인 번역가들의 번역문들을 활용할 수도 있었겠지만, 번역을 갓 시작한 사람들에게 실질적인 도움을 주는 것이 더 생산적이라고 생각하여 학생들의 번역을 예시로 들었다. 초보자들의 번역에서 자주 발견되는 전형적인 문제들을 선별하기 위해 노력했으며, 번역자의 이름은 생략했다.

이 책을 좀더 효과적으로 읽고, 실질적인 도움을 받고 싶다면 번역실습에서 제시하는 원문들을 직접 번역해보고 나서 책을 읽기 바란다. 번거롭기는 하겠지만, 책을 그냥 읽어나가는 것보다 자신의 번역과 다른 사람의 번역을 비교해보면서 읽어나가면 훨씬 많은 것을 배울 수 있을 것이다.

또한 지면의 제약으로 인해 원문과 번역문이 흩어져 있는 경우도 있는데, 번역문들을 나란히 놓고 읽어보면서 독서효과를 음미해보고 또 그러한 효과의 차이가 발생하는 원인을 나름대로 분석해보기를 바란다. 본문에서 설명하는 내용이 좀더 쉽게 이해될 것이다. (온라인 자료센터에서 다운로드 받을 수 있다.)

이 책은 초보번역자들을 주요 독자로 삼아 쓴 것이기는 하지만, 오랜 시간 번역을 해온 전문번역가와 편집자들에게도 많은 도움을 줄 수 있으리라 생각한다. 훌륭한 번역결과물을 만들어 내는 능력을 갖고 있음에도 그것이 어떤 부분에서 탁월한지 조리있게 설명하지 못하는 번역자도 많기 때문이다. 번역에 대한 의견을 나눌 때 다양한 번역현상들에 대해 좀더 객관적이고 체계적으로 설명하는 방법을 이 책을 통해 배울 수 있을 것이다. 이론은 경험적 세계에만 존재하던 모호한 현상을 논증할 수 있는 구체적인 개념으로 풀어낼 수 있도록 도와준다.

마지막으로 초심자들에게 하고 싶은 말은, 이 책에서 이야기하는 내용은 번역가가 되기 위해 갖춰야 할 자질 중에서도 가장 기초적인 것에 불과하다는 사실이다. 이 책에서 설명하는 '텍스트를 짜는 기술'은 번역가로 첫발을 내딛기 위해 갖춰야 하는 다양한 필수조건 중 하나에 불과하다. (이 책에서 설명하는 내용도 무수한 텍스트기술 중 일부에 불과하다). 텍스트기술을 갖췄다고 하더라도 번역가로서 첫발을 내딛기 위해서는 무수한 장애물을 헤치고 나가야 한다. 번역노동의 현실은 어떠한지, 번역가가 누릴 수 있는 삶의 조건은 어떤 것인지, 번역가로서 출판사와 어떻게 관계를 맺고 이어나가야 하는지, 신뢰할 수 있는 번역가가 되기 위해선 어떻게 행동해야 하는지, 번역가집단이나 출판계의 일원으로 자리잡기 위해서는 어떤 태도로 접근해야 하는지, 번역가로서 경력은 어떻게 개척해나갈 수 있는지, 무수한 지식을 습득해야 하고 조언을 얻어야 하고 경험을 쌓아야만 한다. 텍스트기술을 습득하지 못하면 번역가가 될 수 없지만, 이것을 습득한다고 해서 번역가가 되는 것은 아니라는 점을 명심하기 바란다. 성공에 지름길은 없다.

2015년 11월 윤영삼

온라인 자료센터

이 책에 실린 출발텍스트와 도착텍스트를 온라인 웹사이트에서 PDF로 다운로드하여 A4용지에 출력할 수 있습니다. 또한 이 책과 관련한 다양한 학습자료들을 제공합니다.

https://xcendo.net/translation/

이 책의 구성

앞에서도 말했듯이 번역하기와 글쓰기의 원리는 같다. 우리는 글을 쓸 때 다음과 같은 순서로 선택을 한다.

상황 { 발화할 의미 / 발화하는 목적 / 발화하는 대상 } → 메시지 → 문장 → 단어

좋은 글을 쓰기 위해서는 의미, 목적, 대상과 같은 거시적인 요소를 고려하여 메시지를 구성하고 거기에 맞는 문장을 선택하고 그 안에 넣을 단어를 선택해야 한다. 하지만 글쓰기에 관해 이야기할 때, 이러한 탑다운top-down 순서를 유지하여 접근하는 것은 매우 어렵다. 어쩔 수 없이 이 책 역시 다른 글쓰기 책들과 마찬가지로 단어에서 시작하여 문장을 거쳐 메시지로 거슬러 올라가는 버텀업bottom-up 방식을 취한다.

어쨌든 이 책을 미시적인 요소에서 출발하여 거시적인 요소로 나아가는 방식으로 구성한 것은 순전히 서술의 편의성 때문에 선택된 것임을 명심하기 바란다. 이는 곧, 내가 이 책에서 설명하고자 하는 글쓰기·번역하기의 핵심기술은 뒷부분으로 갈수록 제 모습을 드러낸다는 뜻이다.

단어차원의 번역문제들

PART I

“

전문번역가라면 원인과 결과 사이에 어떤 상관관계가 있는지 알아야 한다. 예컨대, 내가 출발텍스트의 이러한 오류를 수정한다면, 그 결과는 이러저러한 조건에서 또는 이러저러한 텍스트유형에서 이러저러한 영향을 미친다는 사실을 예상할 수 있어야 한다. 과거에는 이러한 상관관계가 그저 '이렇게 하라' '이렇게 하지 마라'와 같은 처방론적 진술을 정당화하는 것으로 인식되었다. 그런 처방을 따르면 좋은 결과가 나타날 것이고 따르지 않으면 나쁜 결과가 나타날 것이라고 여겼다. 경험으로 어렴풋이 만들어낸 이러한 번역규범은 선생에서 학생으로, 번역가에서 번역가로 전해져 내려왔다. 그런 규범은 대개 어떤 조건에서나 무조건 적용되는 진리라 여겨졌으나 안타깝게도 서로 모순적인 경우가 많았다. 원문에 가깝게 번역해야 한다고 말하면서 동시에 단어 대 단어 식으로 원문과 너무 가깝게 번역해서는 안 된다고 말한다. 운문을 운문답게 번역하라는 말하면서 동시에 운문을 산문처럼 번역하라고 말한다. 원저자에게 충성해야 한다고 말하면서 동시에 독자에게 충성해야 한다고 말한다. 오늘날 실증적인 관점에서 볼 때, 이러한 처방적 진술의 문제는 명시적으로 검증된 경우가 거의 없다는 사실이다. 기껏해야 어떤 학자 개인의 믿음이나 어떤 번역가 개인의 의견을 투사하거나, 특별한 종류에 적용한 번역기술을 일반화한 것에 불과한 것이다... 여전히 어딘가에, 언제든 적용할 수 있으며 적절한 규범만 적용하면 즉각 문제가 해결되는 만능조언 같은 것이 있으리라 기대하는 이론가나 번역가가 존재한다면, 갈 길이 한참 멀었다는 증거다.

”

Andrew Chesterman & Emma Wagner (2002) *A Dialogue Between the Ivory Tower and the Wordface*. Manchester: St. Jerome. 5-6p

Chapter 1

“

중요한 것은 원문텍스트의 모든 단어들을 옆으로 밀어놓고 전체적인 상황을 분명하게 보는 것이다. 상황을 일단 본 후에, 번역자는 자신이 파악한 것을 간단하게 적어둔다. 소통의 대상이 되는 것은 실제 단어의 등가가 아니라 상황이나 개념이기 때문이다.

”

Leonard W. Tancock (1958) “Some problems of style in translation from French” in A. D. Booth & L. Forster (eds.) *Aspects of Translation*, London: Secker & Warburg. p32

1

평화로운 휴양지와 뜨거운 정글

단어의 의미

Scissors cuts paper, paper covers rock, rock breaks scissors.

이 문장을 우리는 어떻게 번역해야 할까?

가위는 종이를 자르고, 종이는 바위를 덮고, 바위는 가위를 부순다.

이 번역을 읽는 순간, 누구나 이상하다는 느낌을 받을 것이다. 그래서 번역이 이상하다고 지적한다면 번역자는 뭐라고 대답할까?

"사전을 아무리 찾아봐도 paper는 '종이'일 뿐이다. 따라서 이것은 잘못된 번역이 아니다."

번역자는 '사전'이라는 막강한 권위로 자신의 선택을 정당화한다. 우리는 직관적으로 paper를 '보자기'라고 번역해야 하는 이유를 알고 있지만, 그것을 막상 설명하고 설득하려 하면 단단한 벽에 부딪히고 만다. 그럼에도 우리는 사전보다는 직관을 따르는 것이 옳다고 확신한다. 또 많은 사람들이 그러한 선택에 동의할 것이다.

문제는, 번역을 하다 보면 이렇게 손쉽게 적절한 단어를 판단할 수 있는 수준의 내용만 나오지 않는다는 것이다. 조금만 복잡해지고 어려워져도, 원문이 담고 있는 내용이 무엇인지 고민하는 것을 포기하고 사전을 그냥 믿어버리고 싶은 유혹에 쉽게 빠진다.

❄ ❄ ❄

다음 네 문장을 읽어보자. 문장을 읽어나가면서 어색하게 느껴지는 부분이 있다면 표시해보라.

1a 아마존강에서 평화를 느꼈다면, 피다한마을이야말로 휴식에 적합한 장소이다. 평화에 이르는 첫 걸음은 더위를 잊고, 오히려 더위를 즐기는 법을 배우는 것이다. 생각만큼 어려운 일은 아니다.

1b 아마존과 일단 화해하고 나면, 피다한마을에서의 생활도 제법 편안해진다. 아마존과 화해하는 첫 단계는 무더위에 익숙해져, 심지어 즐기는 법을 체득하는 것이다. 생각보다 어렵진 않다.

1c 일단 아마존에 적응했다면 피다한마을에서 여유를 즐길 수 있다. 이곳에서 적응의 첫 과제는 더위를 무시하거나 아예 즐기는 것이다. 생각만큼 어려운 일은 아니다.

1d 아마존 생활에 익숙해진 다음에는, 피다한마을은 휴양지가 된다. 이런 편안함을 누리기 위한 첫 번째 단계는 무더운 날씨를 무시하고 심지어는 즐기는

법을 배우는 것이다. 생각보다 어렵지 않다.

이 문장들은 다음 영어문장을 우리말로 옮긴 것이다.

❶ Once you have made your peace with the Amazon, a Pirahã village is a relaxing place. The first step toward this peace is for you to learn to ignore, even enjoy, the heat. That is not as hard as it might sound.

우선 **1a**는 peace라는 단어를 사전적인 의미 그대로 옮겼다. 한국어에서 '평화'는 명사로 쓰일 때 주로 '전쟁'과 대립되는 개념으로 사용된다. 상태를 묘사할 때는 '평화롭게', '평화적으로'와 같은 형태가 주로 사용된다. 물론 우리가 '평화를 느끼다'라는 표현을 사용할 수 없는 것은 아니다. 그렇다면 어떤 상황에서 아마존강에서 '평화를 느끼고, 평화에 이른다'는 말은 자연스러운 '발화'로 인식될까? 다시 말해 여러분이 어떤 상황에 처했을 때 이런 말이 자연스럽게 나오겠는가?

예컨대 세상이 온통 전쟁에 휩싸인 상황에서 전쟁을 피해 문명의 손길이 닿지 않는 아마존으로 피신한 상황이라면, 아마도 '아마존강에서 평화를 느꼈다'라는 말은 적절한 발화가 될 수 있을 것이다. 하지만 이는 바로 뒤에 등장하는 '평화에 이르는 첫 걸음은—'이라는 문장과 명제적으로 모순된다. 뒷 문장에서는 더위를 잊고 즐기는 법을 배우면 평화에 이를 수 있다고 설명한다.

용어설명

'명제proposition'란 언어라는 기표로 표현된 실제 사건이나 대상을 의미한다. 따라서 '명제적으로 모순된다'는 말은 기표로 발화된 사건이나 대상들이 자연법칙이나 논리적 원칙에 따라 함께 발생할 수 없다는 뜻이다.

이에 반해 **1b**는 make peace를 '화해하다'라는 의미로 옮겼다. '화해'라는 말 역시 '싸움'이나 '투쟁'이라는 개념과 대립쌍을 이루며, 따라서 이러한 사건이 이전에 존재했다는 것을 암시한다. 어쨌든 아마존과 싸우고 난 다음에야—어떻게 싸웠을까?—이런 말을 할 수 있을 것이다.

make peace를 '적응하다'로 옮긴 **1c**은 메시지가 한결 분명하고 자연스럽게 들린다. **1d**는 한걸음 더 나아가 make peace를 '익숙해지다·편안함'으로 옮겼다. 이러한 번역자의 선택은 열대기후에 적응하기가 얼마나 어려운지를 설명하는 이 문단의 목적에 잘 부합한다.

그렇다면 '적응하다·익숙해지다·편안하다'와 같은 번역어는 어떻게 선택된 것일까? 실제로 《옥스퍼드 영한사전》을 찾아보면 다음 세 가지 의미가 나온다.

peace
명사

1. [U, *sing.*] 평화
2. [U] 평온(함), 평화로움
3. [U] 화평, 화목

사전에서 '평화·화해'와 같은 번역어는 찾을 수 있지만 '적응·익숙해짐'과 같은 번역어는 찾을 수 없다. 사전이 엉터리라서 그런 것일까? 물론 사전을 잘못 만들었다고 투덜대는 사람들도 있겠지만, 사전을 아무리 잘 만든다고 한들 상황마다 가장 자연스러운 번역어를 모두 보여주는 것은 불가능하다. 따라서 번역할 때 사전을 무작정 맹신하는 것은 위험한 일이다(번역에서 대표적인 위험이란 바로 '오역'일 것이다).

사전은 의미를 알려주지 않는다

사전은 기본적으로, 어떤 단어를 다른 단어와 구별할 수 있게 도와주는 것을 목적으로 한다. 엄격하게 말하자면, 사전이 보여주는 단어의 뜻은 단어가 가진 의미meaning 중에서 특징적인 몇 가지 조각criteria을 떼어내 진술한 것에 불과하다. 이러한 진술을 정의definition라고 하는데, 의미는 정의보다 훨씬 복잡하다.

❀ ❀ ❀

번역할 때 사전을 전적으로 믿으면 안 되는 이유는, 말에서나 글에서나 우리가 실제로 사용하고 인식하는 낱말은 단어word가 아니라 어휘lexis이기 때문이다. 단어는 우리가 익히 알고 있듯이 '그 자체로 의미를 전달할 수 있는 언어의 최소단위'를 말한다. 단어의 의미는 사전에서 찾을 수 있다. 반면 어휘는 우리 머릿속에 있는 '어휘집' 안에 패턴화되어 저장되어 있는 의미단위를 말한다. 어휘의 의미는 사람들의 언어사용패턴을 관찰하여 발견할 수 있다.

예컨대 앞에서 설명했듯이 '평화'라는 낱말을 듣는 순간 우리 머릿속에는 즉각적으로 다양한 개념과 정보들이 함께 연상된다. '안정', '안전', '화목', '화합'과 같은 비슷한 개념들은 물론 '전쟁', '불안', '혼란'과 같은 대립되는 개념들이 강렬하게 떠오를 것이다. 더 나아가 한반도의 정세나 문화적인 요인으로 인해 '전쟁', '분단', '통일', '정치적 이념' '바람직한 목표'와 같은 고차원적인 관념까지 떠오를 수 있다. 문법적으로는 '명사'이기 때문에 이 말 다음에는 '—는', '—가', '—를', '—로운', '—롭게', '—적으로' 같은 조사와 '—통일', '—공존', '—유지', '—문제'와 같은 낱말들이 쉽게 따라붙는다는 사실을 우리는 알고 있다. 또 '평화'라는 단어가 어떤 상황에서 자주 등장하는지도 알고 있다(발화빈도).

이렇게 '평화'라는 낱말은 다양한 주변개념(낱말)과 함께 형성하는 거대한 패턴 속에 저장되어 있다. 이러한 정보가 모두 평화라는 '어휘'의 의미에 속한다. 우리는 '평화'라는 낱말을 선택하거나 인식할 때 이 모든 정보를—의식적으로나 무의식적으로나—고려한다. 이것이 바로 '우리가 실제로 사용하는 낱말은 단어가 아니라 어휘다'라는 말의 의미다.

이러한 어휘의 의미를 사전에 모두 담을 수 있을까? 불가능하다. 더욱이 위에서 보았듯이 어휘의 의미 중에는 사회적, 문화적 맥락에 의해 결정되는 요인도 있기 때문에 어휘의 의미는 고정될 수 없다.

번역가는 원문에 선택된 낱말 역시 모두 단어가 아니라 어휘라는 사실을 분명히 인식해야 한다. 또한 번역문을 구성하기 위해 스스로 선택하는 낱말 역시 모두 어휘라는 사실을 분명히 인식해야 한다. 물론 어휘의 의미를 어떻게 다 파악하면서 번역을 할 수 있을까 겁이 날지도 모른다. 그나마 다행스러운 것은 세 가지 유형의 의미만 고려하면 어휘의 의미를 체계적으로 파악할 수 있다는 사실이다.

- 기본의미: 어휘 자체가 갖는 의미로 대부분 사전에 나온다. 어떤 대상을 지시하거나 묘사하는 명제적 의미와 말하는 사람의 느낌, 감정, 태도를 드러내는 표현적 의미로 구분할 수 있다.
- 패턴의미: 어떤 어휘가 나타나면 우리는 그 어휘 앞뒤에 어떤 어휘가 나타날 수 있는지 예상하고 기대한다. 즉 '함께 발생할 수 있는 어휘의 종류를 제약하는 의미'다.
- 연상의미: 사회적, 문화적 맥락에서 그 어휘가 사용되는 방식으로 인해 연상되는 의미다. 예컨대 어떤 어휘를 들었을 때 우리는 그것을 어떤 사람들이 자주 쓰는지, 또는 어떤 상황에서 자주 쓰는지 안다.

생소한 용어가 등장한다고 해서 어렵게 느낄 필요는 없다. 여러분은 이미 이 모든 현상을 경험적으로 알고 있다. 그러한 경험을 말로 설명하려다 보니 하나하나 구분하고 이름을 붙인 것일 뿐이다. 또한 이 책에서 다양한 예문을 통해 계속 설명해 나갈 것이기 때문에 이러한 용어들이 무엇을 의미하는지 곧 자연스럽게 이해할 수 있을 것이다. 그리고 적어도 번역가라면, 스스로 번역에 대한 '전문가'가 되고자 한다면 이러한 용어들을 일상적으로 사용할 줄 알아야 한다.

어쨌든 여기서 이야기하고자 하는 핵심은, 사전에서 설명하는 의미는 어휘의 세 가지 의미 중 하나에 불과하다는 것이다. 물론 번역가에게 사전찾기는 매우 중요한 작업이다. 기본적인 사전찾기를 소홀히 하여 어이없는 오역을 저지르는 사례도 자주 볼 수 있다. 철저한 사전찾기 작업을 바탕으로 적절한 어휘를 찾아 나가야 한다.

❋ ❋ ❋

또한 a relaxing place를 **1a**은 '휴식에 적합한 장소', **1d**는 더 나아가 '휴양지'라고 번역을 했는데, 저자가 이 글을 쓴 목적을 고려할 때 이러한 번역선택 역시 적절하지 않다는 것을 쉽게 알 수 있다. 우선, 저자는 휴식할 만한 곳을 찾기 위해 아마존에 간 것이 아니다. 더욱이 '휴양지'는 '멋진 리조트가 있는 아늑한 해변' 같은 곳을 일컬을 때 사용하는 말이다. 사전에 등재된 여러 의미 중 어떤 것을 골라 쓸 것인지, 또는 새로운 번역어를 만들어낼지 결정할 때 이처럼 연상의미도 반드시 고려해야 한다.

마지막으로 ignore the heat을 **1c**은 '더위를 무시하다', **1d**는 '무더운 날씨를 무시하다'로 번역했는데, 이 역시 한국어에서는 보기 힘든 어휘의 조합이다. '더위를' 다음에는 '피하다·견디다·식히다·잊다·쫓다·느끼다·무릅쓰다'와 같은 동사가 주로 등장하지 더위나 날씨 다음에 '무시하다'는 동사가 나오는 사례는 거의 없다. 물론 우리는 '더위를 모른척하고 견디다'라는 명제적 의미를 전달하기 위해 사용한 표현이라고 짐작할 수 있지만, 일반적으로 발화되는 패턴이 아니다(패턴의미). '무시하다'라는 동사 앞에 사물이 오면 대개 그 존재를 '모른척한다'는 의미로 사용하고 사람이 오면 대개 그 대상을 '업신여기거나 깔본다'는 의미로 사용한다. 더위나 날씨와 같은 대상을 '무시할' 때는 어떤 의미일지 아리송하다.

한편 **1a**은 '더위를 잊는다'로 번역했는데, 이 번역선택은 그 자체로서는 패턴의미 측면에서 어색하지 않지만 그 다음에 이어지는 '오히려 더위를 즐기는'이라는 말과 명제적으로 모순된다. 예컨대 '더위를 잊고 작업에 몰두하다'처럼 더위가 아닌 다른 어떠한 대상으로 관심을 옮길 때는 이 표현이 자연스러울 수 있겠지만, 더위를 잊어버린 다음에 더위를 어떻게 즐길 수 있다는 말인가?

❋ ❋ ❋

지금까지 보았듯이 사전적으로 아무리 정확한 의미를 찾아 옮긴다고 해도 그것은 온전한 번역을 만들어내지 못한다. 번역의 핵심은 메시지다. 다시 말해 저자가 무엇을 이야기하고자 하느냐, 또 번역자가 무엇을 이야기할 것인가 하는 '메시지의 목적'이 번역과정에서 마주치는 모든 선택의 판단기준이 된다.

물론 메시지의 목적은 '해석의 산물'이다. 메시지는 번역자가 텍스트를 읽고 이해하고 해석하는 과정을 거쳐 만들어내는 것이다. 그렇게 획득한 메시지를 다시 목표독자들이 이해할 수 있는 말로, 적절한 어휘를 골라 표현해내야 한다. 이것이 바로 기본적인 번역의 방법이다. 위에서 본 예문들이 바람직한 번역문이 되지 못하는 것은, 번역자들이 메시지를 제대로 이해하지 못했거나 제대로 표현하지 못했기 때문이다. 표현적인 측면에서 전혀 다른 의미를 떠올리게 하거나 명제적인 측면에서 모순을 초래하는 것으로 보인다.

번역이 (번역자의) 해석의 산물이라는 말은 곧, 번역은 (번역자의) 선택의 결과라는 말이기도 하다. 우리가 흔히 오역이라고 하는 것도 선택의 결과일 뿐이다. 물론 어떤 선택이 올바르고 어떤 선택이 잘못된 것인지는, 앞에서 번역을 분석하고 평가한 방법으로 충분히 판단할 수 있다.

번역은 무수한 선택의 작업이다. 그리고 어떤 선택은 타당한 것으로 여겨질 것이고 어떤 선택은 잘못된 것이라고 여겨질 것이다. 이 책은 그러한 판단의 원칙들을 하나하나 설명해나간다.

✔ 1e 아마존정글에 적응할 수만 있다면, 피다한 마을처럼 편안한 곳은 없을 것이다. 이 환경에 적응하려면 우선 더위에 무감각해져야 한다. 아니, 더위를 즐길 정도가 되어야 한다.

✔ 1f 아마존정글에 적응하기만 하면, 피다한마을은 편안한 곳이다. 이 곳에 적응하기 위한 첫 단계는 더위에 무감각해지는 것, 더 나아가 더위를 즐기는 것이다.

추천번역

체크표시는 '추천번역'을 의미한다. 다시 말해 이 번역이 앞에서 본 번역에 비해 낫다고 제안하는 것이다. 이 번역들이 '정답'이라고 말하는 것이 아니라는 점을 명심하라. 번역하는 사람의 언어적 감각에 따라 조금씩 달라질 수도 있고, 이 번역보다 훨씬 뛰어난 번역이 존재할 수도 있다. 추천번역을 정답이라고 생각하는 오류를 범하지 않도록 초반 몇몇 예문에서는 추천번역을 여러 개 실었다.

하지만 책의 후반부에 가면 이해할 수 있겠지만, 단어차원에서 추천하는 번역은 문장차원에서 달라질 수 있고, 문장차원에서 추천하는 번역은 맥락을 고려하여 달라질 수 있다. 메시지의 목적은 단어나 문장차원의 세부적인 등가보다 전체적인 글의 흐름에 의존하여 구현되는 경우가 많기 때문이다.

번역 실전 노하우!

어이없는 오역을 하지 않기 위한 사전 찾기

- 선택한 어휘의 조합이 명제적으로 낯설거나 기이한 장면을 만들어낸다면, 다른 뜻이 숨어 있다는 신호다. 지체하지 말고 사전을 찾아라.
- 영한사전은 이미 누군가 번역을 해놓은 것이다. 영한사전의 뜻풀이에 얽매이면 안 된다. 가장 우선적으로 참고해야 하는 사전은 역시 영영사전이다. 영영사전에서 의미를 찾고 그것을 우리말로 번역할 때 더욱 창의적인 표현을 만들어낼 수 있다. 영한사전은 적절한 번역어가 떠오르지 않을 때 참고하는 용도로만 사용하는 것이 좋다.
- 번역문이 잘 만들어지지 않는 경우 한국어 실력이 부족하기 때문이라고 생각하기 쉽지만, 원문의 단어나 표현의 의미를 잘못 파악한 결과일 때가 더 많다. 익숙하다고 여겨지는 단어일수록 다시 꼼꼼히 영영사전을 찾아 확인하라. 물론 처음엔 번역속도가 느려지겠지만, 이 과정을 몇 년 지속하다 보면 어느새 탁월한 원문 이해능력을 갖게 된 것을 깨달을 것이다.
- 언어적 기표만으로 정확한 형상이 떠오르지 않을 때는 구글에서 이미지검색을 하라. 언어를 다루는 사람에게도 백문이불여일견百聞而不如一見은 가장 유용한 조언이다.
- 좀더 능률적인 번역가가 되고자 한다면, 번역하면서 찾은 단어들을 매일 외워라. 특히 어려운 단어들(educated words)은 의미가 한두 개밖에 되지 않기 때문에 번역과정에서 별다른 고민 없이 바로 번역문을 만들어낼 수 있다. 많은 단어를 알고 있다면 더 빨리, 더 많이 번역할 수 있고 그만큼 여유를 즐길 수 있다. 또한 주변사람들에게 어휘력을 뽐낼 수 있는 기회가 있다면 (그런 기회는 의외로 많다) '역시 번역가!'라는 감탄을 듣게 될 것이다.

사전찾기의 중요성을 보여주는 사례를 하나 보자.

2a 하버드경영대학원이 수행한 연구는 사업의 성공에서 네 가지 요소가 중요하다는 사실을 밝혀냈다… 이 특별한 연구는…

번역을 하지 않는 사람이라면 무심코 넘길 수도 있겠지만, 번역을 하거나 글을 쓰는 사람이라면 어휘의 의미를 하나하나 고민해야 한다. 왜 이런 단어를 골라 삽입했을까 저자의 의도를 추론하고 의심해야 한다. 이 번역문에서는 '특별한'이라는 말을 거슬린다. 연구사례를 소개하면서 이 연구를 굳이 '특별하다'고 묘사한 이유는 무엇일까? 맥락을 읽어봐도 무엇이 특별하다는 것인지 모호하다. 원문은 다음과 같다.

❷ A study conducted by Harvard Business School determined that four factors are critical for success in business… This particular study found that…

particular라는 단어를 보면 우리는 거의 기계적으로 '특별한'이라는 단어를 떠올린다. 너무나 쉬운 단어이고, 뻔한 단어 아닌가? 하지만 직관적인 느낌과 자신의 믿음(자신이 알고 있다고 생각하는 지식)이 충돌할 때는 무조건, 직관을 따르는 것이 현명한 길이다. 내가 알고 있던 지식이 잘못되었을 확률이 높다. 귀찮다고 넘어가서는 안 된다. 사전을 펼쳐라.

이때 주의해야 할 것은 한영사전을 찾아서는 안 된다는 것이다. 내가 알고 있다고 생각하는 쉬운 단어일수록 영영사전을 찾아야 한다. Longman Dictionary of Contemporary English에서 가장 먼저 보여주는 정의는 다음과 같다.

a particular thing or person is the one that you are talking about, and not any other

particular thing·person은 다른 것이 아닌, 지금 말하고 있는 대상을 일컫는다.

particular를 앞서 언급한 항목을 좀더 정확하게 가리키기 위한 도구라고 정의한다(이를 표층결속장치cohesive device라고 한다). '특별한'이라는 명제적 의미는 두 번째 의미로 나온다. Longman이나 Collins COBUILD는 그 단어가 실제 텍스트에서 가장 많이 사용되는 의미부터 순서대로 보여주기 때문에, particular를 '특별한'이라는 의미로 사용하는 경우보다 앞의 항목을 지칭할 목적으로 사용하는 경우가 훨씬 많다는 것을 알 수 있다.

그렇다면 영한사전에서는 particular의 의미를 어떻게 정의하고 있을까? 거의 모든 사전이 다음 세 단어를 보여준다.

particular
형용사

특별한, 특정한, 까다로운…

이런 정의를 참조하여 과연 정확한 번역을 해낼 수 있을까? 거의 불가능한 일이다.

✔ 2b 하버드경영대학원이 수행한 연구는 사업의 성공에서 네 가지 요소가 중요하다는 사실을 밝혀냈다… 이 연구는…

Chapter 2

"

눈을 감고 빨간색을 상상해보라. 이제 오렌지빛이 도는 빨간색을 상상해보라… 보랏빛이 도는 빨간색을 상상해보라. 오렌지빛 빨강과 보랏빛 빨강을 여전히 빨간색이라고 부를 수 있겠지만, 처음 떠올린 '진짜' 빨강만큼 가장 먼저 떠올릴 수 있는 빨간색은 아닐 것이다… 개를 상상해보라. '진짜 개,' '개다운 개'가 여러분 머릿속에 떠오를 것이다. 나에게는 리트리버나 셰퍼드가 가장 개다운 개인 반면 페니키즈는 개답지 못한 개다. 이러한 판단은 개인적인 기호와는 아무런 관련이 없다. 개인적으로 진짜 빨강보다 보랏빛 빨강을 좋아한다고 해도 그것이 여전히 진짜 빨간색은 아니라는 것을 우리는 여전히 인식할 수 있다. 페니키즈를 집에서 키운다 하더라도 그것이 사람들이 일반적으로 떠올리는 개다운 개는 아니라는 것에는 동의할 수 있을 것이다.

"

Eleanor Rosch (1975) Cognitive representations of semantic categories. *Journal of Experimental Psychology:* General, 198

2

불행한 독자와 아쉬운 저자

단어에 깃든 감정표현

- Please stop repeating yourself.
- Please stop complaining.
- Please stop whining.
- Please stop bitching.

이 네 문장은 모두 '같은 명제'를 전달한다. 그렇다면 이 네 문장 사이에는 무슨 차이가 있는 것일까? 상대방의 행동에 대한 발화자의 평가가 다르다. 한국어에서도 이러한 차이를 반영하여 의미를 표현할 수 있을까?

- 알았으니 그 이야기는 이제 그만 해주세요.
- 불평은 이제 그만.
- 이제 좀 그만 칭얼대.
- 제발 좀 닥쳐.

물론 상황이나 맥락에 따라 표현은 조금씩 달라질 수 있겠지만, 이처럼 우리는 어떤 발화를 하든 자신의 감정을 실어 전달한다. 명제적으로 같은 현상을 일컫는다고 해도 그것에 대하여 다양한 평가, 편견, 감정, 태도를 덧붙일 수 있다. 일상적으로는 흔히 '뉘앙스'라는 부르는 이러한 미묘한 의미의 차이를 언어학에서는 표현적 의미expressive meaning 또는 대인적 의미interpersonal meaning라고 부른다. 문제는 이러한 표현적 의미를 구현하는 방식이 언어마다 문화마다 다를 수 있다는 것이다.

* * *

1a 어떤 프로젝트든 작고 예측 가능한 부분으로 충분히 나누어 쪼개다 보면 거의 공짜로 끝낼 수 있다.

1b 어떤 프로젝트든, 적절히 작고 알기 쉬운 단위로 쪼갤 수 있다면 공짜에 가까운 비용으로 완료할 수 있다.

❶ Any project, if broken down into sufficiently small, predictable parts, can be accomplished for awfully close to free.

우선 **1a**의 전체를 '부분'으로 나누어 쪼갠다는 표현보다는 **1b**의 '단위'로 쪼갠다는 표현이 훨씬 명제적 의미가 선명하게 부각된다. 예컨대 '컵이 깨져 작은 부분이 되었다'는 말은 어색하다.

하지만 이 번역에서 지적하고자 하는 핵심문제는 '공짜'라는 어휘다. 명제적 의미를 전달하는 단어 중에 반드시 표현적 의미가 따라붙는 경우가 있는데, '공짜'라는 단어가 대표적인 예가 될 수 있다. '공짜'라는 말은 '돈이나 노력을 들이지 않고 얻을 수 있는 것'이라는 명제적 의미를 갖는 반면 '노력하지 않고 결과만 얻어가려는 바람직하지 못한 행동'이라는 표현적 의미도 내포한다. 표현적 의미가 배제된 가치중립적인 단어가 있을까? 예컨대 '공짜'와 명제적으로 같은 뜻을 지닌 어휘들을 떠올려보자.

공짜—무료—무상

각각의 낱말이 가지고 있는 표현적인 의미를 새기면서 위의 번역문에 대입하여 읽어보라. 어떤 어휘를 사용하는 것이 가장 적절할까? 이 질문에 답을 하려면 먼저, 저자가 어떤 의도로 이 문장을 썼을까 생각해야 한다. 아무 노력이나 비용을 들이지 않고 '거저' 일을 시키는 비법을 설명하려고 했을까? 그랬다면 저자는 이렇게 무거운 어휘나 문장구성을 굳이 선택했을까?

우리는 언제든 자신이 전달하고자 하는 의미에 어울리는 어휘와 문장구성을 선택하기 위해 노력한다. 다음 두 문장을 보자.

A "뭔 일이든 나눠서 시키면 공짜로 해낼 수 있지."

B "어떤 프로젝트든 예측할 수 있는 작은 단위로 쪼갤 수 있으면 공짜로 해낼 수 있지."

A는 메시지(내용)와 형식이 아주 잘 어울리는 반면, **B**는 메시지와 형식이 다소 어울리지 않는 것을 느낄 수 있을 것이다. 다시 말해 **A**의 조건절에 비해 **B**의 조건절은 신중하게 어휘를 선택하고 있는데 (예컨대 '—수 있다'와 같은 어미를 활용해 진술을 세심하게 한정한다) 이런 태도로 발화하는 사람이 '공짜로 해낼 수 있다'와 같은 표현을 선택할 리 없다. 결국 **1a**와 **1b**는 현실에서 거의 발화될 확률이 없는 **B**와 같은 문장이라는 것을 알 수 있다.

문제는 '공짜' 대신 '무료'나 '무상'과 같은 어휘를 선택한다고 하더라도 번역은 그리 나아 보이지 않는다는 것이다. 이 어휘들은 모두 어느 정도 '공짜'와 비슷한 표현적 의미를 내포하고 있기 때문이다. 번역자는 선택하고자 하는 어휘에 어떤 표현적 의미가 담겨있는지 주의 깊게 살펴야 하며, 언어적 선택에 따라 미묘하게 달라지는 표현적 의미를 민감하게 감지할 줄 알아야 한다.

그렇다면 free라는 단어는 어떻게 번역해야 할까? 어떻게 표현적 의미가 드러나지 않도록 번역할 수 있을까? 원치 않는 인상을 주지 않는 가치중립적인 묘사를 하려면 어떻게 해야 할까? 여러분이 지금껏 갈고 닦아온 모국어에 대한 직관은 어떤 해법을 제시하는가?

✔1c 어떤 프로젝트든 예측할 수 있는 아주 작은 단위로 쪼갤 수 있다면, 거의 돈을 들이지 않고도 성취할 수 있다.

나는 free를 '돈을 들이지 않다'라는 서술형 표현으로 풀어 씀으로써 혹시라도 독자들에게 편향적인 인상을 줄 수 있는 가능성을 억제했다. 여기서 배울 수 있는 유용한 번역전략은, 출발텍스트의 '어휘'를 '어휘'로만 번역하려고 해서는 안 된다는 것이다. 앞에서 영한사전의 뜻풀이에 얽매이지 말라고 조언한 이유는 바로 이것 때문이다. 사전은 기본적으로 어휘를 어휘로 번역해 놓은 것이다.

문장공작소

위 예문에는 문장차원에서 눈여겨볼 만한 요소가 있다. 명사를 수식하는 관형사의 순서다. **1a**와 **1b**는 원문의 순서를 그대로 좇아 '작다'라는 수식어를 '예측 가능한·알기 쉬운'이라는 수식어 앞에 놓았다. 하지만 한국어에서는 크기를 한정하는 수식어를 피수식 명사 바로 앞에 놓는 것이 훨씬 자연스럽다.

작고 + 예측할 수 있는 + 단위로 → 예측할 수 있는 + 작은 + 단위로

이러한 자연스러운 수식어 배열순서는 소리 내 읽어보면 쉽게 찾을 수 있다. 왠지 모르게 입에 잘 붙는 어순이 있다. 흔히들 한국어의 어순이 자유롭다고 말하지만 이는 착각이다. 모든 언어는 선호하는 어순이 있으며, 더 자연스러운 어순과 덜 자연스러운 어순이 존재한다. 어순이 자유롭다는 것은 아무 위치에나 단어를 놓아도 된다는 뜻이 아니라, 미묘한 어순의 효과를 음미하고 세심하게 배열할 줄 알아야 한다는 뜻이다.

❀ ❀ ❀

2a 집단에서 토의할 때 생각이 다른 사람을 찾아야 한다… 불행이도 이것은 자연스럽게 얻어지는 것이 아니다.

❷ When deliberating with a group, then, we should be seeking out people who think differently… Unfortunately, this is not something that comes naturally.

초보자들이 번역할 때 자주 하는 실수 중 하나로 unfortunately가 있다. 많은 이들이 이 단어를 기계적으로 '불행하게도'라고 옮기는데, 번역문을 읽다 보면 다소 작위적이고 부자연스러운 느낌이 든다.

영화나 드라마를 볼 때 등장인물의 행동이 지나치게 과장되거나 인위적일 경우, 우리는 극 속에 쉽게 몰입하지 못한다. 어느 정도 납득할 수 있는 수준으로 감정을 적절하게 표현할 때 우리는 등장인물과 공감하며 극에 몰입할 수 있다. 이는 글이라는 매체에서도 동일하게 작동한다. 소설이나 시뿐만 아니라 논픽션에서도 그대로 적용된다.

위 예문에서는 생산적인 토론을 하고 싶다면 사고방식이 다른 사람을 토론상대로 찾으라고 조언한다. 그런데 그 다음에 '생각이 다른 사람을 만나는 일'이 저절로 발생하지 않는다고 말하면서 저자는, 독자들이 느낄 감정을 unfortunately라는 말로 먼저 공감한다. 이런 상황에 대해 여러분은 어떤 감정을 느끼는가? 불행하다고 느끼는가?

우리가 '불행'이라는 말을 사용하는 맥락을 고려해보면, 이것은 감정과잉이 명백하다. 민감한 사람이라면 '안타까움' 정도는 느낄 수 있겠지만 이것도 사실 과도하다. '아쉬움' 정도면 적절하지 않을까? 아무리 생각해보아도 이런 상황에 대해서 '불행'까지 느끼는 사람은 없을 것이다.

✔ 2b 집단을 구성해 심도 깊은 논의를 할 때 나와 다르게 생각하는 사람을 찾아야 한다… 안타깝게도 이러한 상황은 자연스럽게 발생하지 않는다.

이처럼 표현적 의미를 고를 때에는 저자가 전달하고자 하는 감정이나 태도를 면밀하게 분석해내는 것 못지않게 독자가 어느 정도 수준에서 공감할 수 있을지 따져야 한다. 의도적으로 드라마틱하게 과장하거나 냉소적 태도를 전달하려는 것이 아니라면, 독자가 충분히 예상하고 기대할 수 있는 수준의 감정에 어울리는 단어를 선택하는 것이 오역을 피하는 길이다.

❋ ❋ ❋

3a 몇몇 정치인들은 허위통계가 명백하게 폭로된 한참 뒤에도 계속하여 공포를 조장했다.

이 문장은 그다지 이상하거나 어색해보이지 않는다. 하지만 원문과 비교해보면 뭔가 허전해 보인다.

❸ Some politicians continued to cultivate the scare well after the bogus stat had been definitively debunked.

일단 원문에는 다소 낯선 단어들이 눈에 띈다. 사전을 찾아보면 bogus는 '가짜의, 위조의'라는 뜻이고, debunk는 '틀린 사실을 드러내다'라고 풀이되어있다. 하지만 이러한 정의 역시 왠지 모르게 아쉽다.

지금까지 살펴본 명제적 의미와 표현적 의미라는 개념의 틀을 적용하여 문장을 분석해보자. 명제적 측면에서만 보면 이 번역은 아무런 문제가 없다. 그렇다면 표현적 의미에서 볼 때는 어떠할까? **3a**를 다시 영어로 번역한다면 다음과 같을 것이다.

❸+ Some politicians continued to aggravate the scare well after the false stat had been definitively exposed.

이 문장을 번역하든 원래 문장을 번역하든 **3a**가 나온다면, 뭔가 좀 이상하지 않은가? 오히려, **3a**는 원래 문장이 아니라 **3+**를 번역한 것에 훨씬 가까워 보인다. 두 원문의 어휘선택diction의 차이를 이해하면 저자가 전달하고자 한 표현적 의미를 좀더 명확하게 이해할 수 있다.

- bogus stat — false stat
- exposed — debunked
- cultivate — aggravate·promote

어원사전을 찾아보면 bogus라는 단어는 19세기에 가짜동전을 찍어내던 기계를 일컫는 말이었는데, 지금은 남을 '속이거나 사기치는' 행동을 일컫는 말로 사용되고 있다. 다시 말해 속어slang에 가까운 말이다. 속어는 대개 그것이 지칭하는 명제에 대한 노골적인 감정을 담고 있기 때문에 표현적 의미를 극적으로 전달하고 싶을 때 유용하게 사용할 수 있다. (우리가 과격한 감정을 전달하고자 할 때 어떤 어휘를 선택하는지 살펴보라.)

결국 저자가 '사실과 다르다'는 의미를 전달하기 위해, 중립적인 감정이 담긴 false 대신 bogus라는 단어를 굳이 선택한 것은 남을 속이는 행동에 대한 분노나 폄하와 같은 감정을 표현한 것이라 할 수 있다.

debunk 역시 20세기 초에 만들어진 단어로, bunk(허풍)을 뒤집어 까발린다는 말이다. 역시 속어에 가까운 말로, 단순히 진실을 드러낸다는 의미의 expose라는 중립적인 단어만으로는 자신의 감정과 의도를 전달할 수 없다고 판단하여 저자가 의도적으로 선택한 것으로 볼 수 있다.

cultivate 역시 표현적 의미를 전달하기 위한 어휘선택이라고 볼 수 있다. 명제적으로는 promote나 aggravate 같은 단어를 쓰는 것이 적절하지만 나쁜 일을 '경작한다'고 은유함으로서 정치인들의 의도적이고 악의적인 행위에 대한 비판적 관점을 드러낸다. 이처럼 명제적 의미뿐만 아니라 표현적 의미까지 읽어낼 줄 알아야 원문을 정확하게 읽어낼 수 있다. 이러한 표현적 의미를 어떻게 번역문에 담아낼 수 있을까?

✔ 3c 통계를 이용해 대중을 속였다는 사실이 완전히 들통난 뒤에도 몇몇 정치인들은 여전히 공포를 조장하는 일을 멈추지 않았다.

물론 완벽하지는 않지만, **3a**와 비교해 읽어보면 원문의 뉘앙스에 좀더 가깝다는 느낌이 들 것이다. 이러한 뉘앙스를 만들어내기 위해서 어떤 기법을 사용했는지 구체적으로 살펴보자.

debunked: 폭로된 → 들통난

이처럼 한국어에서도 표현적 의미에 따라 어휘가 세분화되어 있는 경우가 있다. 무언가 숨기고자 하는 비밀이 드러나는 상황을 묘사하는 단어들을 생각나는 대로 나열해보면 다음과 같다.

밝혀지다—드러나다—폭로되다—들통나다—까발려지다

이 중에서 debunked와 가장 비슷한 수준의 표현적 의미를 지닌 단어는 무엇일까? 물론, 한국어 어휘력이 좋다면 더 많은 선택지 중에서 좀더 세밀한 선택을 할 수 있을 것이다.

bogus stat: 허위통계 → 통계를 이용해 대중을 속였다는 사실

한국어에 표현적 의미에 따라 어휘가 세분화되어 있지 않은 경우, 또는 그런 단어가 잘 떠오르지 않을 경우에는 해법을 찾는 것이 쉽지 않다. 이 경우 '거짓통계' 또는 '가짜통계' 같은 말을 떠올려봤지만, 원문의 표현적 의미를 충분히 전하지 못하는 것으로 여겨진다. '사기통계fraud stat'라는 말도 떠올렸는데, 이것은 원치 않는 심상을 자아내고 (더 많은 설명이 필요한 모호함으로 인해) 진술을 더 복잡하게 만들 위험이 있다고 여겨진다. 이럴 경우 의미를 풀어서 진술하는 전략이 유용할 수 있다. 어휘를 어휘로 번역하려고 하지 말라.

cultivate: 증진했다 → 조장하는 일을 멈추지 않았다

진술방식을 뒤집는 전략은 의미를 강하게 만드는 효과를 발휘한다. '멈추지 않았다'라고 말하면 우리는 '"멈추는 것이 당연함에도" 멈추지 않았다'라는 의미로 읽는다.

물론 **3c**가 원문의 표현적 의미를 온전히 담아낸 것은 아니다. 많은 어휘들, 특히 속어는 문화적, 사회적 경험 속에서 만들어지고 공유되는 것이기에 이런 어휘들이 담고 있는 표현적 의미를 그대로 번역하는 것은 불가능한 경우가 많다. 그럼에도 훌륭한 번역가가 되고자 한다면, 저자의 의도를 정확하게 읽어내고 그것을 최대한 모방하려는 노력을 멈춰서는 안 된다.

덧붙이는 한 마디

표현적 의미를 살리기 어려울 때는, 표현적 의미를 어느 정도 포기하는 선택을 할 수밖에 없다. 반면, 명제적 의미는 희생시켜서는 안 된다. 명제적 의미가 달라지면 전달하고자 하는 내용—사건, 사실, 현상—이 달라지는 것이기 때문에, 이는 심각한 오역으로 평가될 수 있다.

번역 실전 노하우!

익숙한 말들과 거리 두기

- 우리가 익숙하게 사용하는 말들 속에 전혀 생각지도 못한 의미가 담겨 있는 경우가 많다. 글은 말과 달리 시간과 장소를 초월하여 전파될 수 있기 때문에, 내가 쓴 글이라고 하더라도 내가 전혀 인지하지 못했던 의미를 누군가 발견해 낼 확률이 높다.
- 그런 면에서 글을 쓰는 사람은 늘 모든 말을 거리를 두고 볼 줄 알아야 한다. 평소에는 인지하지 못하는 우리 말 속에 숨어 있는 은유나 비유들, 자신도 모르게 혼동하여 쓰는 말들, 명확하게 알고 있다고 생각하지만 의미를 잘못 알고 쓰는 어휘들이 의외로 많다.
- 글을 쓰려면 다양한 어휘와 표현들 사이의 미묘한 차이를 민감하게 느낄 줄 알아야 한다. 잘 알고 있다고 생각하는 말도 내가 알지 못하는 의미가 숨어있지는 않은지 낯설게 바라보는 습관을 들여야 한다. 의미가 명확하게 정리되지 않는다면 사전을 찾아 의미를 정리해나가야 한다.
- 우리말의 어근을 찾아보는 것도 상당히 도움이 된다. 한자어에서 유래된 말일 경우, 한자의 뜻을 뜯어보면 올바른 용법과 용례에 대한 상당한 힌트를 얻을 수 있다.

Chapter 3

"

건물은 '세운다'고 말하면서 왜 '설립한다'고 말하지 않는 것일까? 또 이야기나 플롯은 '짠다'고 말하면서 소설은 '짠다'고 말하지 않는 것일까? 사전적 정의로만 따진다면 정확한 이유는 알 수 없다. 우리가 그렇게 말하지 않으니까, 그렇게 말하지 않을 뿐이다.

"

Dwight Bolinger and Donald Sears (1968) *Aspects of Language*. New York: Harcourt. p55

3

건조한 피부와 말라비틀어진 소

연어와 관용구

1a 땀을 통해 수분이 증발하고 체온이 낮아지는 온대기후와 달리, 피다한 원주민들처럼 볕에 단련된 건조한 피부를 갖고 있지 않는 한, 아마존에서의 땀은 무좀이나 사타구니 완선보다 심한 피부질환을 불러일으킨다.

1b 온대기후에서 땀은 식으면서 체온을 낮추는 데 효과적인 역할을 하지만, 아마존에서는 피다한 부족처럼 날씨에 무뎌진 피부이거나 땀을 거의 흘리지 않는 피부가 아닌 한, 무좀과 사타구니의 습진이 생길 수밖에 없다.

1c 온대기후에서는 땀이 증발하면서 체온을 낮추는 역할을 하지만, 피다한족 사람들처럼 피부가 기후에 단련되었거나 땀을 거의 흘리지 않는 건조한 사람이 아니라면 아마존에서 땀은 무좀과 사타구니 습진을 일으킬 뿐이다.

❶ Perspiration—that otherwise effective tool for lowering body temperature via evaporation in temperate climates—produce little more than athlete's foot and crotch rot in the Amazon, unless your skin, like the Pirahã's, is weather-beaten and usually dry because you rarely perspire.

일단, weather-beaten을 어떻게 번역했는지 살펴보자. **1a**은 '볕에 단련되다'라고 옮겼다. 네이버영한사전을 찾아보면 a weather-beaten face를 '햇볕에 탄[그을린] 얼굴'이라고 번역해 보여준다. 물론 이 번역이 잘못된 것은 아니지만 상황에 따라 적절하지 않을 수도 있다는 사실을 명심해야 한다. 이 글에서 중요하게 언급하는 날씨요소는 햇볕보다는 오히려 습도다. 따라서 weather를 '햇볕'으로 제한하는 것은 바람직하지 않은 선택이다.

1c은 '기후에 단련되다'라는 직역을 시도했으나 '기후가 피부를 단련한다'는 말은 한국어 사고체계에서 명확한 이해understanding를 만들어내지 못한다. 한국어의 사고체계 안에서는 움직임이 없는 무생물이 의도적인 행위를 할 수 없기 때문이다. **1b**의 '피부가 날씨에 무디어지다'라는 번역선택이 그나마 적절하다고 할 수 있다.

또한 명제적 의미를 새기면서 읽어보면 **1a**과 **1c**에서 dry를 '건조한'이라는 어휘로 옮긴 것도 문제가 된다. 피부가 '건조하다'고 말할 때 우리는 푸석푸석한 피부(건성 피부)를 떠올린다. 하지만 여기서 잠깐, 지금까지 직간접적으로 경험해본 열대지방에 사는 피부가 까만 사람들을 떠올려보라. 그들의 피부는 건조한가? 잘 떠오르지 않는다면 구글에서 아마존 원주민 사진을 검색해보기 바란다. 그들의 피부는 전혀 건조하지 않다.

그렇다면 dry라는 단어는 어떤 의미로 사용된 것일까? 여기서 dry는 usually dry because you rarely perspire까지 하나의 맥락에서 파악해야 한다. 결국 **1b**처럼 '거의 땀을 흘리지 않는' 상태를 의미한다는 것을 알 수 있다.

번역을 하다 보면 dry처럼 쉽다고 여겨지는 단어를 오히려 잘못 번역하는 경우가 많다. 예컨대 dry cow management를 '마른 소 관리법'이라고 번역한다면, 나중에 편집자나 교정자도 이것이 당연히 '살점이 없는 소thin cow'를 의미한다고 생각할 것이다. 처음 번역할 때 의심하고 확인하지 않으면, 이것이 잘못된 번역이라는 사실을 끝까지 발견하지 못할 확률이 높다.

실제로 dry cow는 '젖이 나오지 않는 소'를 의미한다. 이처럼 '개별단어'의 의미(마른 소·건조한 피부)가 '개별단어의 총합'의 의미(젖이 나오지 않는 소·땀이 나지 않는 피부)와 달라지는 현상을 콜로케이션collocation(연어)이라고 한다. 모든 단어조합 속에는 콜로케이션 현상이 숨어있기 때문에 번역자는 쉬운 단어의 의미도 늘 의심해야 한다. 노련한 번역자라면 처음 번역할 때부터 '물기가 없는(dry) 소'라는 명제가 자연법칙에 어긋난다는 사실을 간파할 것이고, 여기에 연어적 의미가 숨어있다는 힌트를 찾아낼 것이다.

✔ 1d 땀은—온대기후에서라면 수분증발을 통해 체온을 낮춰주는 유용한 수단이겠지만—아마존에서는 무좀이나 사타구니염증을 유발할 뿐이다. 물론 피다한사람들처럼 이러한 기후에 오랜 시간 적응해왔을 뿐만 아니라 거의 땀을 흘리지 않는다면 상관없을 것이다.

✔ 1e 땀은 우리 몸에서 수분이 증발하면서 체온을 적당히 낮춰주는 생리작용을 하지만, 높은 습도로 인해 이곳에서는 땀이 쉽게 차고, 그래서 무좀이나 사타구니염증으로 고생하기 쉽다. 물론 이러한 기후에 오랫동안 적응해온 피다한 사람들처럼 거의 땀을 흘리지 않는 체질이라면 문제없을 것이다.

의미를 표현하기 위해 어휘를 조합하는 방식에는 두 가지가 있다.

명제적 조합: 선택적 제약

예컨대 '습한 마이시강'은 '습하다'라는 어휘의 명제적 의미와 '강'이라는 어휘의 명제적 의미가 쉽게 어울리지 않는다. 우리는 '습한' 다음에 '공기', '바람', '날씨', '공간'과 같이 물과는 다소 거리가 있는 대상이 나오기를 기대한다.

관용적 조합: 연어적 제약

예컨대 '더위를 무시하다'와 같은 표현이 어색하게 들리는 이유는 한국어문화에서는 이러한 어휘조합을 선호하지 않기 때문이다. 또한 dry cow와 같이 개별 어휘의 의미와는 무관하게 관용적으로 선호하는 어휘조합방식이 있다 (이를 '관용구idiom'라고 한다). 이러한 어휘조합방식은 그 언어를 사용하지 않는 사람들에게는 생소한, 그 언어만의 고유한 특성을 드러낸다.

❀ ❀ ❀

2a 만약 최대수준에서 요구를 했다면 언제든 줄여서 타협해볼 수 있다. 하지만 너무 적게 요구한다면, 흥정을 그보다 더 끌어올리는 건 거의 불가능하다.

2b 최대한 요구할 수 있는 상한선에서 시작하여 조금씩 줄여나가자. 너무 많이 요구하면 줄여나갈 수 있지만 너무 적게 요구하면 다시 흥정하는 것이 불가능해진다.

❷ Start with the maximum reasonable request and negotiate down from there. If you ask for too much, you can always settle for less. But if you ask for too little, it's almost impossible to bargain upward.

2a에는 '요구를— 줄여서'라는 표현이 등장한다. **2b**에도 '줄여나가다'라는 동사가 등장하는데, 명확하지는 않지만 아마도 이 역시 '요구를 줄이다'라는 의미로 사용했을 것이다. 또 **2a**에 나오는 '적게 요구하다'와 '흥정을 끌어올리다'라는 표현도 어색하긴 마찬가지다.

물론 표현이 어색하긴 해도 글을 쓴 사람이 전달하고자 하는 명제적 의미를 전혀 짐작할 수 없는 것은 아니다. 따라서 속도가 중시되는 번역에서는 이 정도 수준의 결과물이 용인되기도 한다. 예컨대, 조직 내에서 빠르게 정보를 공유하기 위한 문서를 번역한다면 이런 표현을 다듬느라 시간을 허비하는 것은 올바른 선택이 아닐 것이다. 하지만 책을 번역한다면, 더욱 자연스럽게, 정교하게 표현하기 위한 노력을 기울여야 할 것이다. 번역의 완성도는 언제나 번역의 목적—번역결과물이 수행하고자 하는 기능과 번역결과물을 읽고자하는 독자의 의도—를 고려하여 평가되어야 한다.

다시 본론으로 돌아가 '줄이다'는 '수준을 아래로 향하다'라는 명제적 의미를 가지고 있지만 '요구'라는 명사와 조합하여 사용하지 않는다. 이처럼 명제적 사실과 무관하게 언어공동체에 속한 사람들이 관습적으로 선호하는 어휘의 조합, 즉 '연어적 제약'이 작동하고 있는 것이다.

많은 번역문에서 '더위를 무시하다'나 '요구를 줄이다'처럼 연어적 제약을 깨는 표현들이 자주 등장하는 이유는, 출발어에서 작동하는 연어적 제약과 도착어에서 작동하는 연어적 제약이 다르기 때문이다. 원문의 어휘를 그대로 옮기다 '번역의 흔적'이 남은 것일 수도 있고(번역투), 번역과정에서 의미표상을 찾는 일을 게을리한(의미를 이해하지 못한 채 번역을 한) 탓일 수도 있다. '요구를 줄이다'와 같은 표현은 '요구수준을 낮춰가며 협상하다' 정도로 옮겨야 자연스러울 것이다.

✔ 2c 우선 타당한 수준에서 최대한 요구를 하고, 협상과정에서 요구수준을 조금씩 낮춰가라. 지나치게 많은 요구를 했을 때는 언제든 양보할 수 있지만, 지나치게 적게 요구했을 때는 협상과정에서 더 많이 요구하기는 어렵다.

✔ 2d 처음에는 일단 가능한 한 최대한도를 요구하고 협상을 통해 조금씩 양보하라. 처음부터 많이 요구하면 조금씩 양보해도 상관없지만 처음부터 지나치게 적게 요구하면 흥정을 통해 끌어올리기는 힘들다.

* * *

콜로케이션은 다양한 방식으로 자신의 모습을 숨기기도 한다.

3a 강의에서 어떤 책을 가장 싫어했는가? 그 싫어함은 당신의 어떤 지적 결함을 가리키는가? 이 질문을 만든 손은 분명히 가혹했다.

두 가지 질문을 한 다음에 나오는 문장은 아무리 봐도 이상하다. 원문을 찾아보자.

❸ What book did you most dislike in the course? What intellectual flaws in you does that dislike point to? The hand that framed that question was surely heavy.

원문을 보니 정말 Hand was heavy라는 말이 나온다. 다소 이상하기는 하지만 어쨌든 '손이 무거웠다'라고 말하는 것은 번역가 스스로도 납득이 되지 않으니 아마 사전을 찾아보았을 것이다. 1. 2. 3… 사전의 뒷부분으로 가니 '엄격한, 가혹한' 같은 뜻이 나온다. 그나마 가장 적절한 의미처럼 보인다고 판단했을 것이다.

이렇게 자연법칙과 상식을 위반하는 진술이 나올 때는 콜로케이션이 숨어있을 확률이 높다. 사전을 잘 찾아보면 with a heavy hand라는 관용구가 나온다. '가혹하게, 엄격하게'라는 뜻인데, 이 문장에서는 이것을 분해해놓은 것이다. 어떻게 번역해야 할까?

✔ 3a —이렇게 질문의 틀을 짜놓은 것은 누가 뭐래도 가혹한 것이었다.

⁂

4a 그녀의 남편이 되기 위해 서류를 작성할 수 있는 사람은 없다고 생각해. 그녀의 요구조건은 너무나 많거든.

이 번역 역시 뭔가 이상하다는 느낌을 지울 수 없다. 여기서 '요구조건이 많다'는 것과 '서류를 작성하다' 사이에는 어떠한 필연적 관계가 존재하지 않는다. 혼인신고를 하기 위해 서류를 작성하는 모습을 상상하면서 이 번역을 옹호할 여유가 있다면, 그 시간에 사전을 찾기 바란다. 자연법칙에 어긋나는 진술, 상식에 맞지 않는 진술이 나올 경우, 거의 100퍼센트 오역이다. 자연법칙에 어긋나는 진술을 하는 사람이 글을 쓰고 책을 썼을 리는 없기 때문이다.

❹ I don't think anyone will be able to fill the bill to become her husband, her list of requirements is way too long.

꼼꼼히 문장을 보면 fill the bill이 수상쩍다는 것을 알 수 있다. the bill이 지칭하는 앞선 정보를 맥락에서 찾을 수 없기 때문이다. 사전을 펼쳐 bill을 찾아보면 '요구조건에 꼭 맞다'는 뜻의 이디엄을 발견할 수 있다.

✔ 4b 그녀의 남편감이 될 만한 사람을 찾기는 어려울 거야. 요구조건이 너무나 많거든.

번역 실전 노하우!

숨어있는 관용구

문자 그대로 해석했을 때 의미가 잘 통하지 않는다면 관용구나 고정표현일 확률이 높다. 다음 세 가지 경우에는 반드시 관용구가 숨어있는지 의심해야 한다.

1. 진리조건을 위반하는 경우

There is no escape from the long arm of the law.

법의 긴 팔에서 벗어날 방법은 없다.

the long arm of something은 '멀리까지 뻗치는 힘'을 의미한다.

2. 문법적으로 어긋나 보이는 경우

If we blow these rocks to kingdom·come, we should be able to rescue the trapped hikers from the cave.

이 바위를 왕국으로 오게끔(?) 날린다면, 동굴에 갇힌 등산객을 구조할 수 있을 것이다.

if절에서 come이라는 동사가 마지막에 또 나와, 문법적으로 맞지 않는 것처럼 보인다. 사전을 찾아보면 kingdom come 은 죽은 뒤 가는 '내세' 또는 '천국'을 의미하고 blow something kingdom come은 '완전히 날려버리다'라는 뜻이다.

3. like~로 시작하는 직유표현

His tires squealed as he drove out of the parking lot like a bat out of hell.

지옥에서 나온 박쥐처럼 주차장을 빠져 나가면서 타이어가 미끄러지는 요란한 소리를 냈다.

자동차가 달리는 모습을 지옥에서 나온 박쥐에 비유하고 있는데, 문화적인 맥락이 달라 박쥐의 어떤 측면을 강조하고자 하는지 한국독자들은 감을 잡기 어렵다. 이 경우에는 속도를 강조하는 것으로 우리말의 '쏜살같이'와 비슷한 의미를 지닌다.

관용구를 번역할 때 한 가지 조언하고 싶은 점은, 관용구를 의미만 살려 번역하려고 하기보다는 어휘가 연상시키는 환기적 의미까지 살려 번역하면 훨씬 좋다는 것이다. 예컨대 '법이 미치는 범위를 벗어날 방법이 없다'라고 번역하면 너무나 평범하고 밋밋한 문장에 지나지 않겠지만, arm의 의미를 살려 '법의 손아귀에서 벗어날 방법은 없다'라고 옮기면 훨씬 글이 재미있어진다. '쏜살같이 주차장을 빠져나가면서'보다는 '지옥불에서 달아나는 박쥐처럼 주차장을 빠져나가며'라고 옮기면 훨씬 오감을 자극한다. (물론 글의 맥락이 허용하는 범위 안에서만 가능한 선택이다.)

이러한 시도는 글의 재미를 높여줄 뿐만 아니라, 새로운 표현방식을 한국어 어휘창고에 추가하는 매우 의미있는 작업이기도 하다. 한국어로 사고할 수 있는 세상의 폭을 넓혀줄 뿐만 아니라, 더욱 창의적인 한국어표현이 탄생할 수 있는 밑거름이 된다. 도착문화의 발전에 이바지하는 번역 본연의 사명을 수행하는 것이다.

번역 실전 노하우!

콜로케이션과 전문용어

진리조건을 위반하거나 문법적으로 어긋나 보이는 단어조합 중에는 전문용어도 많다.

> In a niche on the wall, sat a tiny veiled Ganesh, the elephant god.
>
> 벽의 틈새에 베일을 두른 작은 코끼리 신 가네쉬가 앉아있다.

벽의 갈라진 틈에 신이 있다는 것은 누가 봐도 기이하다. 사전에서 niche를 찾아보면 유럽의 오래된 건축물에서 흔히 볼 수 있는 벽의 움푹 파인 자리(벽감)를 niche라고 한다는 것을 알 수 있다. 벽감 속에 가네쉬 좌상이 있다는 뜻이다. 여기서 한발 더 나아가면 이런 콜로케이션도 만날 수 있다.

> ***blind niche***

이것은 '눈 먼 틈새'가 아니라, 석상을 놓을 수 없게 매립한 벽감이다. 이러한 콜로케이션은 오역을 유발할 수 있는 함정과도 같이 텍스트 곳곳 매복해있으니 사전찾기를 게을리해서는 안 된다. 몇 가지 예를 보자.

- tropical depression: 열대의 우울 → 열대성 저기압 (기상)
- dull highlight: 흐린 밝은 부분 → 뭉개진 하이라이트 (사진)
- biased error: 편향된 실수 → 편향오차 (통계)
- covering Islam: 이슬람 포위하기 → 이슬람 취재기 (언론)

Chapter 4

“

아베나키족은 곰을 사냥할 때 곰을 곰이라고 부르지 않는다. 이렇게 하면 불운이 온다고 여긴다. 대신 곰을 할머니, 사촌, 대장의 딸, 털을 가진 놈이라고 부른다.

”

Paul Bryers (1998) *The Prayer of the Bone*. London: Bloomsbury, 1998, p45.

재미있는 경기와 잘 튀는 공

사용역과 전문용어

1a 살면서 단 한 번도 철학책을 손에 쥔 적이 없다 하더라도, 알게 모르게 당신 역시 철학자다. 누구나 세상 돌아가는 모습에 대해, 또 삶에 영향을 미치는 중요한 요소들에 대해 갖가지 철학적 가정과 추측, 가설, 심지어 이론까지 들먹이며 이러쿵저러쿵 떠들지 않는가? 그렇지 않은 사람은 없을 것이다.

❶ You are a philosopher, whether you know it or not, even if you have never picked up a book of philosophy in your life. We are, all of us, in the grip of various philosophical assumptions, presuppositions, hypotheses, even theories, about the way the world is, and about what matters in life. All of us, without exception.

철학에 조금이라도 관심이 있는 사람이라면 '철학적 추측'이라는 표현이 다소 낯설게 느껴질 것이다. 원문을 보면 이 어휘는 presupposition을 번역한 것인데, 사전을 찾아보면 '예상, 가정, 추측'이라고 나온다. 하지만 이 단어가 철학분야에서 사용될 때는 '전제'라는 말로 번역한다.

언어는 사용하는 사람에 따라, 상황에 따라 조금씩 달라진다. 이것을 언어변이language variation이라고 한다.

예컨대 100년 전 사람들과 오늘날 사람들이 쓰는 언어는 다르다. 전라도와 경상도에 사는 사람들이 쓰는 언어는 다르다. 경제적으로 부유한 사람들과 가난한 사람들의 언어는 다르다. 심지어 노인과 젊은이가 쓰는 말도 다르다. 이처럼 언어가 사용하는 사람들에 따라 달라지는 것을 '방언dialect'라고 한다.

더 나아가 언어를 사용하는 사람뿐만 아니라, 언어가 사용되는 상황에 따라 변이가 발생하기도 한다. 예컨대 컴퓨터작업을 할 때 쓰는 말과 요리를 할 때 쓰는 말이 다르다. 선생님과 이야기할 때 쓰는 말과 친구 사이에서 쓰는 말이 다르다. 벽에 붙일 안내문을 쓸 때와 이메일을 쓸 때 선택하는 문구가 다르다. 이처럼 상황에 따라 발생하는 변이를 '사용역register'이라고 한다.

사용역이라는 용어가 다소 생소하게 들릴 수 있지만, 우리는 누구나 사용역에 익숙하다. 사람들이 주고받는 이야기만 듣고도 그것이 어떤 상황에서 주고받는 말인지 어렵지 않게 추측할 수 있는 것은 바로 사용역 때문이다. 다시 말해, 사용역은 상황에 따라 자연스럽다고 여겨지는 어휘나 표현이 무엇인지 판단하는 사회적 규범과 밀접하게 연관되어있다.

She has degraded herself by telling a lie. 거짓말을 하여 자신을 비하했다.
Loud noise can degrade hearing ability. 소음은 청력을 저하시킬 수 있다.
They degraded him to private because of his drinking.
술을 마셨다는 이유로 그를 사병으로 강등했다.

degrade라는 단어 하나가 사용되는 영역에 따라 다르게 번역된 것을 볼 수 있다. 예컨대 '청력을 강등하다', '사병으로 비하하다,' '자신을 저하시키다' 같이 번역하면 어색한 느낌을 줄 뿐만 아니라, 자칫하면 의미소통 자체를 불가능하게 만들 수 있다.

또한 대화상황에서도 사용역은 적용된다. 예컨대 미국에서는 학생이 선생님을 Mr. Smith라고 부르는 것이 자연스럽지만, 한국에서는 선생님의 이름을 부르지 않는다. 이런 호칭을 많은 번역서들이 '스미스 선생님'과 같이 번역하지만, 사실 이것 역시 매우 낯선 장면을 만들어낸다. 한국에서는 윗사람의 이름을 면전에서 부르는 것은 대부분 무례한 행동으로 간주된다. 주인공이 계속해서 '스미스 선생님'이라고 부른다면, 한국독자들은 그 인물을 '예의없고 버릇없는 학생'이라고 생각할 것이다.

번역을 하다 보면 어휘선택 과정에서 사용역을 고려하지 않는 실수를 무심코 저지르는 경우가 많다. 예컨대 닭의 일생을 설명하는 글 중에 이런 문장이 나온다.

> 몇 달 동안 닭장에 몸을 비비고 다른 닭들에게 쪼이기까지 하면 털이 남아 날리가 없다. 당신의 피부, 특히 꼬리 주변이 시뻘겋게 달아오른다.

닭의 꼬리를 본 적 있는가? 무수한 초보번역가들이 이처럼 기이하고 이상한 동물을 아무렇지 않게 만들어낸다. 뒷 문장의 원문은 다음과 같다.

> Your skin will be red and raw, especially around your tail.

물론 명제적으로—해부학적으로—따진다면 '꼬리'라는 말이 틀리지는 않겠지만 한국어에서는 새의 꼬리는 '꽁지'라는 이름으로 일컫는다. 사용역은 이처럼 사회적 문화적 차원에서 작동하는 언어규범이기 때문에 원문의 단어와 문장에 매몰되어 번역할 경우 깨닫지 못하는 경우가 많다.

흔히 번역가들이 '전문용어'를 제대로 이해하고 옮기는 것을 번역의 어려움이라고 말하는데, 전문용어는 사용역의 일부분이다. 번역자는 똑같은 단어라도 분야가 달라지면 어휘선택도 달라질 수 있다는 것을 명심하고, 자신이 번역하는 텍스트가 속하는 분야의 개론서나 전문용어사전을 곁에 두고 항상 참고해야 한다.

✔ 1b 우리는 철학자다. 이 사실을 알든 알지 못하든, 심지어 일생 동안 철학책을 한 번도 들여다본 적 없다고 해도 마찬가지다. 우리는 누구나 세상을 어떻게 바라볼 것인지, 또 삶에서 무엇이 중요한지 이해하기 위해 다양한 철학적 가정, 가설, 전제, 이론을 사용한다. 우리 모두, 예외는 없다.

✔ 1c 당신은 철학자다. 당신이 이 사실을 모른다고 하더라도, 또 일생 동안 철학책을 한 번도 들여다본 적 없다 하더라도 그러하다. 예외는 없다. 세상을 어떻게 바라볼 것인지, 또 삶에서 무엇이 중요한지 이해하는 방식에서 우리는 다양한 철학적 가정, 가설, 전제, 이론을 사용한다. 우리 모두 그렇다!

아는 만큼 보인다

철학에 대한 지식이 있는 독자라면 **1a**에서 거슬리는 부분이 또 있을 것이다. 바로 the way the world is와 what matters in life라는 표현이다. 이 두 항목은 철학의 가장 근본적인 두 기둥인 '세상은 어떻게 존재하는지' 탐구하는 존재론과 '어떻게 살아야 하는지' 탐구하는 윤리학을 풀어 쓴 것이다. 한 마디로, 이 문장은 우리가 존재론적 문제와 윤리학적 문제를 풀기 위해 다양한 철학적 가정, 전제, 가설, 이론을 활용한다고 말하고 있는 것이다. 이러한 오역이 발생한 원인은 '저자의 지식수준과 번역자의 지식수준 사이의 격차'라고 할 수 있다. 이처럼 '번역기술'을 습득한다고 해서 이러한 지식까지 습득할 수 있는 것은 아니다.

또한 '—까지 들먹이며 이러쿵저러쿵 떠들지 않는가?'라는 종결부는 표현적 의미가 매우 강하게 반영되어 있다. 하지만 원문을 보면 이러한 가치편향이 저자의 것이 아니라는 사실을 알 수 있다. 번역자가 원문을 잘못 해석한 것이다.

❋ ❋ ❋

2a 예를 들어 1999년, 마크 맥과이어와 새미 소사는 어떻게 그토록 많은 홈런을 칠 수 있었을까? 개인적인 실력, 즉 재능이 뛰어나거나 연습을 많이 했기 때문이었을까, 아니면 그들의 환경, 즉 투수가 취약했다거나 그 해의 경기가 매우 재미있었기 때문이었을까? 그들의 실력에 점수를 더 줄 경우에는 개인적인 원인을 강조하겠지만, 그렇지 않을 경우 그들의 환경에 주시할 것이다.

2b 예를 들어보자. 1999년, 마크 맥과이어와 새미 소사는 어떻게 홈런을 그렇게 많이 칠 수 있었을까? 개인적 특성 덕분이었을까? 즉 재능이 뛰어나고 노력을 많이 했기 때문일까? 아니면 외부환경 덕분이었을까? 다시 말해 투수가 약했거나 공이 유난히 잘 튀었기 때문일까? 마크 맥과이어와 새미 소사가 자기 자신의 힘으로 성공했다고 생각한다면 개인적 특성에서 원인을 찾은 것이다. 자기 자신의 힘이 아니었다고 생각한다면 외부환경에서 원인을 찾은 것이다.

2a를 읽다 보면 머리를 갸우뚱하게 만드는 대목과 마주친다. 어떻게 경기가 '재미있던' 것이 홈런을 많이 친 이유가 될 수 있지? 홈런을 많이 쳐서 경기가 재미있어질 수는 있겠지만, 그 반대는 과연 어떤 인과관계가 있을까?

2b를 보면 '경기가 매우 재미있었기 때문'이라는 부분이 '공이 유난히 잘 튀었기 때문'으로 바뀌어 있는 것을 알 수 있다. '유난히 잘 튀는' 야구공은 어쨌든 '재미있는 경기' 보다는 홈런과 좀더 인과관계가 있어 보이긴 하지만 그럼에도 여전히 고민스럽다. 야구공은 단단하고 묵직한데, '유난히 잘' 튀는 것은 어느 정도로 튄다는 말일까? 테니스공처럼 튄다는 말일까? 또 이것은 홈런을 치는데 어떻게 도움을 준다는 말일까?

독자는 이 글이 번역된 것이라는 사실은 알고 있기 때문에 당연히 원문을 궁금해 할 것이다.

❷ For example, why did Mark McGuire and Sammy Sosa hit so many home runs in 1999? Was it their personal qualities—talent and hard work—or their circumstances—weaker pitchers and livelier baseballs? If we are supposed to give them credit for their achievements, we emphasize the personal cause; if not, we emphasize circumstantial ones.

원문을 살펴보면 이것이 livelier baseballs를 옮겼다는 사실을 알 수 있다. livelier baseballs은 과연 무엇일까? 나 역시 이 부분을 번역할 때 많은 고민을 했다. 번역가가 어떻게 문제를 해결해나가는지 보여주기 위해 그 고민의 과정을 간략하게 옮겨본다.

1. 처음 번역할 때에는(drafting) 이 표현을 **2a**와 같이 '다시 말해 약한 투수력이나 활기찬 야구경기 때문이었을까?'라고 번역한다.
2. 이 문장이 포함되어 있는 섹션을 모두 번역하고 난 뒤 개별 문장의 명제적인 인과관계를 고려하며 글을 고쳐나간다(revising). 그 과정에서 baseball이 '야구경기'가 아니라 '야구공'을 의미할 확률이 높다는 것을 깨닫는다.
3. 다시 사전에서 lively의 의미를 확인한다. '활발한', '활기찬', '선명한'이라는 의미만 나온다. '잘 튀는'으로 해석하기에는 다소 무리가 있다.
4. 농구공이나 테니스공이 튀어 오르는 움직임은 bounce라는 단어로 표현한다. 하지만 야구공이 야구배트와 충돌하여 그 반작용으로 멀리 날아가기 위해선 '바운스'가 크면 안 된다. '충격을 받았을 때 멀리 튕겨 나가는' 무언가 다른 성질이 있어야 할 것이다. (그래서 저자는 lively라는 단어를 썼을 것이다.)
5. 이제 추론으로는 더 이상 얻을 것이 없다. 지금까지의 추론을 검증하는 작업을 시작한다. 마크 맥과이어와 새미 소사의 홈런경쟁은 미국에서는 물론 한국에서도 TV와 신문에 자주 보도된 사건이었다. 구글에서 기사를 검색해본

다. 하지만 1998년 일이기 때문에 한국어기사는 나오지 않고, 영어기사만 몇 개 나온다. 어쨌든 영어기사를 통해 야구공에 관한 논란이 있었다는 것을 확인할 수 있다.

6. 명제적 사실을 확인했으니 이제 우리말로 옮기면 된다. "다시 말해 약한 투수력이나 배트에 맞았을 때 잘 튀어 나가는 야구공 때문이었을까?" 일단 번역은 했지만 그래도 뭔가 미심쩍다. 1998년 메이저리그의 홈런경쟁을 보도할 때 한국의 언론들은 이 문제에 대해서 언급하지 않았을까? 그 때 '야구공의 잘 튀어 나가는 성질'에 대한 언급을 했을 것 같다. 어떤 용어를 사용했을까? 자주 언급된 이슈라면 특별한 용어나 표현방식이 있을 확률이 높다.
7. 다시 인터넷검색을 시작한다. 하지만 용어를 먼저 알고 그 뜻을 찾는 것과 달리, 뜻을 먼저 알고 그것을 일컫는 용어를 찾아내는 것은 상당히 어렵다. 사용역은 이처럼 전문용어사전이나 인터넷검색으로도 해결할 수 없는 경우가 많다.
8. 인터넷검색을 포기하고 결국 위의 번역으로 일단 타협을 하고 넘어간다. 어쨌든 명제적 사실은 틀리지 않았기 때문에 오역이라고 할 수는 없겠지만, 야구광(또는 야구전문가)이 내 번역문을 읽는다면 이런 생각을 할 것이다. "쯧쯧. 야구에 대해 잘 모르는 사람이 번역했군."
9. 몇 주가 지난 뒤 우연히 어떤 사람과 통화를 하던 중에 그 사람이 야구, 특히 메이저리그를 즐겨 본다는 사실을 알게 되었다. "아, 그런데 마크 맥과이어하고 새미 소사 알죠? 그때, 무슨… 잘 튕기는 야구공을 썼다던데…" 말 끝나기도 전에 이런 답변이 돌아왔다. "아 그거. 반발력이 큰 야구공을 썼다죠!"
10. 반발력! 편집자에게 곧바로 전화를 했고, 다행히도 번역원고는 아직 출간 전이었다. 번역 때문에 욕먹을 일이 하나 줄었다.

✔ 2c 예컨대, 1999년 마크 맥과이어와 새미 소사는 어떻게 그렇게 많은 홈런을 칠 수 있었을까? 개인의 자질, 다시 말해 재능이나 노력 때문이었을까, 아니면

환경, 다시 말해 약한 투수력이나 반발력이 큰 야구공 때문이었을까? 그들의 업적을 높이 살 때는 개인적인 원인을 강조하고, 그렇지 않을 때는 상황적인 원인을 강조한다.

❀ ❀ ❀

사용역으로 인해 재미있는 문제상황이 발생하기도 한다. 칼뱅이 제네바를 접수한 뒤 최악의 경찰국가를 만드는 과정에 대해 설명하는 글에서 다음과 같은 문장이 나온다.

3a 칼뱅은 제네바의 장로들로부터 신임을 얻었고, 신정국가에 관한 자신의 사상을 실천에 옮기기 시작했다.

이 문장에서 갸웃하게 만드는 단어가 있는가? 바로 '장로'다. 장로라는 말은 오늘날 거의 교회에서만 쓰는 말이다. 물론 다른 맥락에서 쓸 수도 있지만, 다수의 평범한 독자들은 이 말을 듣는 순간 교회의 장로를 떠올릴 것이다. 원문을 살펴보자.

❸ Calvin had gained the confidence of the elders of Geneva and had begun putting into practice his own ideas regarding a theocratic state.

원문에는 elder라고 되어있다. 기본적으로 집단에서 나이가 많은 사람들을 일컫는 말이다. 교회에서는 이들을 '장로'라고 부르지만, 그 외의 맥락에서는 대개 '원로'라고 부른다. 그렇다면 이 단어가 사용된 맥락이 교회인지 아닌지를 판단하면 된다. 그런데 이 경우에는 골치 아픈 문제가 있다. 16세기까지만 해도 유럽은 대부분 신정일치 사회였다는 것이다. 교회와 사회가 분리되어있지 않았기 때문에 '원로'와 '장로' 둘 중 하나를 선택하는 순간 틀릴 수밖에 없다.

3b 칼뱅은 제네바의 원로(elder: 이 단어는 교회의 장로를 의미하기도 한다—옮긴이 주)들에게 신임을 얻었고, 자신의 신정국가 사상을 하나씩 현실 속에 구현하기 시작했다.

이처럼 괄호를 넣거나 주석을 달아 번역할 수 없는 내용을 해설해주는 방법을 가장 먼저 떠올릴 수 있다. '원로'라는 단어가 elder를 번역한 것이니 교회 장로와도 같다는 번역가의 속사정을 전달하는 데에는 성공했지만, 너무나 거칠고 투박하다. 독자를 배려하는 문장이 아니다. 이처럼 기계적이고 딱딱한 문장이 연속될 경우 독자들이 몰입하기 어려울 수 있다.

또한 개인적인 의견일 수 있지만, '옮긴이주'가 반복적으로 등장하는 번역은 번역가의 수고를 드러내주기는커녕, '나는 투박한 문장을 나열하는 초보번역가'라고 광고하는 것에 가깝다고 나는 생각한다. 자연스럽게 의미를 전달할 수 있는 완결된 한국어문장을 궁리해야 한다.

✔ 3c 칼뱅은 제네바의 원로이자 동시에 교회의 장로였던 이들에게 신임을 얻었고, 자신의 신정국가 사상을 하나씩 현실 속에 구현하기 시작했다.

✔ 3d 칼뱅은 제네바의 원로(이자 교회의 장로)들에게 신임을 얻었고, 자신의 신정국가 사상을 하나씩 현실 속에 구현하기 시작했다.

번역 실전 노하우!

자신이 모르는 것이 무엇인지 아는 능력

- 모든 글의 의미와 저자의 의도를 완벽하게 이해하는 것은 물론 불가능할 것이다. 그럼에도 번역가라면 저자의 의도를 최대한 이해하기 위해 최선을 다해 노력해야 한다.
- 그런 측면에서 낯선 분야를 번역하는 것보다는 어느 정도 기본적인 지식과 소양을 갖춘 분야를 번역하는 것이 훨씬 수월할 것이고 번역결과물의 수준도 높아진다.
- 하지만 번역만으로 생계를 꾸려나가고자 한다면, 원하는 분야만 번역하기는 어렵다. 따라서 장차 번역가가 되고자 한다면 다양한 분야의 학문을 미리 공부해두는 것이 좋다. 아직 대학에 다닌다면 철학, 경제학, 정치학, 문학, 언어학, 종교학, 예술 등 인문학은 물론 물리학, 화학, 수학, 천문학, 컴퓨터 등 자연과학까지 훌륭한 개론수업을 들을 수 있을 것이다. 다양한 분야의 기초지식은 '의미표상'을 만들어내는 데 큰 도움을 준다.
- 책으로 습득할 수 있는 지식은 인간의 지식 중 일부에 불과하다. 전문용어, 은어, 속어, 방언, 다양한 관계와 감정에 따라 달라지는 미묘한 말투 같은 것은 책으로 배우기 어렵다. 살아있는 지식을 배울 수 있는 가장 유용한 소스는 언제나 '사람'이다. 사람에 관심을 갖고 세상을 직접 경험하는 일을 게을리해서는 안 된다.
- 아무리 잘 아는 분야라고 해도 번역하는 과정에서 조사와 연구를 게을리하면 좋은 번역결과물은 나올 수 없다. 번역가의 첫 번째 소양은 '배울 줄 아는' 능력이다. 잘 배우기 위해서는 자신이 아는 것(안다고 착각하고 있는 것)을 의심할 줄 알아야 한다. 그래야 무엇을 어디서 배워야 하는지 판단할 수 있다.

Chapter 5

"

나는 원작을 얼음덩어리에 비유하고 싶다. 얼음덩어리는 번역과정에서 녹는다. 액체상태에서 모든 분자는 위치를 바꾸고 어느 분자도 다른 분자들과 원래의 관계를 유지하지 않는다. 이 상태에서 제2의 언어를 통해 일을 시작한다. 원래의 분자들은 사라지고 새로운 분자들이 도입되어 그 공간을 채우지만, 그 형상을 빗고 수정하는 작업은 거의 보이지 않는다. 이제 제2의 언어에서 겉모습은 완전히 같지만 원래의 것과는 다른 새로운 얼음덩어리가 생겨난다.

"

Margaret Sayers Peden (1989) "Building A Translation, The Reconstruction Business: Poem 145 of Sor Juana Ines De La Cruz" in J. Biguenet & R. Schulte (eds.) *The Craft of Translation*, Chicago: University of Chicago Press. p13

5

가질 수 있는 것과 가질 수 없는 것

추상명사 해체하기

흔히 '가지다'라는 동사는 영어번역문의 흔적이라고 말한다. 다음 예문을 보자.

1a 각 역할은 강점과 약점 모두 가지고 있어서, 경쟁순환구조의 균형이 생긴다.

2a 기업의 역사를 돌아보면 경영환경이 예측가능하고 직원들이 확신을 가지고 일할 수 있는 '안정기'에 도달했을 때 기업이 번성한다는 것을 알 수 있다.

3a '가위'기업은 갓 창업한 기업이거나 소규모 기업으로, 대개 하나의 브랜드만 가지고 있는 경우가 많다.

4a 바위기업은 전형적으로 가위기업보다 더 많은 브랜드를 가지고 있지만 집중성은 떨어지는 중간 규모의 기업이다.

5a 바위형 회사는 자신과 맞서 경쟁할 때 필요한 자원이 없는 가위형 회사를 파괴하면서 번창한다.

❶ Each position **has** its strengths and each **has** its weakness, creating a balanced cycle of competition.

❷ Business history suggests that companies thrive best when they settle into "stable states," conditions in which the business environment is fairly predictable and employees **have** confidence in what they're doing.

❸ A "scissors" company is a startup or small business, often **having** only one brand.

❹ As a scissors company becomes successful and begins to grow, it morphs into a "rock" company, a medium-sized organization that typically **has** more brands and less focus.

❺ Rock companies thrive by crushing "scissors" companies, who **don't have** the resources to compete head to head with them.

❶-❹ 번역문들은 모두 have를 '가지다'로 번역했다. 하지만 이 번역문들은 22편의 초보번역자들의 번역문 중에서 의도적으로 골라낸 것일 뿐 have를 '가지다'로 곧이곧대로 번역한 경우는 많지 않았다. 특히 ❺의 번역문에서는 '가지다'라는 술어가 한 번도 나타나지 않았다.

문장	22편 중에서 '가지다·갖다'로 번역한 글	발생빈도
❶	7	32%
❷	16	73%
❸	10	45%
❹	4	18%
❺	0	0%

이 통계를 보면 두 번째 문장에서 가장 많이 '가지다'가 나타나는데, '확신·자신감을 갖다·가지다'라는 표현은 한국어에서도 흔히 사용되는 패턴이기 때문이다. 반면 첫 번째 문장에서는 '장점·약점을 가지다'라는 표현보다는 '장점·약점이 있다'라는 표현이 훨씬 자연스럽게 여겨진다. 세 번째 문장의 번역에서는 서술어를 뒤집어 번역한 '브랜드가 하나밖에 없다.'라는 세련된 표현도 나타난다. 다섯 번째 문장에서는 '자원이 부족한·없는'으로 거의 번역되며, '가지다'라는 동사가 나타난 번역문은 하나도 없었다.

흔히 영어는 do 언어이고 한국어는 be 언어라고 하는데, 간단하게 말해서 영어는 동작을 중시하고 한국어는 상태를 중시한다는 말이다. **1a-4a** 번역에서 '가지다'라는 do 동사가 모두 '있다'라는 be 동사로 마무리되는 것만 봐도 한국어가 얼마나 강한 be 동사 중심 언어인지 알 수 있다. (**2a**는 '가지고-일을 할 수-있는'으로 분석할 수 있다.)

✔ 1b 각각 강한 면도 있고 약한 면도 있다. 이는 곧 완벽하게 균형을 이루는 경쟁 사이클을 만들어낸다.

✔ 2b 기업의 역사를 돌아보면 주변 환경을 충분히 예측할 수 있으며 직원들 또한 자신이 무엇을 해야 하는지 명확하게 아는 '안정상태'에 들어섰을 때 기업이 가장 번성한다는 것을 알 수 있다.

✔ 3b 가위기업은 이제 막 사업을 시작했거나 규모가 작은 회사로 보통 브랜드가 하나밖에 없다.

✔ 4b 바위기업이란 브랜드도 좀 늘어나고 집중력도 다소 느슨해진 중견기업을 말한다.

✔ 5b 바위기업은 아직 맞서 경쟁할 만큼 자원이 풍부하지 않은 가위기업들을 분쇄하면서 번성한다.

have의 몇 가지 번역사례

❻ The more options you come up with, the more room you have to compromise.

더 많은 선택지를 떠올릴수록 절충할 여지는 더 많아진다.

❼ If you're lucky bird, and share your cage with only three others, then you have 375 square centimeters.

아주 운이 좋아서 딱 세 동료와 닭장을 함께 쓴다고 해도 375제곱센티미터 공간밖에 주어지지 않는다.

❽ Psychologists have determined that men and women tend to fall in love with individuals who have a similar sense of humor.

심리학자들은 유머감각이 비슷한 사람들끼리 서로 사랑에 빠지는 경향이 있다고 이야기한다.

이 번역에서는 모두 have가 사라진 것을 확인할 수 있다. 초보번역자들도 대부분 여기 나오는 have를 '가지다'라고 번역하지 않는다. 그렇다면 번역문에서 '가지다'라는 동사가 지나치게 남용된다는 느낌은 착각에 불과한 것일까? 실제 번역문을 분석하면서 발견한 놀라운 사실은, 한국어에서 등장하는 '가지다'는 대부분 have라는 동사의 번역과는 거의 무관하게 발생한다는 것이다.

❀ ❀ ❀

9a 흔히 협상은 노조와 관리자, 구매자와 판매자 같이 반대되는 이해를 가진 이들 사이의 일로 여겨지지만…

10a 두 당사자가 기꺼이 타협을 하려고 하는 자세를 가지고 있을 때…
11a 협상상대와 대화하려면 자신이 가진 패에 대한 완벽한 이해와 참된 인식을 갖추고 있어야 한다.
12a 협상대상자에게 제공할 수 있는 이득에 대한 심도 있는 이해를 가질수록…
13a 협상을 할 때와 협상을 접을 때에 대한 기준을 가져야 하는 것이다.

위 번역문들은 모두 '가지다'가 술어로 되어 있다. 이들은 과연 have라는 동사를 그대로 옮긴 흔적일까? 원문을 살펴보자.

⑨ Although we often think of negotiation as something that happens between two "warring" parties (union vs. management, buyer vs. seller),
⑩ …when both parties are willing to compromise,
⑪ You must have a complete understanding and appreciation of your value
⑫ The more you know about the benefits you can offer to the other side,
⑬ Or, as they say, "Know when to hold them, know when to fold them."

have가 등장하는 문장은 ⑪ 하나밖에 없다. 또 '가지다'로 쉽게 번역할 수 있는 전치사 with가 등장하지도 않는다.

오늘날 우리말에 '가지다'라는 동사가 넘쳐나게 된 것이 영어번역의 흔적 때문이라고는 단정할 수는 없을 듯하다. 어쨌든 '가지다'라는 동사가 한국어에서 지나치게 자주 사용되고 있다면, 이 동사가 그 나름의 어떤 효율성을 '가지고 있기' 때문일 것이다. 그 효율성이란 무엇일까?

아마도 이것은 '명사화' 현상과 깊은 관련이 있지 않을까 생각한다. 오늘날 사회가 복잡해지고 정교해지면서 모든 것들을 대상화하고 개념화하는 사고방식이 필요하게 되었고, 이로써 모든 것을 '명사'로 포장하는 습관이 확산된 것이다. 그리고 그러한 명사와 명사의 소유관계 또는 인과관계를 간단하게 표현하는데 '가지다'만큼 유용한 동사는 없다.

명사화
nominalization

동사로 표현할 수 있는 행위를 명사로 포장하는 현상. 행위를 명사로 포장하면 행위자를 숨기거나 행위에 대한 책임을 약화시키는 효과가 있다.

A 사람들은 그의 새로운 작품을 비판했으나, 그러한 비판은 정당하지 않았다.
B 새로운 작품에 대한 사람들의 비판은 정당하지 않았다.

A의 '사람들은 비판했다'라는 절을 B는 '-사람들의 비판'이라는 명사구로 만듦으로써 복문A가 단문B가 되었다. 이처럼 명사화는 복잡한 사건을 간결하게 진술할 수 있는 방법을 제공한다. 명사화는 한편으로 의미를 모호하게 하는 부작용이 있다. A에 비해 B에서 '사람들'과 '비판'의 관계가 다소 모호해진 것을 알 수 있다.

그렇다면 위 예문에서 '가지다'의 목적이 되는 명사가 무엇인지 살펴보자.

9a 반대되는 이해
10a (기꺼이) 타협을 하려고 하는 자세
11a ① 패
② 자신이 가진 패에 대한 완벽한 이해와 참된 인식
12a 협상대상자에게 제공할 수 있는 이득에 대한 심도있는 이해
13a 협상을 할 때와 협상을 접을 때에 대한 기준

여기서 **11a**①만 실제로 손에 쥘 수 있는 대상이고, 나머지 이해·자세·인식·기준은 손에 쥘 수 없는 추상적인 대상이다.

11a①을 뺀 나머지 항목들의 공통점은, 명사 앞에 상당한 수식어구들이 달려 있는 '명사구'라는 사실이다. 그리고 좀더 자세히 들여다보면 이들 수식어구 속에 구체적인 행위를 묘사하는 동사들이 숨어있다는 사실을 알 수 있다. 행위는 기본적으로 '동사'로 코딩하는 것이 가장 자연스러운데, 이것을 명사(또는 관형사)로 코딩한 것을 '명사화nominalization'라고 한다.

이렇게 명사화된 항목을 '탈명사화denominalize'해보자. 독자에게 전달하고자 하는 '명제'를 새겨보면서, 그 명제 속에 숨어있는 실제 '행위'를 동사로 코딩하여 절clause을 만들면 된다. (명사를 음영으로 표시했다)

9a 반대되는 이해를 가지다 → 이해가 반대되다.

10a 기꺼이 타협을 하려고 하는 자세를 가지다 → 기꺼이 타협하고자 하다.

11a ① 패를 가지다 → 패를 가지다.

② 자신이 가진 패에 대한 완벽한 이해와 참된 인식을 가지다

→ 자신이 가진 패를 완벽하게 이해하고 참되게 인식하다.

12a 심도있는 이해를 가지다 → 심도있게 이해하다.

13a 협상을 할 때와 협상을 접을 때에 대한 기준을 가지다

→ 언제 협상을 하고 언제 협상을 접어야 하는지 알다.

명사구 속에 숨어 있던 동사들을 찾아내어 서술어 위치에 놓고 보니 동사들이 매우 다양해지는 것을 알 수 있다. 이처럼 역동적인 동사들을 모두 명사구로 포장하여 추상화해 놓았던 것이다. 손에 잡히지 않는 개념들을 '갖는' 행위를 우리가 상상할 수 없는 것은 아니지만, 이런 명사구가 연속될 경우 독자는 추상적인 사고를 계속 해야만 하고 따라서 글을 읽는 일은 점점 버거워진다. 글의 물줄기는 우리 몸의 오감에서 점점 멀어져 독서는 결국은 관념적이고 지루한 사고작용으로 전락하고 만다. 이러한 명사구들이 바로 가독성을 떨어뜨리는 주범이다.

인간의 자연스러운 인지과정을 고려할 때, 고정된 대상은 명사로 표현하고 움직이는 현상은 동사로 표현하는 하는 것이 가장 바람직하다. 나뭇잎이 떨어지는 장면을 볼 때, 우리는 먼저 '나뭇잎'이라는 대상을 인지한 다음 '떨어진다'라는 움직임을 인지한다. 이러한 인지과정을 순서대로 표현한 것이 '나뭇잎이 떨어진다'라는 문장이다. 이는 인간의 인지과정에 완벽하게 부합하기 때문에 쉬운 문장이라 할 수 있다.

하지만 이것을 '나뭇잎이 떨어짐을 가졌다'와 같이 쓴다면 구체적인 행위(떨어지다)는 추상적인 대상(떨어짐)이 되고, 또한 그 추상적인 대상을 '나뭇잎이 갖도록' 만들어야 한다. 머릿속에서 시각적 이미지를 그리기 힘들어지니, 이해하는 데 더 오랜 시간이 걸린다.

글을 읽는다는 것은 기본적으로 기호들을 인식하고 그것들을 해독하고, 흩어져 있는 정보들을 하나로 연결하여 독자 스스로 의미를 만들어내야 하는 매우 복잡하고 힘든 지적 노동이다. 그런데 글이 명사구의 연속으로 이루어져 있다면 독자가 부담해야 할 정신노동은 더욱 커지며, 이는 결국 글을 계속 읽어나가고자 하는 의욕마저 꺾어버린다. 따라서 어려운 내용을 이야기하는 글일수록 명사구를 최대한 풀어 써야 한다.

독자에게는 의무가 없다. 읽기 싫은 글, 읽어도 잘 이해가 되지 않는 글, 재미없는 글, 읽을 가치가 없는 글을 굳이 시간 들여 (그리고 돈을 들여) 읽을 필요는 없다. 그래서 저자든 번역자든 자신의 글을 팔아 생계를 유지하는 사람에게 쉽게 읽히는 글을 쓰는 것은 선택이나 취향의 문제가 아니라 반드시 습득해야 하는 생존기술이다. (잠깐, '쉽게 쓰라'는 말은 '쉬운 어휘로만 글을 쓰라'는 말이 아니다. 쉬운 어휘만 사용하여 복잡한 사고를 전달하기에는 한계가 있다.)

위에서 복원해낸, 실제 움직임을 전달하는 동사를 우리는 '강한 동사 strong verb'라고 한다. 반면 **11a①**을 뺀 나머지 '가지다'는 실제 움직임을 담고 있지 않으면서 동사 자리를 차지하고 있다. 이를 우리는 '약한 동사weak verb' 또는 '빈 동사empty verb'라고 한다. 빈 동사는 행위를 명사에 코딩coding해 버려 동사에 코딩할 행위가 남아 있지 않을 때 문장을 완성하기 위해 형식상 사용하는 의미없는 동사를 말한다.

✔ 9b 흔히 협상은 노조와 관리자, 구매자와 판매자 같이 이해가 반대되는 이들 사이의 일로 여겨지지만,

✔ 9c 대부분 협상은 대립하는 사람들 (예를 들면 노조와 관리자, 구매자와 판매자) 사이에 벌어지는 일이라고 생각하지만,

✔ 10b 두 당사자가 기꺼이 타협하고자 할 때…

✔ 10c 양측이 타협하려는 의지가 있을 때…

✔ 11b 협상상대와 대화하려면 자신이 가진 패를 제대로 이해하고 평가해야 한다.

✔ 11c 상대와 협상하려면 자신이 내세울 수 있는 가치가 무엇인지 제대로 판단하고 평가해야 한다.

✔ 12b 협상대상자에게 제공할 수 있는 이득을 심도있게 이해할수록,

✔ 12c 상대편에게 어떤 혜택을 줄 수 있는지 잘 알수록,

✔ 13b 언제 협상을 하고 언제 협상을 접어야 하는지 알아야 하는 것이다.

✔ 13c 사람들이 흔히 말하듯이 '내세울 때와 굽힐 때'를 알아야 한다.

이러한 수정과정에서 또 하나 눈 여겨 볼 것은 **11a·12a·13a**에 등장하는 '—에 대한'이 모두 사라졌다는 것이다. '—에 대한'은 명사화 현상이 발생할 때 자주 나타나는 표현이다. 명사구에 대해서는 **2부**에서 자세하게 설명할 것이다.

번역 실전 노하우!

글쓰기 규칙을 대하는 자세

많은 글쓰기 책들이 '가지다'라는 동사를 쓰지 말라고 조언하지만, 왜 그런 조언을 하는지 의심하지 않고 무조건 적용하다가는 잘못된 결과로 이어질 수 있다. 글쓰기에 관한 무수한 규칙들을 기계적으로 적용하는 것은 말 그대로 기계가 할 일이지, 사람이 할 일이 아니다.

물론 우리가 살아가면서 알아야 하는 것들 중에는 말로 설명하고 가르칠 수 없는 것이 많다. 글쓰기도 그런 것 중 하나일 수 있다. 초보자라면 일단 다양한 글쓰기의 규칙을 습득하고 그것을 적용하기 위해 노력하는 것은 해롭지 않다. 하지만 언제나 유연하게 의심해야 한다. 다음 번역을 보자.

14a 데카르트는 이 세상에서 인간만이 마음을 소유한 특수한 존재라고 생각했다. 데카르트에 의하면 마음은 인간의 부분, 즉 속성이며, 사유활동을 수행한다. 따라서, 마음을 갖지 못한 존재는 사유할 수 없다.

14b 데카르트 이론에 따르면, 세상에서 인간만이 유일하게 마음을 가지고 있다는 점에서 인간은 매우 특별한 존재이다. 데카르트에게 마음은 인간의 일부로서 인간은 마음을 통해 생각한다. 그래서 마음이 없는 모든 것은 당연히 생각할 수 없다.

14a에서 '마음을 소유한'이라고 번역한 것을 **14b**는 '마음을 가지고'라고 번역한 것이 눈에 띈다. 마지막 부분에서는 **14a**가 '마음을 갖지 못한'이라고 번역한 것을 **14b**는 '마음이 없는'이라고 번역했다. 출발텍스트는 어떻게 되어있을까?

⑭ According to him, human beings are very special things, in that they, and, in this world, they alone, possess minds. Now, for Descartes, the mind is the part of us that does the thinking. So, anything that does not have a mind, by definition, cannot think.

학생들의 번역문 14편을 검토한 결과 does not have를 '가지지 못한'이라고 번역한 것은 **14a** 단 하나 밖에 없다. 57퍼센트에 달하는 8편이 **14b**와 같이 '(마음이) 없는'이라고 번역했다. 한국어에서 '마음을 갖다·갖지 못하다'보다 '마음이 있다·없다'가 훨씬 자연스러운 콜로케이션인 것은 분명하다.

하지만 첫 문장의 동사가 have가 아니라 possess라는 것을 눈여겨봐야 한다. '소유하다'라는 의미를 명확하게 지닌 possess라는 동사를 선택한 이유는 무엇일까? 또한 doesn't have가 아니라 does not have라고 쓴 것도 역시 저자의 의도적 선택(유표적 표현) 아닐까?

결국 이 문단은 **14a**처럼 '소유하다—갖지 못하다'로 번역하는 것이 훨씬 정확한 선택이라고 할 수 있다. **14a**를 읽어보면 마음을 인체의 한 부분으로 보는 데카르트의 기계적인 세계관이 좀더 두드러지게 인지되는 반면 **14b**에서는 그런 효과가 잘 느껴지지 않는다. 독자들이 상당히 집중을 하고 읽지 않는 한, 그 의미를 놓치고 지나가버릴 확률이 높다.

이처럼 단어차원의 번역문제라고 해도 번역어를 기계적으로 결정해서는 안 된다. 단어는 어디까지나 문장 속에 존재하고, 문장은 다른 문장들 속에 존재한다. 어떤 단어나 표현을 어떻게 번역해야 한다는 규칙이나 기술은 제한적인 기교에 불과하다. 예컨대 '가지다'라는 동사를 쓰지 말라는 글쓰기 규칙을 기계적으로 적용한다면 번역자는 그것을 왜 쓰면 안 되는지 더 이상 고민하지 않을 것이고, 그렇게 생각없이 번역을 해서는 아무리 번역을 많이 하더라도 글 쓰는 기술을 제대로 배우지 못할 것이다.

모든 단어는 그 단어가 쓰인 맥락 속에서만 의미를 갖는다. 따라서 적절한 번역어도 맥락 속에서 달라질 수 있다. 중요한 것은 맥락이고, 글을 통해 저자가 전달하고자 하는 의미다. 번역자는 글이 전달하고자 하는 메시지와 의도가 무엇인지 파악하기 위해 끊임없이 노력해야 하며, 그러한 메시지를 가장 효과적으로 전달하는 적절한 어휘를 찾기 위해 노력해야 한다.

✔ 14c 데카르트에 따르면, 인간은 매우 특별한 존재다. 그의 이론에서는 인간만이, 이 세상에서 오직 인간만이 마음을 소유하고 있기 때문이다. 데카르트에게 마음이란 인간의 일부분으로써 '사고'를 수행한다. 그렇기 때문에 마음을 갖지 못한 존재는 당연히, 생각하지 못한다.

Chapter 6

“

한 단락 안에 들어 있는 문장들의 테마가 대부분 하나의 의미장에 속한다면 그 의미장은 문단전개방식으로 인식될 것이다. 하지만 그러한 의미장이 존재하지 않는다면, 문단을 이끌어가는 방식을 쉽게 인식하기 어려울 것이다. ”

Peter H. Fries (1983) “On the status of theme in English: arguments from discourse” in J. S. Petöfi & E. Sözer (eds.) *Micro and Macro Connexity of Texts*, Hamburg: Helmut Buske. p135

“

schadenfreude라는 단어를 모른다고 해서 사람들은 ‘다른 사람의 불행을 고소하게 여기는 행동’을 이해하지 못할까? ‘–할 때’와 ‘–한다면’을 구분하지 않고 wenn이라는 한 단어로 표시하는 독일인들은 특정한 조건에서 일어나는 상황과 조건과 무관하게 발생하는 상황의 논리적 차이를 이해하지 못할까? ‘죄’와 ‘벌’을 구분하지 않고 arnum이라는 한 단어로 표시했던 고대 바빌로니아인들은 두 개념의 차이를 이해하지 못했을까? 그렇다면 어떤 범죄에 대해 어떤 처벌을 내려야 하는지 명확하게 진술하는 수천 건의 법률문서, 법전, 판결문은 어떻게 썼을까? ”

Guy Deutscher (2010) *Through the Language Glass: Why the World Looks Different in Other Languages.* New York: Henry Holt and Company. p147

6

걸어 다니는 아기와 흩날리는 일기장

의미장과 어휘집합

❶ Toddler boys are becoming aware of the anatomical differences between themselves and little girls.

어렵지 않은 문장이니 지금 한번 번역해보라.

아마도 이 문장을 번역하는 과정에서 가장 큰 고민이 되는 단어는 바로 toddler일 것이다. toddler에 해당하는 단어가 한국어에는 없기 때문에 적절한 번역어가 쉽게 떠오르지 않을 것이다. 실제로 한 학생은 이 문장을 다음과 같이 번역했다.

1a 아장아장 걷는 남자아이들은 자신과 다른 여자아이들 간의 해부학적 차이들을 인식하게 된다.

'아장아장 걷다, 불안하게 걷다'를 의미하는 동사 toddle에서 나온 toddler는 생후 1년쯤 걷기 시작한 뒤 안정적으로 걸음을 배우는 생후 3-4년쯤까지 아기들을 일컫는 말이다. 이에 비해 infant는 IN(not)+FA(speak)에서 나온 말로 원래 '말을 하지 못하는 아기'를 의미하지만 지금은 toddler 이전 단계의 아기를 일컫는 말로 사용된다.

문제는, 한국어에는 이런 기준으로 아이를 세분화하여 일컫는 말이 없다는 것이다. 아기를 일컫는 영어와 한국어단어들을 대략적으로 비교해보면 다음과 같다.

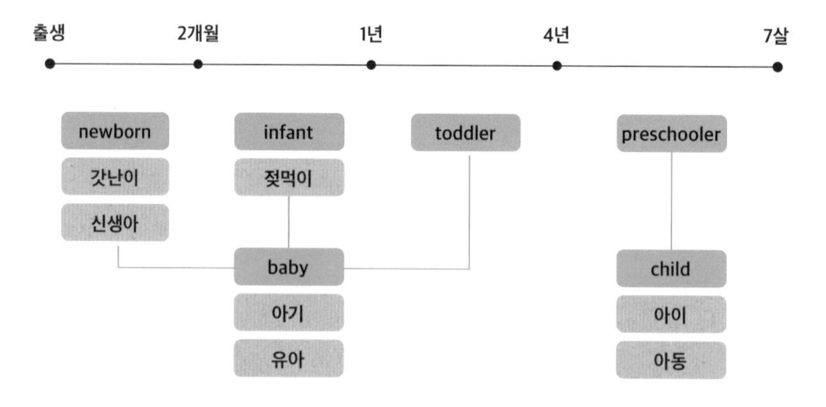

여기서 알 수 있는 사실은, 인류가 똑같이 경험하는 현상이라고 해도 문화마다 그것을 분할하는 기준이 다르고 그에 따라 이름을 붙이는 방식이 다르다는 것이다. 이러한 현상을 좀더 체계적으로 이해하기 위해 우리는 의미장과 어휘집합이라는 개념을 알아야 한다.

의미장 semantic field

하나의 범주나 영역으로 인지하고 분류할 수 있는 단어의 무리들. 예컨대 검정, 파랑, 노랑, 빨강 같은 단어들은 '색깔'이라는 의미장으로 묶을 수 있다. 위 예는 '어린아이·child' 의미장이라고 말할 수 있다.

어휘집합 lexical set

의미장에 속한 어휘들. 의미장 속에서 어휘들은 상위어superordinate와 하위어hyponym로 계층화할 수 있다. '색깔'이라는 의미장 속에 검정, 파랑, 노랑, 빨강이 있고 빨강 속에는 진홍, 다홍, 분홍 등이 있다. 위 예에서는 newborn, baby, 젖먹이, 아이 등 개별어휘들이 '어린아이' 의미장을 구성하는 어휘집합이다.

영어에서 toddler라고 구분하는 아기를 일컫는 어휘가 한국어에 없는 이유는 무엇일까? 아마도 역사적·사회적·환경적 경험을 비교연구해보면 그 이유를 추정할 수 있을 것이다. 어쨌든 영어를 사용하는 문화에서는 이 아기들을 구분해서 말로 표현해야 할 필요가 있었던 반면, 한국어를 사용하는 문화에서는 그런 동기가 존재하지 않았을 것이다.

이런 이유로 의미장은 그 언어를 사용하는 이들의 세계관을 파악하는 단초가 되기도 한다. 이름을 불러주기 전까지는 하나의 몸짓에 지나지 않았다는 시인의 노래처럼, 언어로 코딩되어 있지 않은 세상은 우리 인식하는 세계에 존재하지 않는다. 실제로 우리는 toddler라는 단어를 알기 전까지는 '걷기'를 기준으로 아이들의 나이를 구분할 수 있다고 생각하지 못했을 것이다.

그렇다면 **1a**는 어떻게 개선할 수 있을까?

✔ 1b 걸을 수 있는 나이가 되면 남자아이들은 자신이 여자아이들과 해부학적으로 다르다는 것을 인식하기 시작한다.

1a에 비해 **1b**는 문장 자체가 자연스러울 뿐만 아니라, 의미도 살짝 달라진 것을 알 수 있다. 우리말에 없는 어휘를 어떻게 번역해야하는지 힌트를 얻을 수 있을 것이다.

문장공작소

1대 1로 대응하는 단어가 도착언어에 없을 때 번역자는 소통의 장벽을 뛰어넘기 위한 다양한 전략을 발굴해내야 한다. 물론 어떠한 전략이 적절한지는 텍스트차원의 메시지를 고려하여 선택해야 한다. 여기서는 의미를 분해하여 풀어쓰는 방법을 선택하였다.

Toddler boys
아장아장 걷는 남자아이들은 vs 걸을 수 있는 나이가 되면 남자아이들은

이 경우에는 become aware라는 동사에서 알 수 있듯이 성장단계에 따른 아이의 변화가 메시지에서 중요한 역할을 한다. 하지만 **1a**는 이러한 요소들을 고려하지 않고 번역하여 무엇을 말하려고 하는 것인지 파악하기 어렵다.

❀ ❀ ❀

❷ His journal is uncollected, unconnected, loose-leaf, and blown.

2a 그 녀석의 일기는 모아서 연결된 책이 아니라, 낱장으로 흩어져 날아가 버린다.

여기서 he는 족제비를 일컫는다. 족제비가 쓰는 일기는 자연 속에 흩어져있다고 말하는 것인데, 문제는 과연 journal이 '일기'일까 하는 것이다. journal이 속한 의미장을 한번 살펴보자.

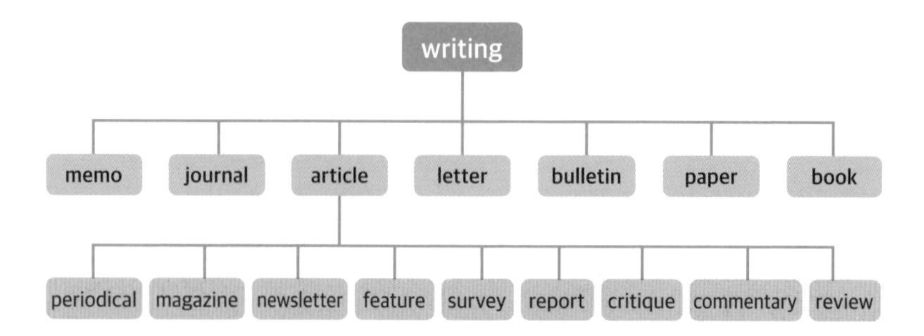

어떤 어휘든 그 범주의 상위어, 하위어, 또 비슷한 층위에 속하는 어휘들을 찾을 수 있다. journal의 상위어는 writing이라고 할 수 있을 것이다. 하지만 그 아래 층위에 속하는 어휘에 각각 대응하는 한국어단어는 찾아내기 쉽지 않다.

예컨대 letter는 '편지'라고 옮길 수 있겠지만 newsletter는 무엇이라고 옮길 것인가? (소식지?) 또한 article은 신문이나 잡지에 실린 '기사'를 의미하기도 하지만, 기사가 아닌 글을 일컫기도 한다. article은 기본적으로 '전체 글에서 떼어낸 일부'를 의미하기 때문에 논문집에 실린 논문도 될 수 있고 계약서의 한 조항이 될 수도 있다. journal 역시 마찬가지로 '일기'일 수도 있지만 일기가 아닐 수도 있다. journal의 기본적인 의미는 '매일 쓰는 글'이라는 뜻으로 신문(i.e. Wall Street Journal), 회계장부, 일지, 회의록, 잡지, 학술지 등을 모두 일컫는다.

물론 의미장 속에 특정한 어휘가 비어있는 경우에는, 그 단어를 외국어에서 가져다가 쉽게 채워 넣을 수 있다. 예컨대 메모, 뉴스레터, 페이퍼 같은 말들을 이제는 한국어에서도 일상적으로 사용한다. 한국어문화에서는 오랫동안 이런 것들을 구별할 필요가 없었기 때문에 거기에 걸맞은 어휘들을 만들어낼 생각을 하지 않았지만, 사회가 급속도로 발전하고 복잡해지면서 이런 것들을 구별하고 언급해야 할 필요가 발생한 것이다. 이런 것들을 지칭하는 새로운 말을 만들어내는 것보다 외국어에서 그대로 가져다 쓰는 것이 시간적으로나 사회적으로나 효율적이라고 판단될 때 언중은 이러한 외국어들을 자연스럽게 편입시켜 '외래어'로 만든다. 이러한 작업을 거치면서 한국어라는 언어가 표상할 수 있는 세상의 범위는 급격하게 넓어진다.

다시 번역문으로 돌아가보자. journal을 '일기'라고 번역했을 때 발생할 수 있는 문제는, 원래 단어가 의도했을지 모를 다양한 명제적 대상을 번역문이 배제할 수 있다는 것이다. 이는 결국 왜곡이나 오역으로 평가받을 위험이 있다. 이러한 위험을 피해나가고 싶다면, 포괄적인 상위어로 올라가 번역어를 찾는 것이 안전하다.

✔ 2b 그 녀석이 쓰는 글은 모여있지 않고 연관되어있지 않으며 뜯어져 흩날린다.

물론 상위어로 옮기면—의미의 범위가 넓어지고 느슨해져—글의 구체성과 생동감이 떨어지는 문제가 발생한다. 어쨌든 번역이란 자신의 선택으로 인해 발생하는 혜택과 손실 사이에서 끊임없이 균형을 잡고 나아가는 외줄타기와도 같은 작업이다.

❀ ❀ ❀

❸ Souls use carnal bodies as vehicles to reenter this vale of woe.

3a 영혼은 번민으로 가득 찬 이승에 들어오기 위한 탈 것으로 육신을 사용한다.

이 번역에서는 vehicle이라는 단어를 '탈 것'이라고 옮겼다. 의미장 측면에서 볼 때 vehicle은 상위어보다 하위어가 쉽게 떠오른다.

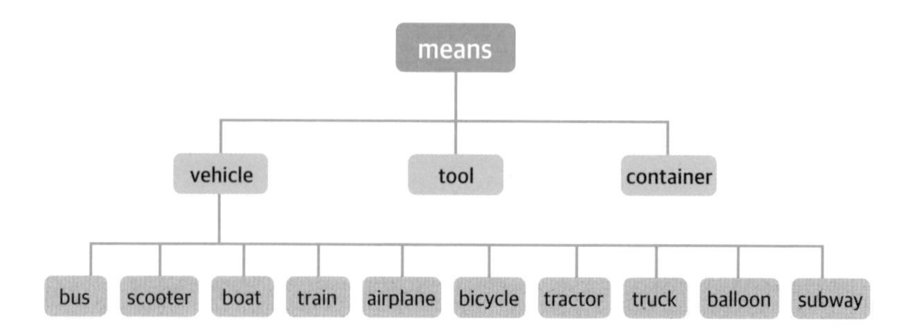

앞에서 본 journal과 달리 이 경우에는 하위어에 해당하는 단어에는 제각각 번역어가 존재하는 반면, 이 어휘들을 모두 묶어서 일컫는 상위어 vehicle에 대응하는 한국어단어는 쉽게 떠오르지 않는다. 하위어로 번역하는 것은—앞에서 journal을 '일기'라고 번역했을 때 발생한 문제처럼—원래 의미의 많은 부분을 배제하기 때문에 바람직한 선택이 아닐 때가 많다. 이럴 경우에는 어떻게 번역해야 할까?

✔ 3b 영혼은 번민에 가득 찬 이승으로 들어오는 수단으로 육신을 사용한다.

이 번역은 vehicle의 상위어 '수단'을 선택하였다. 앞에서도 말했지만 상위어를 사용할 경우 명제적 의미는 보존되지만, 구체성과 생동감이 떨어지고 추상적이 되고 관념적인 글이 된다.

✔ 3c 영혼은 번민으로 가득한 이승으로 육신을 타고 들어온다.

이 번역은 앞에서 toddler를 번역할 때 사용한 전략을 활용하여 vehicle의 기능을 풀어서 썼다. 하지만 명사를 쓰지 않으니 의미가 흩어져버리는 느낌을 준다. 구체적인 명사는 의미를 머릿속에 각인해주는 효과를 발휘한다.

✔ 3d 영혼은 육신이라는 그릇에 담겨 번민으로 가득한 이승으로 들어온다.

이 번역은 상위어 '수단'에 속하는 어휘집합 중에서 과감하게 다른 항목으로 갈아 끼웠다. 육신을 '탈 것'이 아닌 '그릇'에 비유한 것이다. 물론 '탈 것'이라는 비유가 이후 텍스트를 전개하는 모티브가 된다면, 이러한 전략은 사용하기 어려울 것이다. 하지만 '탈 것' 비유가 이 문장으로 끝나는 경우에는 이러한 과감한 전략도 좋은 선택이 될 수 있다.

❀❀❀

❹ I made the rest of my family miserable by constantly picking fights with my siblings.

4a 나는 끊임없이 형제자매들에게 싸움을 걸어 우리 가족의 삶을 비참하게 만들었다.

가족을 일컫는 단어를 마주칠 때마다 번역은 골치 아파진다. sibling은 같은 부모에게서 난 사람들을 의미하는데, 흔히 '동기간'이라고 번역된다. 하지만 한국어에서는 나이와 성별에 따라, 또 내가 남자인지 여자인지에 따라 호칭이 달라지기 때문에 '동기간'이라는 말은 일상에서 거의 사용되지 않는다.

의미장 측면에서 볼 때 '가족관계' 의미장은 한국어가 다른 언어보다 매우 복잡하게 발달해 있다. 그래서 sibling, sister, brother, aunt, uncle 같은 단어가 나올 때는 맥락 전반을 고려해서 번역어를 선택해야 한다. 나이와 친소에 따라 호칭도 달라지고, 무엇보다도 높임법이 달라진다. 높임법을 결정하지 못하면 한국어는 문장을 종결할 수 없다. 높임법은 한국어에서 문법요소기이 때문에 반드시 선택해야한다. (문법요소는 **2부**에서 자세히 설명한다.)

그래서 이런 단어들을 번역하기 위해서는 다른 진술이나 맥락에서 단서를 찾아야 한다. 영어문화권에서는 인물 간의 관계를 설정할 때 나이는 전혀 고려하지 않기 때문에, 이에 대한 정보를 언급하지 않을 때가 많다. 때로는 sister가 언니인지 동생인지 알아내기 위해서 책 전체를 뒤져도 알 수 없어, 추측해야 하는 경우도 있다.

이 예문의 경우, 주인공은 가족의 장남이며, 여동생과 남동생이 한 명씩 있었다. 따라서 sibling은 다음과 같이 번역해야 한다.

✔ 4b 나는 끊임없이 동생들에게 싸움을 걸어 우리 가족의 삶을 비참하게 만들었다.

실제로 **4a**와 같은 번역이 책속에 등장한다면, 이는 오역이라고 말할 수밖에 없다. 자신이 장남이라는 사실을 알고 있으면서, 자신의 동생들을 '형제자매'라고 일컫는 사람은 한국어 세계관 속에 존재할 수 없기 때문이다.

***

의미장이라는 개념을 이해하면 번역을 하면서 어휘를 선택할 때 다음 세 가지 측면에서 도움을 받을 수 있다.

- 원문의 단어가 그 언어체계 속에서 어떤 가치를 지니는지 파악할 수 있다. 상위어, 하위어, 유사어들과 비교해봄으로써 그 어휘가 표상하는 개념의 범위와 용법을 좀더 정확하게 알 수 있다. 또한 저자가 그 어휘를 왜 선택했는지, 또 다른 어휘를 선택하지 않았는지 의도를 좀더 정밀하게 추정할 수 있다.
- 도착어의 의미장을 분석함으로써 적절한 번역어를 찾아낼 수 있다.
- 대응하는 번역어가 없을 때 어떻게 번역해야 할지 전략을 구상할 수 있다.

번역과 문화

달면서 매운 맛, 먹어는 봤나?

한국어와 영어의 몇몇 의미장을 비교해보자. 각각 어휘에 대응하는 단어를 찾을 수 있는가? 대응하는 단어가 없는 경우에는 어떻게 번역해야 할까? 이러한 어휘집합의 차이는 언어와 문화에 대해 무엇을 알려줄까?

JOURNEY	
journey	여행
travel	
trip	
tour	?투어
flight	
drive	드라이브
crossing	?항해
voyage	
commute	?통근

TURN	
turn	돌다
go around	
spin	?회전하다
revolve	
rotate	?로테이션하다
swivel	

SWEET	
sweet	달다
	달콤하다
	감미롭다
little sweet	달짝지근하다
	달곰삼삼하다
	들부드레하다
sweet and sour	달콤새콤하다
	새큼달큼하다
bittersweet	달곰쌉쌀하다
	달곰씁쓸하다
?	매콤달콤하다
	얼근덜근하다

문장차원의 번역문제들

PART II

"

인간은 복잡성complexity에 압도당하지 않기 위해, 현실세계를 지각하고 배열하는 일관성 있는 책략을 적용하는 듯하다. 인간은 개별적인 자극들의 충격으로 세계를 경험하는 것이 아니라 '고도로 숙련된 주목행위'를 통해서 세상에 대한 하나의 모델로 자신의 감각을 통합한다. 이미 습득된 지식은 그 이상의 지식을 덧붙이기 위한 교량으로 끊임없이 사용된다. 예컨대 우리는... 현실세계, 또는 상상의 세계를 지각하고 이야기하기 위한 보편적 어순전략normal ordering strategies을 사용한다. 어떤 장면을 점검하라고 했을 때 사람들은 위에서 아래쪽으로 관찰하는 경향을 보인다. 자신의 아파트를 묘사할 때 머릿속으로 그 안을 걸어 다니면서 먼저 보이거나 발길이 닿는 순서대로 방의 구조를 언급한다. 주요한 방은 문장의 주어자리에, 중요하지 않은 방은 서술어 자리에 넣어서 표현한다. 움직이는 물체가 움직이지 않는 물체에 비해서 문법적 주어로 언급되는 경우가 많다. 피동객체보다 행위의 주체에 초점을 맞추는 것은 우리가 수동태보다 능동태문장을 우선 선택하는 것과 연관성이 있는 것으로 보인다. 사건의 발생은 보통 그것이 일어난 시간적 순서와 동일하게 나열된다. 그러나 이 모든 경향은 단지 선호되는 것일 뿐 맥락에 따라 적절하게 수정될 수 있다. "

Robert-Alain De Beaugrande & Wolfgang Ulrich Dressler (1981) *Einführung in die Textlinguistik*. Berlin: Walter de Gruyter. p147

Chapter 7

"

언어에서 가장 중요한 요소는 '의미'다. 의미는 문법의 중심을 잡는 자이로스코프다. 자이로스코프가 약간만 틀어져도 공중에서 날아가는 비행기의 방향이 달라지듯이 의미가 조금이라도 달라지면 문장의 형태는 바뀐다. 따라서 모든 언어현상은 의미에 관한 것이다. 의사소통은 모두 의미에서 출발한다. 자신이 가진 의미를 문법으로 포장하는 것이다. 따라서 모든 문법은, 의미에 기초하여 만들어진다.

"

Daniel Everett (2008) *Don't Sleep, There Are Snakes: Life and Language in the Amazonian Jungle*. New York: Pantheon. p200

7

하고 싶은 말과 해야 하는 말

문법범주와 어휘범주

우리는 말을 통해 모든 '의미'를 자유롭게 표현할 수 있다고 생각하지만, 그러한 자유는 어디까지나 '다른 사람들이 알아들을 수 있어야 한다'는 조건 안에서만 허용된다. 다시 말해, 언어공동체에 속한 다른 사람들과 '커뮤니케이션'이 가능한 범위 안에서만 우리는 말할 수 있다.

앞에서 살펴본 단어차원의 문제들 역시, 번역결과물을 만들어내는 과정에서 '커뮤니케이션 기능'이라는 본질적이면서도 거시적인 목적을 고려하지 않을 때 번역자들이 쉽게 놓칠 수 있는 오류나 실수들이었다. 아무리 깊은 의미가 담긴 고상한 단어나 표현이라고 해도 커뮤니케이션 기능을 제대로 수행하지 못하면 무의미한 기표로 전락할 수밖에 없다.

커뮤니케이션 기능을 제대로 수행하는 말을 만들어내기 위해 우리가 지켜야 하는 중요한 요소는 바로 '문법'이다. 문법은 그야말로 말을 담는 그릇과 같다. 머릿속에 있는 의미를 다른 사람에게 전달하기 위해서는 그릇에 먼저 담아야 한다. 하지만 우리가 사용할 수 있는 그릇은 이미 정해져 있다. 전달하고자 하는 의미가 그릇에 맞지 않으면 그릇에 담을 수 있도록 가공하고 변형해야 한다. 부족한 의미는 덧붙여야 하고, 넘치는 의미는 버릴 수밖에 없다. 결국, 발화된 말은 '내가 말하고 싶었던' 의미와 완벽하게 같지 않을 수도 있다. (번역가에게 이 결론은 매우 중요하다.)

문법이라는 그릇은 언어에 따라 달라진다. 언어가 다르다는 말은 곧, 문법이 다르다는 뜻이다. 또한 그릇이 다르면 그 안에 효과적으로 담을 수 있는 의미의 종류도 달라진다. 어떤 언어에서는 반드시 채워야 하는 의미가 어떤 언어에서는 전혀 필요하지 않은 경우도 있고, 같은 의미라도 다른 형태로 담아야 하는 경우도 있다.

결국 번역이란, 이 그릇에 담긴 의미를 저 그릇으로 최대한 온전하게 옮기는 작업이며, 이러한 작업은 언뜻 보기에도 전혀 쉽지 않아 보인다. 출발언어(그릇1)에 담겨 있던 의미를 도착언어(그릇2)에 담기 위해서는 그에 맞게 변형해야 한다. 때로는 그릇2에 맞지 않는 의미는 버려야 할 때도 있고, 그릇1에는 없던 의미를 채워 넣어야 할 때도 있다.

❀ ❀ ❀

유능한 번역자가 되려면 우선 두 언어의 문법을 잘 알아야 하며, 어떤 부분에서 차이가 있는지 명확하게 인지해야 한다. 예컨대 영어는 의미를 표현하려면 행위자(주어)와 행위(동사)를 먼저 말하고 거기에 이야기를 덧붙이는 반면, 한국어는 무엇을 말하든 행위(동사)로 문장을 끝내야 한다. 영어에서는 명사의 경우 셀 수 있는지 없는지, 또 셀 수 있는 것이면 몇 개인지(단수·복수), 또한 이것이 새로운 정보인지 기존에 제시되었던 정보인지(정관사·부정관사) 밝혀야 하지만 한국어에서는 그런 정보를 요구하지 않는다. 영어에서는 행위가 언제 발생했는지(시제), 완료되었는지 진행 중인지(상) 반드시 표시해야 하지만 한국어에서는 이러한 정보를 표시하는 기준이 영어보다 엄격하지 않다.

반대로 한국어에서는 화자와 청자가 어떤 관계를 맺고 있는지 반드시 밝혀야 하지만(공손성) 영어에서는 이런 정보를 전혀 요구하지 않는다. 공손성politeness이란, 말의 내용과 무관하게 화자와 청자의 서열과 친소(가까운 정도)를 표시하는 문법장치로 흔히 '호칭'과 '높임법'으로 표시한다. 이러한 문법의 차이는 번역자를 깊은 고뇌의 늪에 빠뜨리는 주요한 요인이 된다.

이런 이유 때문에 원문(의 의미)을 100퍼센트 투명하게 옮기는 것을 번역의 목표로 삼는다면, 그 어떠한 번역도 실패에 불과할 것이다. 그런 목표는 사실, 다른 언어로 옮기는 작업은커녕 같은 언어 안에서 말을 옮기는 작업에서도 달성할 수 없다.

❶ 얇은 사 하이얀 고깔은 고이 접어서 나빌레라.

예컨대 이 시를 다음과 같이 옮긴다면 어떨까?

1a 곱게 접힌 하얀 비단 고깔은 나비같구나.

누군가 이 두 문장이 같다고 주장한다면 동의하겠는가? 동의하는 사람은 없을 것이다. 무엇보다도 **1a**는 원문의 미묘한 의미들, 그리고 다르게 해석할 수 있는 가능성을 차단했기 때문이다. 물론 같은 언어 안에서는 굳이 번역할 필요가 없기 때문에, 이런 작업을 하지 않을 뿐이다. 하지만 영어사용자에게 이 시를 전달하기 위해 다음과 같이 번역했다면 어떨까?

1b The sheer white-silk bonnet is folded neatly into a butterfly.*

* Translated by Kyung-Nyun Richards & Steffen Richards ©2013 "The Dance of the Buddhist Nun" http://www.nyculturebeat.com/?mid=Column_PoetryWindow&document_srl=3018254&

1b는 아무리 봐도 ❶이 아니라 **1a**를 번역한 것처럼 보인다. 아마도 번역자는 고심 끝에 이러한 선택을 할 수밖에 없었을 것이다. 어떤 번역이든 어떤 의미는 취하고 어떤 의미는 버리고 어떤 의미는 추가하는 선택을 할 수밖에 없다. 아무리 뛰어난 번역이라고 해도 원문이 될 수 없으며, 모든 번역은 해석과 조작의 산물이며, 본질적으로 오역에 불과하다.

하지만 원래 의미를 그대로 전달하지 못한다고 해서 번역이 가치 없는 행위로 전락하는 것은 아니다. 오늘날 구글에 '번역'이라는 단어를 검색해보면 2,000만 개 이상의 검색결과가 나온다. 온갖 기계번역서비스, 번역을 대행해주는 에이전시, 번역사 자격증, 번역을 가르치는 교육기관, 우리말로 번역된 콘텐츠 등 '번역'과 관련한 다양한 활동이 벌어지고 있다는 것을 확인할 수 있다.

번역은 인류의 역사가 시작된 이래 오랫동안 유용한 정보교류기능을 수행해 왔다. 번역은 문화간 경계를 넘어—'완벽한' 이해에 도달하지는 못하더라도—상대방을 이해하고 소통할 수 있도록 도와주고, 자신의 세계를 다른 시선으로 바라볼 수 있는 기회를 제공함으로써 인간의 삶을 풍요롭게 만들어준다.

❁ ❁ ❁

앞에서 나는 '발화된 말'이 '전달하고자 하는 의미'와 완벽하게 일치하지 않을 수도 있다고 말했다. 다시 말해, 문장에서 어떤 요소는 화자가 의도적으로 선택한 것일 수도 있지만 어떤 요소는 의사소통을 위해 어쩔 수 없이 선택한 것일 수도 있다는 뜻이다.

예컨대 내가 어떤 사람 앞에서 다음과 같은 발화를 했다고 가정해보자.

❷ "Are you a student?"

이 문장에서 Are you는 '말을 하려면 주어+동사(의문문의 경우 동사+주어)를 반드시 앞세워야 한다'는 영어의 문법적인 요구를 준수하기 위해 선택된 것이다. are는 과거-현재-미래 중 하나를 의무적으로 선택한 결과이며 you도 '인칭대명사' 중 하나를 선택한 결과다.

또한 단수를 표시하는 a 역시 철저하게 문법적인 요구에 의해 선택된 것이다. 이 경우 you가 한 사람을 지칭한다는 것을 화자와 청자 모두 알고 있기 때문에 여기서 '수number'는 아무런 커뮤니케이션 기능을 하지 않는다. 이렇게 소통에 성공하기 위해 문법적 요구에 따라 의무적으로 선택한 항목을 '문법요소'라고 한다.

반면 student는 화자가 자유롭게, 의도적으로 선택한 항목이다. 예컨대 화자가 Are you a repeater(재수생)?라고 물었다고 가정해보라. 질문의 의도가 확연이 달라진다는 것을 알 수 있다. 이처럼 의도적으로 선택한 항목을 '어휘요소'라고 한다. 이로써 문장 속에 선택된 단어들은 모두 두 가지 범주로 구분할 수 있다.

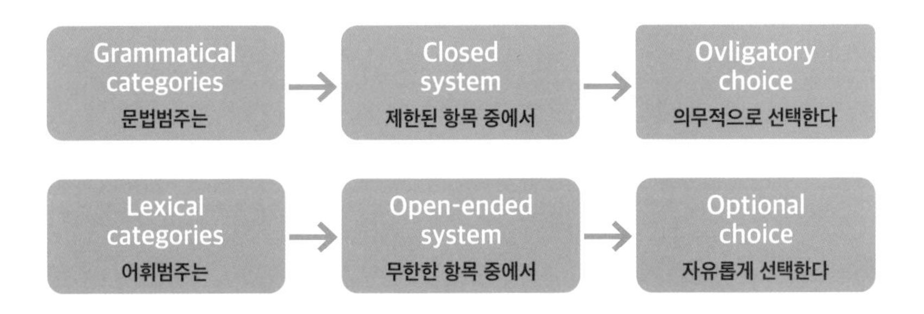

문법범주에 속하는 요소는 정해진 몇 개의 선택항목에서 하나를 반드시 선택해야 하는 반면, 어휘범주에 속하는 요소는 무한한 선택항목에서 선택하거나 또는 선택하지 않을 수 있다. 선택의 폭이 클수록 화자는 자신의 의도를 더욱 많이 반영할 수 있고, 의도가 많이 반영된 항목일수록 당연히 의미의 비중이 크다. 의미비중이 큰 항목은 번역할 때에도 당연히 주요한 번역 대상이 된다.

반대로 의미비중이 적은 항목은 번역과정에서 생략할 수 있으며, 더 나아가 반드시 생략해야 하는 경우가 많다. 이런 항목을 번역하면 오히려 메시지가 혼란스러워지기 때문이다. 이러한 판단에 따라 우리는 위 문장을 다음과 같이 번역할 수 있다.

2a "학생이니?"
2b "학생이세요?"
2c "학생이야?"

한국어는 문장을 주어로 시작해야 한다는 문법적 요구사항이 없다. 동사만 있어도 문장이 성립한다. 따라서 화자 바로 앞에 있는 상대방을 굳이 지칭할 필요가 없다. 시제는 영어와 마찬가지로 '과거-현재-(미래)' 중에서 하나를 골라야 한다.

하지만 한국어는 영어에서 요구하지 않는 '공손성'이라는 문법요소를 선택하도록 요구한다. 높임법을 결정하지 않고서는 문장을 종결할 수 없다. 화자와 청자의 관계가 어떤지는 문장차원에 표시되어있지 않기 때문에 맥락을 판단하여 번역자가 **2a·2b·2c** 중에서 선택해야 한다.

잠깐!

방금 주어 you를 문법범주에 속한다고 설명했지만, 맥락에 따라 때로는 어휘적인 성격을 갖는 경우도 있다. 그럴 때는 다음과 같이 번역이 달라져야 할 것이다.

2d "넌 학생이니?"
2e "댁은 학생이세요?"
2f "당신이 학생이야?"

한국어에서 주어는 넣을 수도 있고 뺄 수도 있다. 이 말은 곧, 선택의 폭이 크다는 뜻이다. 그렇다면 주어가 있다는 사실 자체가 한국어에서는 문법요소보다는 어휘요소에 가까운 성격을 갖는다고 말할 수 있다. 또한 2인칭으로 사용할 수 있는 어휘도 매우 다양하다(사실상 무궁무진하다). 지금 앞에 있는 사람에게 **2d·2e·2f**와 같은 문장을 발화해보라. 상대방은 문장 뒷부분에 나오는 항목(학생)보다 앞부분에 나온 항목(2인칭)에 더 집중하고, 그것을 선택한 당신의 '의도'를 가장 먼저 의심할 것이다.

❀ ❀ ❀

한국어다운 문장을 만들기 위해 알아야 할 것은 많겠지만, 이 책에서는 영어와 한국어의 문법적 특성의 차이로 인해 번역과정에서 발생하는 문제에 초점을 맞춰 설명한다. 물론 내가 한국어를 전공한 것은 아니기 때문에 한국어문법을 설명하는 용어가 부정확할 수 있고, 또 잘못 기술하는 경우도 있을지 모른다. 그럼에도 오랜 시간 번역을 해오면서 반복적으로 검증한 원칙들만 정리하였기에 현업에서 번역을 하는 분들에게 상당한 도움이 될 것이라고 확신한다.

번역과 언어

do 언어와 be 언어

이케가미 요시히코池上嘉彦는 영어는 인간행위자를 부각시키는 언어에 속하고 한국어와 일본어는 인간행위자가 드러나는 것을 억제하는 언어라고 구분한다. 또한 영어는 '행위'를 강조하는 do 동사를 주로 사용하는 반면, 한국어와 일본어는 '상태'를 강조하는 be 동사를 주로 사용한다. 이 때문에 한국어는 '—있다'로 끝나는 서술빈도가 높다. 다음 예문들은 번역과정에서 영어의 do 동사가 한국어의 '있다(be)'로 바뀐 사례다.

> She knew she could get through this one.
> 그녀는 이런 상황을 헤쳐 나가는 방법을 알고 있었다.
> They all had remarkable stories to tell, filled with insights.
> 그들은 모두 놀라운 이야깃거리를 가지고 있었다.
> Many of the CEOs resembled one another in their approach.
> CEO들의 접근방식은 대부분 서로 닮아있다.

한국어의 특성상 '있다·없다'는 표현을 쓰지 않을 수는 '없을' 것이다. 하지만 글을 좀더 재미있고 생동감 넘치게 만들고자 한다면 '있다·없다'는 표현이 등장할 때마다 그것을 do 동사로 바꾸어 표현할 수 '있는지' 고민하는 것이 바람직하다. 의식하지 않고 글을 쓰다 보면 '있다·없다'는 표현이 과도하게 쏟아져 나올 수 '있기' 때문이다. (지금 아껴 쓰려고 노력함에도 문장마다 하나씩 나오고 '있다'.)

Chapter 8

“

마체어는 과거시제를 세 가지로 나눈다. 하지만 ‘어떤 사람이 그곳을 지나갔다’라고 단순히 말하는 것은 허용되지 않는다. 사건의 발생시간을 기준으로 최근 일어난 일인지(대략 한 달 이내), 먼 과거에 일어난 일인지(대략 한 달 전부터 50년 이내), 아주 먼 과거에 일어난 일인지(50년 이상) 동사어미에 표시해야 한다… 더 나아가 마체어 동사에는 증거성evidentiality이라는 요소도 표시해야 한다… 직접 경험한 것인지, 증거에서 추론한 것인지, 짐작한 것인지, 남에게 들은 것인지에 따라 동사의 형태를 바꿔야 한다.

”

Guy Deutscher (2011) *Through the Language Glass: Why the World Looks Different in Other Languages.* London: Picador. p153

8

정체모를 물줄기와 희생양들

수와 시제

문법은 언어를 사용할 때 반드시 드러내야 하는 측면을 결정한다. 그리스·로마인들은 세상에 존재하는 것은 모두 시간, 개수, 성별과 같은 개념으로 분명하게 구분할 수 있다고 생각했고, 이러한 개념을 말할 때마다 '반드시' 표시해야 한다고 생각했다.

❶ Victims are the "poor me" people who do not take responsibility for their behaviors.

1a 희생양들은 자신이 한 행동에 책임감이 없는 '자신은 항상 피해자인' 사람들이다.

이것은 텍스트 안에서 victim이 어떤 사람인지 정의하는 문장이다. 그런데 **1a**를 읽어보면 정의를 진술하는 문장처럼 읽히지 않는다. 정의를 진술하려면 '희생양은—' 또는 '희생양이란—'이라고 말하는 것이 자연스럽다.

그렇다면 원문에서는 왜 victims라고 쓴 것일까? 영어의 문법은 명사를 쓸 때에는 그것이 하나인지 여러 개인지(number) 반드시 표시하도록 요구한다. 이러한 선택을 회피할 수 없다. 제한된 선택지 중에서 반드시 선택해야 하는 '문법범주'에 속하기 때문이다. (이 문장이 왜 문법적 측면에서 선택된 것인지는 뒤에서 자세하게 설명한다.) 이 문장은 어떻게 번역해야 할까?

✔ **1b** 희생양이란 '난 불쌍해'라는 마음으로 무장하고 자신의 행동을 책임지려 하지 않는 사람이다.

원문이 복수형으로 표시되어 있다고 해서 반드시 복수형으로 번역할 필요가 없다는 것을 명심하라.

또한 **1a**는 무엇을 말하려고 하는 문장인지 아리송한 느낌을 주는 반면, **1b**는 발화의 의도를 훨씬 명확하게 전달한다. 이는 조사를 부정확하게 사용한 탓도 있지만, 어순 탓도 있다.

	❶	1a	1b
A	Victims are	희생양들은	희생양이란
B	the "poor me"		'난 불쌍해'라는 마음으로 무장하고
C	people		
D	who do not take responsibility for their behaviors.	자신이 한 행동에 책임감이 없는	자신의 행동을 책임지려 하지 않는
	B	'자신은 항상 피해자인'	
	C	사람들이다.	사람이다.

1a는 **B-C-D**를 하나의 의미뭉치로 간주하여 번역한 반면 **1b**는 **B**와 **C-D**를 분리하여 순차적으로 번역하였다는 것을 알 수 있다.

문장공작소

'행동에 책임감이 없다'는 말은 명제적으로 다소 모호하다. 행동에 책임을 지지 않는다는 말인지 행동에서 책임감이 엿보이지 않는다는 말인지 분명하지 있다. 행동과 책임·책임감 사이의 관계를 좀더 명확하고 정교하게 규명해야 한다.

⁂

영어에서 '수'가 문법요소라는 점을 고려하지 않고 번역한 문장들을 보자.

2a 철학으로 인해 온갖 종류의 터무니없는 생각들을 믿게 된다.
3a 우리는 수많은 철학적 가정들과 전제들과 가설들, 심지어 이론들에 사로잡힌 채 세상 이치와 인생에서 중요한 것들에 대해 생각한다.
4a 이로써 동물들을 시험대에 못 박고 해부하는 실험이 시작되었다.
5a 달걀값이 오르기라도 하면 닭장에 들어가는 닭들의 수가 더 늘어나기 마련이다.

이 번역문'들'은 원문에 복수형으로 표시되어있는 명사'들'을 '들'이라는 접미사를 붙여 옮긴 것이다. 하지만 '들'을 모두 빼고 읽어보면 훨씬 메시지가 쉽게 이해된다는 것을 알 수 있다.

✔ 2b 철학으로 인해 온갖 종류의 터무니없는 생각을 믿게 된다.
✔ 3b 우리는 수많은 철학적 가정과 전제와 가설, 심지어 이론에 사로잡힌 채 세상 이치와 인생에서 중요한 것에 대해 생각한다.
✔ 4b 이로써 동물을 시험대에 못 박고 해부하는 실험이 시작되었다.
✔ 5b 달걀값이 오르기라도 하면 닭장에 들어가는 닭의 수가 더 늘어나기 마련이다.

＊＊＊

물론 한국어에서도 '들'이라는 접미사를 활용하여 명사의 수를 표시한다. 문제는, 영어와 한국어가 '수'를 판단하는 기준이 다르다는 것이다. 영어에서는 의도와 무관하게 객관적인 수만 고려하여 단수·복수를 결정하지만 한국어에서는 '가리키고자 하는(의도) 대상'이 여러 개라는 것을 표시하기 위해 '들'을 사용한다.

6a 청명한 날에는 사방으로 지평선까지 뻗은 아마존 정글이 한 눈에 보인다. 끝도 없이 펼쳐진 녹색 카펫을 따라 파란 물줄기가 남에서 북으로, 아마존 강을 향해 흘러간다.

아마존 상류에서 하류까지 비행기를 타고 가면서 그 아래 보이는 아마존우림의 멋진 풍경을 설명하는 문장이다. 그런데 여기서 아마존으로 흘러가는 '파란 물줄기'는 과연 무엇일까? 어떤 강 하나가 아마존으로 흘러간다면 그 강이 무엇인지 왜 설명하지 않을까? 정체를 알 수 없다고 해도 '이름 모를 파란 물줄기'처럼, 묘사하는 대상을 독자들이 어느 정도 짐작할 수 있도록 실마리는 제공해야 할 것이다. 어떤 화자라도 이렇게 말하지는 않는다. 원문을 확인해보면 번역자의 아주 사소한 실수를 하나 발견할 수 있다.

❻ On a clear day you will see the jungle stretch out to the horizon in every direction: a green carpet, as far as the eye can see, with blue streaks of water from north to south, flowing toward the Amazon.

blue streaks에서 복수형을 빼고 번역한 것을 알 수 있다. 여러 물줄기'들'이 아마존을 향해 흘러가는 장관을 묘사한 것인데, 이런 경우에는 당연히 그 물줄기들에 대해 설명할 필요가 없다. 경험적으로 '한국어는 수에 둔감하다'라고만 생각하고 번역을 하다 보면 이런 치명적인 실수를 할 수 있다.

✔ 6b 맑은 날에는 온통 푸르른 정글이 사방으로 지평선까지 펼쳐져있는 장관을 볼 수 있다. 끝없이 펼쳐진 초록색 카펫 위에는 북쪽에서 남쪽으로 흐르는 파란 물줄기들을 볼 수 있는데, 이는 모두 아마존 강을 향하는 지천이다.

	❻	6a	6b
A	On a clear day	청명한 날에는	맑은 날에는
B	you will see		
C	the jungle		온통 푸르른 정글이
D	stretch out to the horizon in every direction:	사방으로 지평선까지 뻗은	사방으로 지평선까지 펼쳐져있는 장관을
	C	아마존 정글이	
	B	한 눈에 보인다.	볼 수 있다.
E	a green carpet,		
F	as far as the eye can see,	끝도 없이 펼쳐진	끝없이 펼쳐진
	E	녹색 카펫을 따라	초록색 카펫 위에는
G	with blue streaks of water	파란 물줄기가	
H	from north to south,	남에서 북으로,	북쪽에서 남쪽으로 흐르는
		G	파란 물줄기들을
		insert	볼 수 있는데, 이는 모두
I	flowing toward the Amazon.	아마존 강을 향해 흘러간다.	아마존 강을 향하는 지천이다

6b는 blue streaks of water에 초점을 모아주고자 **I**를 별도의 절로 분리한 것을 볼 수 있다.

⁂

문법의 차이는 대부분, 정도의 차이가 아니라 적용하는 기준의 차이라는 것을 명심하라. '수'나 '시제'처럼 같은 이름으로 불린다고 해도, 그것이 작동하는 근거와 적용하는 기준은 완전히 다를 수 있다.

❼ The Guugu Yimithirr language has one famous claim to fame, and is consequently celebrated throughout the wide world of trivial pursuits. The story runs roughly like this. In July 1770, Captain Cook's Endeavour was grounded off the north-eastern coast of Australia. During the weeks when the ship was being repaired, Captain Cook and his crew made contact with the native population of the continent. With them, relations were at first rather cordial. Cook writes in his diary on 10 July 1770:

7a 구구이미티르 언어는 유명한 사연의 주인공이고 그래서 전 세계에서 잡학지식을 좇는 사람들에게 기념되고 있다. 이야기는 다음과 같다. 1770년 7월 제임스 쿡 선장이 탄 엔데버 호는 오스트레일리아 대륙의 북동쪽 해안에 정박했다. 배를 수리하는 몇 주간 쿡 선장과 선원들은 이 대륙의 토착주민들과 조우하게 되었다. 원주민과의 관계는 시작부터 우호적이었다. 쿡 선장은 1770년 7월 10일에 남긴 일지에 이렇게 기록했다.

✔ 7b 구구이미티르족의 언어는 우연한 기회를 통해 세상에 알려지면서 오랫동안 전 세계 수많은 잡학가들의 관심을 받고 있다. 이야기는 대략 이렇게 시작된다. 1770년 7월 쿡선장의 '인데버'호가 오스트레일리아 북동해안에서 좌초한다. 이들은 배를 수리하기 위해 몇 주 동안 해안에 머문다. 쿡선장과 선원들은 이곳에서 원주민들과 접촉한다. 원주민과의 관계는 처음엔 다소 우호적이었다. 1770년 7월 10일 쿡은 일기에 이렇게 쓴다.

언뜻 보기에 **7a**는 원문의 과거시제를 그대로 번역한 반면 **7b**는 현재시제가 곳곳에 선택된 것을 볼 수 있다. 면밀히 비교해보자.

	⑦	7a	7b
A	The Guugu Yimithirr language has one famous claim to fame, and	구구이미티르 언어는 유명한 사연의 주인공이고 그래서	구구이미티르족의 언어는 우연한 기회를 통해 세상에 알려지면서
B	is consequently celebrated throughout the wide world of trivial pursuits.	전 세계에서 잡학지식을 좇는 사람들에게 기념되고 있다.	오랫동안 전 세계 수많은 잡학가들의 관심을 받고 있다.
C	The story runs roughly like this.	이야기는 다음과 같다.	이야기는 대략 이렇게 시작된다.
D	In July 1770, Captain Cook's Endeavour was grounded off the north-eastern coast of Australia.	1770년 7월 제임스 쿡 선장이 탄 엔데버 호는 오스트레일리아 대륙의 북동쪽 해안에 정박했다.	1770년 7월 쿡선장의 '인데버'호가 오스트레일리아 북동해안에서 좌초한다.
E	During the weeks when the ship was being repaired,	배를 수리하는 몇 주간	이들은 배를 수리하기 위해 몇 주 동안 해안에 머문다.
F	Captain Cook and his crew made contact with the native population of the continent.	쿡 선장과 선원들은 이 대륙의 토착주민들과 조우하게 되었다.	쿡선장과 선원들은 이곳에서 원주민들과 접촉한다.
G	With them, relations were at first rather cordial.	원주민과의 관계는 시작부터 우호적이었다.	원주민과의 관계는 처음엔 다소 우호적이었다.
H	Cook writes in his diary on 10 July 1770:	쿡 선장은 1770년 7월 10일에 남긴 일지에 이렇게 기록했다.	1770년 7월 10일 쿡은 일기에 이렇게 쓴다.

출발텍스트는 저자가 말하고자 하는 진술(**ABC**)은 현재시제로 쓰고, 사건 속 이야기(**DEFG**)는 과거시제로 진술한다. 마지막 **H**는 예외적으로 현재시제를 쓰고 있다(과거시제 부사가 있음에도 현재시제를 쓰고 있다).

7a는 명사절 **E**를 뺀 나머지 동사의 시제를 과거형 그대로 적용하여 번역했다. 반면 **7b**는 **DEF** 모두 현재시제로 바꿔 번역했다. 하지만 이것은 전혀

어색하지 않다. 이 문장을 시작하면서 첫머리에 '1770년 7월'이라는 부사로 시점을 명시해 놓았기 때문이다.

영어에서는 동사마다 시간을 반드시 표시하라는 문법적 요구가 작동하지만, 한국어에서는 시제를 문법이 아닌 의미 측면에서 표시한다.

시제가 없는 중국어가 어떻게 시제를 표시하는지 이해하면 한국어의 시제표시방법에 대한 약간의 통찰을 얻을 수 있다.

他现在在北京工作	He is working in Beijing
他当时在北京工作	He was working in Beijing

중국어는 단어를 굴절하지 못하기 때문에 동사에 시제를 표시할 수 없다(그래서 중국어에는 현재시제밖에 없다). 중국어는 시제를 표시하기 위해 부사를 이용한다. **现在**현재라는 부사를 넣으면 현재시제가 되고 **当时**당시라는 부사를 넣으면 과거시제가 된다. 한국어는 영어처럼 어미를 교착하여 동사 자체에 시제를 표시할 수는 있지만, 동시에 중국어처럼 시점을 표시하는 부사가 설정된 경우에는 현제시제를 사용해도 괜찮은 경우가 많다.

엄밀히 말하자면, 시점을 설정해주는 부사가 존재할 경우 동사에 시제를 표시하라는 문법적 요구는 불필요한 것일 수 있다. **G**에서 시제를 철저하게 지키는 영어에서조차 과거시제를 쓰지 않고 현재시제를 쓴 것을 알 수 있다. 하지만 시점을 명확하게 표시해야 하거나 이미 확정된 사실을 표시하기 위해서는 과거시제를 정확하게 설정해줘야 한다.

여기서 기억해야 할 사실은, 어쨌든 가장 자연스럽고 편안한 시제는 '현재'라는 것이다. 시점이 명확하게 설정되어 있다면 명제적으로 과거시점에 벌어진 일이라고 해도 현재시제를 쓰는 것이 자연스러운 경우가 많다. 의미도 훨씬 명확해질 뿐만 아니라 진술하는 행위에 생동감이 돈다.

번역 실전 노하우!

시대의 변화를 따라가지 못하는 문법

영어의 3인칭 대명사는 성별을 표시하는 문제로 인해 오랫동안 논란이 되어 왔다. 3인칭 단수를 지칭하기 위해서는 he와 she 중 하나를 선택해야만 한다. 남자 아니면 여자, 둘 중 하나를 선택해야 하는 문법규칙으로 인해 곤란한 문제가 발생하는 경우가 많다.

A child learns to speak the language of his environment.

여기서 a child는 남자와 여자를 포괄하는 '아이'를 총칭하지만, 문장 후반부에 가면 3인칭 소유격을 선택해야 하는 상황에 직면한다. 영어의 3인칭 단수 대명사는 he와 she밖에 없기 때문에 둘 중 하나를 선택해야 한다.

이런 경우 오랫동안 he를 선택해왔으며, 이것을 문법적으로 올바른 선택이라고 간주했다. 하지만 지금은 상황이 달라졌다. 오늘날 이렇게 문장을 쓰는 것은 '성차별'에 둔감한 반사회적 행위로 간주된다. 무수한 이들이 이 문제를 해결하기 위한 다양한 해법을 쏟아냈다.

A child learns to speak the language of his or her environment.

이런 문장을 본 적이 있을 것이다. he와 she를 모두 쓰는 것이다. 하지만 이 방법에는 치명적인 문제가 있다. 3인칭이 나올 때마다 계속 세 단어를 반복하는 것도 번거롭지만, 무엇보다도 문장의 포커스가 흐트러진다는 것이다. 위 문장을 소리 내 읽어보면 의도하지 않더라도 his or her에서 가장 힘이 들어가는 것을 알 수 있다.

초점을 받지 않으면서 성별을 구별하지 않는 3인칭 단수를 지칭하는 방법 중 최근 많이 사용되는 방법을 하나 소개한다.

A child learns to speak the language of their environment.

이런 문장을 만났을 때 their가 누구를 가리키는지 잠시 혼동이 올 수 있다. 여기서 their는 a child를 가리킨다. 이처럼 they를 단수대명사로 사용하는 용법을 singular ***they***라고 한다. 사실 singular ***they***는 최근 등장한 용법이 아니라 수백 년 전부터 사용되어 온 것으로, 남녀를 모두 포괄하기 위해 (또는 남성도 아니고 여성도 아닌 중성을 지칭하기 위해) 수를 깨는 선택을 한 것이다.

또다른 방법으로는 3인칭 단수 때문에 골치 아픈 선택을 할 필요가 없게끔 아예 복수형으로 문장을 쓰는 것이다.

Children learn to speak the language of their environment.

결국 여기서 선택된 복수형은, 말하고자 하는 의도가 아니라 문법적인 요인으로 인해 결정된 것이다. 앞에서 본 **8.1** 예문과 똑같은 형태의 문장이다.

Victims are the "poor me" people who do not take responsibility for their behaviors.

결론적으로 지금까지 본 모든 문장은 다음과 같이 번역할 수 있다.

아이는(아이들은) 자신이 속한 환경에서 사용하는 언어를 배운다.

Chapter

9

“

문법은 문장에서 단어의 관계를 결정하는 것과 더불어, 또 다른 중요한 기능을 수행한다. 바로, 어떠한 경험을 표현하든 어떤 정보를 반드시 표시해야 하는지 결정하는 것이다. 그리고 그러한 의무적인 표시정보는 언어마다 상당히 다르다. ”

Franz Boas (1938)”Language” in F. Boas (ed.), *General Anthropology*, Boston: D. C. Heath. p132-133

“

언어는 그것이 전달할 수 있는 것이 아니라, 전달해야만 하는 것에서 근본적으로 달라진다. ”

Roman O. Jakobson (1959) “On Linguistic aspects of translation” in R. A. Brower (ed.) *On Translation*. Cambridge: Harvard University Press. p236

9

당신은 누구시길래

2인칭 대명사

1a 당신이 협상 테이블에 무엇을 올려놓을지 알아야 한다. 당신의 지식과 경험은 협상도구로 사용할 수 있는 장점임을 명심하라. 상대방에게 당신이 지닌 가치를 전달하려면 당신의 가치가 무엇인지 확실히 파악하고 판단해야 한다. 당신이 상대방에게 제공할 수 있는 이익에 대해 더 많이 알고 이를 더 잘 표현해 낼수록 상대방은 당신과의 거래에 더 흥미를 갖게 될 것이다.

1b 당신이 협상 테이블에 무엇을 가져갈지 알아야 한다. 당신의 지식과 경험은 흥정도구로 쓸 수 있는 힘이라는 것을 마음에 새겨 두어라. 당신이 상대방과 당신의 가치에 대해 대화하고 싶다면 당신은 자신의 가치를 완전히 알고 이해해야 한다. 상대방에게 제공할 수 있는 이득에 대해 당신이 더 많이 알수록, 그리고 그에 대해 더 잘 설명할 수 있을수록, 상대방은 당신과 하는 거래를 성시시키는 데 더 열중할 것이다.

이 글을 읽다 보면 무수히 등장하는 '당신'으로 인해 심리적 불편함을 느낄지도 모른다. 위 문장들은 실제 우리가 사용하는 한국어와는 매우 동떨어져 있다.

영어에서 인칭person은 문법요소다. 화자(저자)는 I, 청자(독자)는 you, 이 관계 밖에 있는 사람은 he·she(3인칭)로 지칭한다. 이러한 인칭에 예외는 존재하지 않는다. 말하는 사람은 지위고하를 막론하고 I이고, 듣는 사람 역시 지위고하를 막론하고 you다. 이에 반해 한국어의 인칭은 어떤가? 흔히 I는 '나', you는 '당신'이라고 번역하면 된다고 생각하지만 실제로 한국어의 인칭 체계는 매우 복잡하다. 이 글을 읽고 있는 '당신'은 지금껏 살아오면서 '당신'이라는 2인칭을 몇 번 사용해보았는가? 지금 바로, 곁에 있는 사람을 '당신'이라고 불러보라. (부부가 아니라면, 책임은 못 진다.)

한국어에서 사람을 지칭하는 어휘는 모두 '듣는 사람이 누구냐'에 따라 달라진다. 공손성politeness이라고 하는 문법적 특성이 철저하게 코딩되어 있기 때문이다. 상대방이 나보다 높은가 낮은가 동등한가를 고려하여 인칭을 결정한다.

1인칭의 경우, '저'와 '나' 중에서 고를 수 있다. 때로는 이러한 선택을 회피하기 위해 '본인' '필자' 같은 일반명사를 사용하여 자신을 제3자처럼 지칭하는 사람도 있다. 2인칭은 훨씬 미묘하다. 사전적으로 '당신'이나 '너'를 사용할 수 있지만 이 역시 매우 한정적인 맥락에서만 쓸 수 있다. 자네, 귀하, 자기, 댁, 그대, 그쪽, 여기, 저기요… 등 다양한 어휘가 2인칭으로 사용된다. 물론 이들 모두 서열, 친소, 상황 등 맥락에 따라 제한적으로 사용된다.

한국어의 2인칭은 시대가 변하면서 계속하여 새롭게 발명된다. 예컨대 낯선 사람을 호칭할 때 산업부흥기에는 '사장님', 2000년대 이후에는 '선생님'이 주로 사용되고 있다. 인터넷이 발달하면서 접미사 '님'이 독립적인 2인칭 어휘로 사용되는 현상도 나타났다('님아').

한국어에서 호칭은 당사자간의 서열과 감정을 미묘하게 반영하기 때문에 주의하여 선택해야 한다. 실제로 이러한 선택은 매우 어려운 결정이다. 많은 한국인들이 서열이나 직함 등을 아직 정리하지 못한 상황에서 상대방을 지칭해야만 하는 경우 상당한 곤란을 겪는다.

그렇다면 한국어에서 가장 많이, 보편적으로 사용할 수 있는 2인칭은 없을까? 있다. 실제로 우리가 매일 사용하는 2인칭이 있다. 바로, 상대방을 부르지 않는 것이다. 두루뭉술하게 말을 얼버무림으로써 상대방이 눈치껏 대답해주기를 바라거나 되물음('저 말이에요?')을 유도하기도 한다. 결국, 한국어의 가장 보편적인(무표적인) 2인칭은 '말하지 않는 것'이라고 결론 내릴 수 있다. 어떤 어휘를 선택하든 2인칭을 쓰는 것은 한국어에서 유표적인 선택, 의도적인 선택이 된다.

위 번역에서 '당신'이 지나치게 쏟아져 나온 이유는 무엇 때문일까? 출발텍스트를 살펴보자.

❶ Know what you bring to the table. Keep in mind that your knowledge and experience are strengths you can use as bargaining tools. You must have a complete understanding and appreciation of your value if you expect to communicate it to the other parties involved. The more you know about the benefits you can offer to the other side, and better you are able to express them, the more excited they will be about making a deal with you.

원문에 등장하는 you는 (your도 포함하여) 모두 10개인 반면, 첫 번째 번역에 등장하는 '당신'은 6개, 두 번째 번역에 등장하는 '당신'은 8개다.

문법요소와 어휘요소를 구분하는 것은 번역과정에서 매우 중요한 통찰을 제공한다. 출발어에서 문법항목이었던 것이 도착이에서 어휘항목이 되는 경우(또는 그 반대의 경우), 그것을 그대로 번역하면 문장은 어색해지고 의미 또한 달라질 수 있다.

영어에서 you는 문법항목이기 때문에 이것이 10번이나 등장해도 우리는 이것이 전혀 어색하거나 이상하다고 생각하지 않는다. 사실 눈에 잘 띄지도 않는다. 원문에서 you는 두 가지 문법적 요구를 충족시키는 역할을 한다. 우선 2인칭을 표시하는 것이다. you가 아닌 다른 2인칭은 존재하지 않기 때문에 선택할 수밖에 없는 문법적 요소다. 또 하나 you는 '문장에는 반드시 주어가 나와야 한다'는 문법적 요구를 충족시키는 역할을 한다. 그래서 글을 읽고 나서도 우리는 you가 그렇게 많이 등장했는지 인식하지 못하는 것이다. 반면 번역문에서는 '당신'이 고작 6-8번 반복되었음에도 지나치게 부각되어 부자연스럽게 느껴진다. 한국어에서 '당신'은 문법항목이 아니고 어휘항목이기 때문이다.

어휘항목은 문법항목에 비해서 저자의 선택(의도)이 더 크게 반영된 요소이기 때문에, 어휘항목이 반복되면 독자는 거기에 어떤 의미가 숨어있을지 모른다고 생각한다. 번역과정에서 의도치 않은 의미가 발생하면서 의미가 달라지는 것이다.

결국, 문법항목을 어휘항목으로 그대로 옮김으로써 도착텍스트는 매우 낯설고 부자연스러워졌으며 의미의 초점이 분산되어 저자의 의도를 제대로 파악하기 어려운 글이 되고 말았다. 또한 뒤에서 설명하겠지만, 한국어에서는 인간행위자를 부각하지 않으려는 힘이 일관되게 작용한다. 독자를—'당신'이라는 무례한 어휘를 이용해—지칭하지 않고도 메시지를 전달할 수 있는 방법을 고민해야 한다.

✔ 1c 협상테이블에 올려놓을 수 있는 것이 무엇인지 알아야 한다. 지식과 경험은 흥정의 도구로 사용할 수 있는 무기라는 사실을 명심하라. 자신의 가치를 상대방에게 보여주고 싶다면 스스로 가치를 제대로 평가하고 인식해야 한다. 상대편에게 어떤 혜택을 줄 수 있는지 잘 알수록, 또 그것을 잘 표현할수록

상대방은 협상을 성사시키고자 할 것이다.

1a-1b-1c를 번갈아 가며 읽어보라. '당신'이라는 말이 텍스트에서 독자들의 주의를 얼마나 빼앗는지 알 수 있을 것이다. 이렇게 초점이 분산된 텍스트에서 저자가 말하고자 하는 메시지를 제대로 읽어내는 것은 생각만큼 쉬운 일이 아니다.

	①	1b	1c
A	Know what you bring to the table.	당신이 협상 테이블에 무엇을 가져갈지 알아야 한다.	협상테이블에 올려놓을 수 있는 것이 무엇인지 알아야 한다.
B	Keep in mind that		
C	your knowledge and experience are	당신의 지식과 경험은	지식과 경험은
D	strengths you can use as bargaining tools.	흥정도구로 쓸 수 있는 힘이라는 것을	흥정의 도구로 사용할 수 있는 무기라는 사실을
	B	마음에 새겨 두어라.	명심하라.
E	You must have a complete understanding and appreciation of your value		
F	if you expect to communicate it to the other parties involved.	당신이 상대방과 당신의 가치에 대해 대화하고 싶다면	자신의 가치를 상대방에게 보여주고 싶다면
	E	당신은 자신의 가치를 완전히 알고 이해해야 한다.	스스로 가치를 제대로 평가하고 인식해야 한다.
G	The more you know		
H	about the benefits you can offer to the other side,	상대방에게 제공할 수 있는 이득에 대해	상대편에게 어떤 혜택을 줄 수 있는지
	G	당신이 더 많이 알수록,	잘 알수록,
I	and better you are able to express them,	그리고 그에 대해 더 잘 설명할 수 있을수록,	또 그것을 잘 표현할수록
J	the more excited they will be about making a deal with you.	상대방은 당신과 하는 거래를 성사시키는 데 더 열중할 것이다.	상대방은 협상을 성사시키고자 할 것이다.

* * *

물론 you가 언제나 문법요소로만 사용되는 것은 아니다. 독자에게 특별한 경험을 안겨주고자 의도적으로 you를 사용하는 경우도 있다. 독자를 지칭하지 않으면 메시지를 제대로 전달할 수 없는 경우에는 번역문에서도 2인칭을 사용해야만 한다.

2a 우리가 닭이라고 가정해보자. 일단 달걀에서 부화해 병아리로 태어난다. 이때가 인생에서 가장 행복한 순간이라는 것을 후에 알게 될 것이다. 품종에 따라 '산란계' 또는 '육계' 둘 중 하나로 태어나는데, 이에 따라 평생 알을 낳거나 살이 오르면 사람에게 먹히거나 둘 중 하나의 삶을 살게 된다. 수평아리 산란계로 태어나면 살이 고기로 쓰기에 질이 충분히 좋지 않아 생을 빨리 마감하게 될 것이다. 운이 좋으면 가스로 살처분돼 비교적 편안한 죽음을 맞을 수도 있지만, 플라스틱 봉투에 수많은 다른 병아리들과 함께 버려져 숨 막혀 죽게 될 가능성이 더 크다. 그 밖에도 산채로 분쇄되어 폐기처분되는 경우도 비일비재하다. 미국에서만 일 년에 1억 6,000만 마리, 영국에서는 2백만 마리 조금 안 되는 수평아리들이 이렇게 죽는다.

2b 당신이 닭이라고 가정해보라. 일단은 태어난다. 유감스럽지만, 태어나는 순간 당신의 삶이 결정된다. '산란계' 또는 '육계'가 될 것이다. 즉 당신의 운명은 계속 알을 낳아야 하거나 아니면 잡아먹히거나 둘 중 한 가지이다. 교배를 위한 수탉으로 태어나면 살코기가 사람들이 먹기에 맛이 없기 때문에 당신은 얼마 살지도 못한다. 가스실에서 죽으면 그나마 운이 좋은 편이다. 대신 비닐자루에 던져져서 다른 닭들에 눌려져 질식해 죽을 가능성이 훨씬 많다. 또는 산 채로 분쇄기에서 으깨어져 가루가 될 수도 있다. 미국에서만 최소 1억 6,000마리, 영국에서는 2,000만 마리의 당신 형제들이 매년 이런 운명을 겪는다.

2a는 첫 문장에서 '우리'가 모두 닭이라고 가정하도록 인도한다. '우리'를 대상으로 글을 서술함으로써 저자는 저자 자신을 포함하여 모든 사람을 가상 독자의 자리에 놓는다. 덕분에 이후 등장하는 인칭은 자연스럽게 제거할 수 있게 되었고, 이로써 한국어문장들이 자연스러워졌다. 반면 **2b**는 첫 문장에서 '당신'을 호명한다. 이 글을 실제로 읽을 독자 개개인에게 스스로 닭이라고 가정하라고 명령한다.

두 번역을 비교해 읽어보면 독자 입장에서 **2a**보다는 **2b**가 훨씬 의미가 강하게 느껴진다는 사실을 알 수 있다. 바로 '네'가 이 자리에 있다고 생각하라고, '네'가 이 상황에 처해있다고 상상하라고 말하며 닭의 현실을 극적으로 느끼도록 유도하기 때문이다. 그에 반해 '우리'가 닭이라고 가정하면 상황은 다소 느긋해진다. 어차피 우리 모두 닭이라면 그것은 나만의 문제가 아닐 수도 있기 때문이다. 독자에게 닭이라고 가정해보라는 것은 매우 의도적인 설정이며, 따라서 여기서 you는 문법요소가 아닌 어휘요소에 가깝다고 볼 수 있다(lexical *you*).

그렇다면 you는 무엇으로 번역하는 것이 좋을까? 앞에서 한국어의 2인칭은 관계와 맥락에 따라 달라질 수 있다고 설명한 것을 떠올린다면 이런 질문이 떠오를 수 있다. 어쨌든 우리가 지금까지 관습적으로 불특정한 상대방을 글 속에서 지칭할 때 사용하는 '당신'이 가장 적절한 어휘가 될 듯하다. 가끔은 you를 '당신'이 아닌 '여러분'으로 번역해오는 사람도 있는데, 이 글에서는 '우리'와 마찬가지로 잘 어울리지 않는다.

2c 여러분이 닭이라고 가정해보라. 일단 알에서 나온다. 유감스럽게도 세상에 나온 것이 그리 기쁜 일만은 아니다. 여러분은 '산란용 닭' 아니면 '고기용 닭'로 태어난다. 다시 말해 여러분의 운명은 주구장창 알만 낳든지 아니면 닭고기로 팔리던지 둘 중 하나다…

'여러분'이라는 2인칭은 일단 여럿을 지칭할 뿐만 아니라 상대방을 높이는 표현 때문에 '당신'만큼 독자에게 적극적으로 파고들지 못한다. 사람들을 모아놓고 강연을 하는 것처럼 쓴 글에서는 적합할 수 있겠지만 대개의 글에서는—독서는 혼자만의 사고과정이기에—'여러분'은 이 글에서 저자가 의도하는 효과를 끌어내기엔 미흡하다.

그렇다면 출발텍스트에는 you가 얼마나 많이 등장하는지 살펴보자.

❷ Suppose you are chicken. First you are born. And that, I'm afraid, is about as good as it is going to get. You will be born either a "layer" or a "broiler." That is, your destiny will be to lay eggs or to be eaten. If you are a layer, but are male, then your flesh will be deemed not good enough for eating and your life will, accordingly, be short. If you are lucky, you will be gassed. Chances are, however, that you will be thrown into a plastic sack and allowed to suffocate under the weight of other chicks. Alternatively, you might simply be ground up while still alive. In the United States alone, at least 160 million of you and your brethren will suffer this fate every year, and in the UK the number is closed to twenty million.

출발텍스트에서 you·your는 모두 13번 등장한다. 이에 비해 **2b**에서는 '당신'이 겨우 5번 등장한다. 하지만 한국어에서 2인칭은 사용하지 않는 것이 무표적이라는 것을 명심하라. 다시 말해 '당신'은 최대한 아껴 써야 한다. 아껴 쓰는 만큼, 이 단어를 사용했을 때 독자에게 미치는 효과도 커지기 때문이다. '당신'은 독자의 심리를 효과적으로 조작할 수 있는 비장의 무기가 될 것이다.

✔ 2d 자신이 닭이라고 가정해보라. 우선, 세상에 태어난다. 하지만 안타깝게도 이로써 일생 동안 누릴 최고의 행복은 이미 끝난 것이다. 당신은 '산란닭'이나 '고기닭' 중 하나가 될 것이다. 다시 말해 평생 알만 낳든가, 결국 잡아먹히든가 둘 중 하나가 된다. 만약 산란닭이면서 수컷으로 태어난 경우에는, 고기로 쓰기에는 살점의 맛이 떨어진다고 생각되기 때문에 일생 또한 짧게 끝날 것이다. 독가스실에서 죽음을 맞이한다면 그나마 운이 좋다. 비닐포대 속에 던져져 다른 병아리들의 무게에 짓눌려 죽을 확률이 더 높다. 또는 산 채로 으깨어질 수도 있다. 미국에서만 매년 1억 6,000만이 넘는 당신의 형제들이 이러한 운명에 처하고 영국에서도 2,000만 가까이 이렇게 생을 마감한다.

이 번역에서 '당신'은 단 두 번 등장한다. 문장구조상 독자를 명시적으로 지칭해야 하는 지점이다. 맨 첫 문장에서는 '당신' 대신 '자신'을 사용하였다.

	❷	2b	2d
A	Suppose you are chicken.	당신이 닭이라고 가정해보라.	자신이 닭이라고 가정해보라.
B	First you are born. And that, I'm afraid, is about as good as it is going to get.	일단은 태어난다. 유감스럽지만, 태어나는 순간 당신의 삶이 결정된다.	우선, 세상에 태어난다. 하지만 안타깝게도 이로써 일생 동안 누릴 최고의 행복은 이미 끝난 것이다.
C	You will be born either a "layer" or a "broiler."	'산란계' 또는 '육계'가 될 것이다.	당신은 '산란닭'이나 '고기닭' 중 하나가 될 것이다.
D	That is, your destiny will be to lay eggs or to be eaten.	즉 당신의 운명은 계속 알을 낳아야 하거나 아니면 잡아먹히거나 둘 중 한 가지이다.	다시 말해 평생 알만 낳든가, 결국 잡아먹히든가 둘 중 하나가 된다.
E	If you are a layer, but are male, then your flesh will be deemed not good enough for eating and your life will, accordingly, be short.	교배를 위한 수탉으로 태어나면 살코기가 사람들이 먹기에 맛이 없기 때문에 당신은 얼마 살지도 못한다.	만약 산란닭이면서 수컷으로 태어난 경우에는, 고기로 쓰기에는 살점의 맛이 떨어진다고 생각되기 때문에 일생 또한 짧게 끝날 것이다.

F	If you are lucky, you will be gassed.	가스실에서 죽으면 그나마 운이 좋은 편이다.	독가스실에서 죽음을 맞이한다면 그나마 운이 좋다.
G	Chances are, however, that you will be thrown into a plastic sack and allowed to suffocate under the weight of other chicks.	대신 비닐자루에 던져져서 다른 닭들에 눌려져 질식해 죽을 가능성이 훨씬 많다.	비닐포대 속에 던져져 다른 병아리들의 무게에 짓눌려 죽을 확률이 더 높다.
H	Alternatively, you might simply be ground up while still alive.	또는 산 채로 분쇄기에서 으깨어져 가루가 될 수도 있다.	또는 산 채로 으깨어질 수도 있다.
I	In the United States alone, at least 160 million of you and your brethren will suffer this fate every year, and in the UK the number is closed to twenty million.	미국에서만 최소 1억 6,000마리, 영국에서는 2,000만 마리의 당신 형제들이 매년 이런 운명을 겪는다.	미국에서만 매년 1억 6,000만이 넘는 당신의 형제들이 이러한 운명에 처하고 영국에서도 2,000만 가까이 이렇게 생을 마감한다.

❋ ❋ ❋

무수한 I 와 you 중에서 어떤 것은 번역하고 어떤 것은 번역하지 말아야 할지 여전히 모호하게 느껴질 수 있다. 한국어를 영어로 번역한 글을 보면 약간의 통찰을 얻을 수 있을지도 모르겠다. 다음은 한강의 《채식주의자》 영어 번역본 중 한 대목이다. 원문에는 '나'는 두 번, '당신'이 세 번 나온다. 반면 번역문에는 I·me가 세 번, you·your가 10번 나온다. 어떤 것이 어휘적 선택이고 어떤 것이 문법적 선택인지 표시해보라.

❸ "기가 막히는군. 나까지 고기를 먹지 말라는 거야?"
"냉장고에 그것들을 놔둘 수 없어. 참을 수가 없어."
"그래서, 앞으로 이 집에선 고기를 못 먹는다는 거야?"
"어차피 당신은 주로 아침만 먹잖아. 점심, 저녁에 고기를 자주 먹을 텐데…… 아침 한끼 고기를 안 먹는다고 죽진 않아."

"좋다, 나는 그렇다 치고 당신은? 당신은 이제부터 고기를 안 먹겠다는 거야?"

✔ 3a 'This is unbelievable. You're telling me not to eat meat?'

'I couldn't let those things stay in the fridge. It wouldn't be right.'

'So you're saying that from now on, there'll be no meat in this house?'

'Well, after all, you usually only eat breakfast at home. And I suppose you often have meat with your lunch and dinner, so… it's not as if you'll die if you go without meat just for one meal.'

'Oh, good, so that's me sorted then. And what about you? You're claiming that you're not going to eat meat at all from now on?'

문장공작소

위 예문에서 영어 복문의 도입부가 어디에서 나왔는지 살펴보자. 영어는 어미를 활용할 수 없기에, 한국어의 어미를 도입부에서 먼저 발화한다는 것을 알 수 있다. 한국어의 문법요소인 어미가 영어의 문법요소인 S+V로 대체되는 것이다. 초점부에 음영을 표시했다.

You're telling me not to eat meat?	나까지 고기를 먹지 말라는 거야?
I couldn't let those things stay in the fridge.	냉장고에 그것들을 놔둘 수 없어.
you're saying that from now on, there'll be no meat in this house?	앞으로 이 집에선 고기를 못 먹는다는 거야?
I suppose you often have meat with your lunch and dinner.	점심, 저녁에 고기를 자주 먹을 텐데.
You're claiming that you're not going to eat meat at all from now on?	당신은 이제부터 고기를 안 먹겠다는 거야?

번역 실전 노하우!

번역문에서 '당신' 없애기

번역문에 등장하는 무수한 '당신'들을 어떻게 없앨 수 있을까? 또 lexical *you*는 어떻게 찾아낼 수 있을까? 개인적으로 나는 다음과 같은 방법을 활용한다.

1. 드래프팅drafting: 처음 번역할 때 you를 모두 '당신'으로 번역한다. (처음부터 '당신'을 빼고 번역하면 글을 고치는 과정에서 혼란을 겪을 수 있다.)
2. 리바이징revising: 한 섹션을 번역하고 난 뒤, 각 문장의 명제적인 인과관계를 고려하며 글을 고쳐나간다. 번역을 차근차근 읽어가면서 '당신'을 빼는 작업을 진행한다. 구체적으로 작업방법을 설명하자면 먼저 ⓐ '당신'을 빼고 읽어본다. 절반 이상은 빼도 문제가 없을 것이다. 하지만 '당신'을 빼는 것이 어색하게 느껴진다면 ⓑ 문장구조를 바꿔 '당신'이 필요없는 문장을 만들어본다. 물론 바뀐 문장이 의미가 달라지거나 텍스트의 흐름을 해치지 않아야 한다. 문장구조를 바꾸는 것이 불가능하거나, 문장구조를 바꿔도 '당신'을 뺄 수 없다면 ⓒ '당신'을 '나'나 '우리'와 같은 1인칭이나, 일반명사로 대체해본다. 그래도 어색하게 느껴진다면, ⓓ '당신'을 그대로 유지한다.
3. 에디팅editing: 최종 교정작업을 할 때, 찾기(Ctrl+F) 도구를 열어 탐색창에 '당신'을 넣고 검색한다. 번역과정에서 신경을 썼다고 해도 여전히 상당한 '당신'이 글 속에 남아있는 것을 발견할 것이다. 문장들을 하나씩 읽어보며 앞에서 설명한 방법대로 고친다. '당신' 뿐만 아니라 이와 비슷한 나쁜 글쓰기 습관을 고치고자 할 때 찾기 도구를 활용하면 상당한 도움을 받을 수 있다.

Chapter 10

"

히브리어는 대명사를 사용하지 않고 고유명사를 계속 반복하여 사용한다. 브라질의 보보로스어Bororo는 참여자의 이름을 연달아 몇 번 반복하고 난 뒤 대명사를 사용한다.

"

Kathleen Callow (1974) *Discourse Consideration in Translating the Word of God*, Michigan: Zondervan. p32

10

울지 않는 그녀와 한심한 그놈

1인칭·3인칭 대명사

❶ Kristine didn't cry. She gave me a pained and puzzled expression. I said, "Mommy's sick, sweetie."

1a 크리스틴은 울지 않았다. 그녀는 고통스럽고 어쩔 줄 모르겠다는 표정으로 나를 봤다. 나는 그녀에게 "엄마는 아프셔." 라고 말했다.

크리스틴은 화자의 3살짜리 딸이다. 우리는 어린아이를 여자-남자로 구분하여 일컫지 않는다. 굳이 구분해야 한다면 여자아이-남자아이라고 부르기도 하지만, 아이는 어디까지나 아이일 뿐이다. 그래서 어린아이를 가리킬 때 '그'나 '그녀'라는 말도 쓰지 않는다. 여기서 '그녀'라는 단어는 한국어로 사고하는 사람의 머릿속에서 절대 나올 수 없는 말이다.

✔ 1b 크리스틴은 울지 않았다. 아픔을 참으면서 어쩔 줄 몰라 하는 표정으로 나를 바라볼 뿐이었다. 나는 이렇게 말했다. "엄마가 아파서 그래, 아가야."

영어에서는 처음에 이름을 한번 불러주고 나면, 그 사람을 대명사로 지칭한다. 문법처럼 명문화된 규범은 아니지만 이를 어기면 글 자체가 부자연스러워진다. 반면 한국어와 일본어에서는 대명사를 거의 사용하지 않는다. 대명사로 지칭하기보다는 생략하는 것을 선호하며, 다시 지칭해야만 하는 경우에는 이름을 반복해서 불러준다. **1a**에 두 번 등장하는 '그녀'라는 3인칭 대명사가 **1b**에서는 모두 사라졌음에도 의미가 모호해지거나 문장 간의 결속이 약해지기는커녕 오히려 결속성이 훨씬 강해졌다.

❀ ❀ ❀

❷ And so another journalist who didn't speak Chinese had actually been introduced to him, but never was able to sort of capitalize on the source… This contact then introduced me to this person. And he became a really good source. It was sort of a slow-building relationship. And then when this scandal broke, he was able to provide really great information.

2a 사실 또 다른 기자, 중국어를 할 줄 모르는 기자가 그를 먼저 소개 받았었어요. 하지만 그는 그 사람을 취재원으로 이용할 수 없었죠… 결국 이 둘 사이의 접촉이 저와 그를 연결시켜 줬고요. 그리고 저한테 그는 정말 중요한 취재원이 되었어요. 우리 관계는 굉장히 천천히 발전해 갔어요. 그리고 마침내 스캔들이 터졌을 때, 그는 정말 굉장한 정보를 제공해줬죠.

이 글은 등장인물이 세 명이나 되기 때문에 대명사를 정확하게 쓰지 않으면 자칫 혼란이 발생할 수도 있다. **2a**는 실제로 대명사를 촘촘히 박아 넣어 혼란을 최소화하기 위해 노력했다. 언뜻 보기에, 대명사를 많이 사용하여 지시 그물망을 촘촘하게 치면 의미가 더 명확해질 것이라 여겨지지만, 아래 번역을 읽어보면 그렇지 않다는 것을 깨닫게 될 것이다. 오히려 남발되는 대명사들은 의미를 더 복잡하게 만들고 가독성을 해치는 역할을 한다.

✔ 2b 사실 그를 소개받은 것은 원래 다른 기자였는데, 그 기자가 중국어를 모르는 바람에 취재원으로 활용하지 못하고… 결국 나한테 넘겨준 거예요. 어쨌든 나한테는 소중한 취재원이었죠. 우리 관계는 굉장히 천천히 발전해갔지만 스캔들이 터졌을 때, 진짜 굉장한 역할을 해주었죠.

2a에는 취재원을 가리키는 대명사가 ('그 사람'까지 포함하여) 5개가 나오지만, **2b**에는 하나밖에 나오지 않는다. 그럼에도 **2a**보다 **2b**가 훨씬 잘 이해되고 수월하게 읽힌다.

❀ ❀ ❀

❸ The Nigerian customs guy stopped me at the border, told me to open my trunk, looked in, saw some apples, confiscated the apples, closed the boot of the car, let me go. I get to the next checkpoint, they want to see inside the boot again. I open the boot, and here is this guy's automatic weapon. [laughs] Because he had put it down to take out the apples. So, that took me three hours of talk until they finally got the other guy to come collect his weapon and say, "Yeah, I'm at fault."

3a 나이지리아 국경에서 세관을 담당하던 사내가 저를 멈춰 세웠어요. 트렁크를 열라고 하더니 안을 조사하더군요. 그가 사과 몇 개를 찾았어요. 사내가 그 사과들을 압수하더니 트렁크를 닫고선 저한테 가라고 하더군요. 다음 검문소에 도착했어요. 그들은 또 제 트렁크를 보려고 하더군요. 그래서 제 트렁크를 열었는데 거기에 아까 그 남자의 자동화기가 있던 거예요. [웃음] 그 남자가 사과를 빼면서 그걸 거기에 둔 거죠. 그래서 저는 세 시간 동안 해명을 했고요. 겨우 그 남자가 자기 무기를 가지러 와서 "어, 그거 내가 실수한 거야"라고 말하고 나서야 풀려났어요.

✔ 3b 나이지리아로 넘어가는 국경에서 세관원이 차를 멈춰 세우고는 트렁크를 뒤지더군. 거기서 사과 몇 개를 찾아냈어. 그 사내는 사과를 모두 챙기더니 트렁크를 닫고 가라고 하더라고. 그런데 조금 가니까 검문소가 또 나오는 거야. 또 트렁크를 열어야만 했는데, 거기 총이 있지 뭐야. [웃음] 아까 사과를 가져간 놈이 자기 총을 거기다 놓고 간 거야. 그걸 해명하느라 세 시간이나 붙잡혀있었지. 결국 그 세관원이 와서 '어, 그거 내거야'라고 말하고 가져가면서 끝이 났지.

대상을 일일이 가리켜 촘촘하게 그물망을 짜는 영어를 모방하여 번역한 **3a**와 **3b**가 어떻게 다른지 자세히 비교해보자.

	③	3a	3b
A	The Nigerian customs guy stopped me at the border, told me to open my trunk, looked in,	나이지리아 국경에서 세관을 담당하던 사내가 저를 멈춰 세웠어요. 트렁크를 열라고 하더니 안을 조사하더군요.	나이지리아로 넘어가는 국경에서 세관원이 차를 멈춰 세우고는 트렁크를 뒤지더군.
B	saw some apples,	그가 사과 몇 개를 찾았어요.	거기서 사과 몇 개를 찾아냈어.
C	confiscated the apples, closed the boot of the car, let me go.	사내가 그 사과들을 압수하더니 트렁크를 닫고선 저한테 가라고 하더군요.	그 사내는 사과를 모두 챙기더니 트렁크를 닫고 가라고 하더라고.

D	I get to the next checkpoint, they want to see inside the boot again.	다음 검문소에 도착했어요. 그들은 또 제 트렁크를 보려고 하더군요.	그런데 조금 가니까 검문소가 또 나오는 거야.
E	I open the boot, and here is this guy's automatic weapon. [laughs]	그래서 제 트렁크를 열었는데 거기에 아까 그 남자의 자동화기가 있던 거예요. [웃음]	또 트렁크를 열어야만 했는데, 거기 총이 있지 뭐야. [웃음]
F	Because he had put it down to take out the apples.	그 남자가 사과를 빼면서 그걸 거기에 둔 거죠.	아까 사과를 가져간 놈이 자기 총을 거기다 놓고 간 거야.
G	So, that took me three hours of talk	그래서 저는 세 시간 동안 해명을 했고요.	그걸 해명하느라 세 시간이나 붙잡혀있었지.
H	until they finally got the other guy to come collect his weapon and say, "Yeah, I'm at fault."	겨우 그 남자가 자기 무기를 가지러 와서 "어, 그거 내가 실수한 거야"라고 말하고 나서야 풀려났어요.	결국 그 세관원이 와서 '어, 그거 내거야'라고 말하고 가져가면서 끝이 났지.

3b에는 '그'라는 단독대명사가 나오지 않는다. 대신 '세관원'이나 '사내'나 '사과를 가져간 놈'처럼 이름을 불러준다. 여기서 또 하나 눈여겨 볼 것은 his를 '그의'라고 번역하지 않고 '자기'라고 번역한 것이다. 화자의 입장에서 볼 땐 '그의 총'이지만 그 사람 입장에서 볼 때는 '자기 총'이다.

그리고 다음 검문소에서 만난 세관원들을 가리키는 they를 **3b**는 아예 생략해버렸다. 이로써 자칫 복잡하게 엉킬 수 있는 대명사의 그물망을 한결 간결하게 만들었다.

또한 **3a**는 '총'을 가리키는 it도 '그것'이라고 번역하여 지시그물망을 더욱 복잡하게 만든다. 이름을 말하지 않고 '그' '그' '그'라고 가리키는 말만 지나치게 반복되어 나오면, 한국어화자들은 심각한 정보부하를 느끼며, 따라서 독서속도도 급격하게 저하된다. 지시사를 쓰지 않아도 분명하게 구별할 수 있는 대상에 지시사를 붙이면 오히려 의미가 복잡해진다.

3a 그가 사과 몇 개를 찾았어요. 사내가 그 사과들을 압수하더니

✔ 3b 거기서 사과 몇 개를 찾아냈어. 그 사내는 사과를 모두 챙기더니

* * *

하지만 한국어는 대명사를 즐겨 쓰지 않는다는 것까지만 이해하고 이것을 규칙처럼 적용하여 무작정 번역을 하다 보면 심각한 실수를 저지를 수 있다. 특히 문학을 번역할 때는 조심해야 한다.

다음은 소설 속 한 장면이다. 이 문장에 등장하는 she는 은행원이고, he는 은행강도다. 은행강도는 창가에서 경찰의 움직임을 주시하고 있고 은행원은 더플백에 돈을 담고 있었는데, 더플백이 쓰러지는 바람에 바닥에 떨어진 돈뭉치를 주워 담아야 하는 상황이다.

❹ Grumbling, she crouched down to clean it all up. At the very least, she figured, he could have helped when the bag fell. Thinking of others clearly wasn't in his nature. She was actually getting pretty tired of his attitude: his inability to speak up, his dismal lack of self-confidence, his unwillingness to take a stand with either the hostages or the police. He didn't have a point of view or an exit strategy, was content to remain in limbo. It was pathetic, really.

원문을 읽으면서 든 느낌과, 다음 번역을 읽으면서 드는 느낌을 비교해보라.

4a 은행원은 투덜대며 쭈그려 앉아 물건을 치웠다. 적어도 이 정도는 가방이 떨어졌을 때 강도가 도와줄 수 있는 것 아닌가 생각했다. 남들을 생각하는 것은 강도의 천성이 아니었다. 은행원은 사실 강도의 태도가 지겨웠다. 그는 우물쭈물 말했고, 침울할 정도로 자신감이 없었고, 인질에게나 경찰에게나 아무런 입장도 밝히려 하지 않았다. 관점도 없고 탈출전략도 없고 무엇 하나 확실한 것이 없었다. 불쌍하기 짝이 없었다.

한국어에서는 대명사를 선호하지 않는다는 앞선 설명에 충실하게 **4a**는 대명사를 '은행원'과 '강도'로 바꿔서 번역했다. 물론 대명사를 쓰든 이름을 반복하든 (또는 생략하든) 명제적인 사실은 달라지지 않는다. 이름을 반복하면 의미는 오히려 명료해진다.

여기서 고려해야 할 점은, 이름을 쓰지 않고 대명사로만 지칭할 때, 이들의 관계를 새롭게 해석할 수 있는 (또는 오인할 수 있는) 여지가 발생한다는 사실이다. 다시 말해 원문을 읽다 보면 이것이 단순히 은행원과 강도 사이에서 벌어진 일이 아니라, 연인 사이에서, 또는 엄마와 아들 사이에서 일어나는 감정의 변화와 비슷하다는 인상을 받을 수 있다. 이것은 대명사를 써야 한다는 영어의 규범으로 인해 발생한 부차적인 효과일 수 있지만 거꾸로, 문학에서는 이러한 효과를 적극 활용하여 이중적인 심상을 자아내기도 한다. 그런데 이 대명사들을 이름으로 모두 바꿔버리면 이러한 문학적 효과는 완전히 사라져버리고 단순한 스토리만 남는다.

✔ **4b** 궁시렁대면서 그녀는 쭈그려 앉아 바닥에 쏟은 돈뭉치를 주워 담았다. 그녀는 적어도, 가방이 떨어졌을 때 그가 도와줄 것이라고 생각했다. 남에 대한 배려는 그의 천성이 아닌 것이 분명했다. 그녀는 정말 그의 태도에 짜증이 나기 시작했다. 할 말도 제대로 못하고, 자신감도 형편없고, 인질에게나 경찰에게나 자신의 입장을 분명히 제시하지 못하고 어정쩡했다. 자기 주관도 없고, 탈출계획도 없고 뭐 하나 딱 부러지는 것이 없었다. 정말 한심하기 짝이 없었다.

대명사는 의무적으로 선택되는 문법요소지만 그러한 선택이 특별한 효과를 만들어낸다고 판단될 경우에는, 그 효과까지 살려서 번역하는 방법을 고민해야 할 것이다.

번역과 문학

이것은 왜 걸작인고?

독일의 낭만주의 시인 하인리히 하이네의 대표작으로 여겨지는 시를 한 편 감상해보자.

소나무 한 그루 외로이
북쪽나라 황량한 언덕 위에서
하얀 이불처럼 눈과 얼음을 덮고
잠들어 있다.

소나무는 저 머나먼 동쪽나라
야자나무 꿈을 꾼다.
불 같이 뜨거운 절벽 위에서
홀로 말 없이 그리워하는 야자나무를.

세계적인 명시名詩로 자주 소개되는 이 시를 읽고 어떤 감응이 느껴지는가? 별다른 느낌이 없다면, 당신의 시적인 감수성이 부족하거나 상징 속에 숨어 있는 고상한 의미를 이해하지 못하는 것이 분명하다.

아니다. 좌절할 필요는 없다. 번역과정에서 시를 해석할 수 있는 중요한 열쇠 하나가 사라졌기 때문이다. 독일어는 모든 명사를 남성-여성-중성으로 분류한다. 소나무는 남성(der Fichtenbaum)이고, 야자나무는 여성(die Palm)이다. 독일인이라면 누구나 즉흥적으로 이해하고 공감할 수 있는 관습적인 사랑시다. 모든 것을 번역할 수 있다는 생각은 착각에 불과하다.

Chapter 11

"

언어는 경험을 체계화해주고 사물을 바라보는 방식을 결정해준다. 따라서 우리가 사용하는 언어가 제시하는 방식이 아닌 다른 방식으로 사물을 보기 위해서는, 약간의 지적인 노력을 기울여야 한다. "

M. A. K. Halliday (1970) *A Course in Spoken English: Intonation.* Oxford: Oxford University Press. p143

11

매력과호의상호관계평가위원회

명사구와 명사절

❶ All the kids laughed, and I ran home.

1a 모든 아이들이 웃었고 저는 집으로 뛰어왔어요.

✔ 1b 아이들이 모두 웃어댔고 난 집으로 곧장 줄달음을 쳤습니다.

한국어화자라면 **1a**보다 **1b**가 훨씬 자연스럽게 읽힌다는 것을 느낄 수 있을 것이다. 어떤 차이가 있는지 살펴보자.

❶	1a	1b
All the kids	모든 아이들이	아이들이
		모두
laughed,	웃었고	웃어댔고

1a에서는 원문의 형태 그대로 all이 '아이들'을 수식하는 반면 **1b**에서는 all이 부사로 독립하여 동사를 수식한다. 여기서 한 가지 힌트를 얻을 수 있다. 명사에 수식어를 달아 명사를 무겁게 만들면 한국어문장의 가독성은 떨어진다.

❊ ❊ ❊

❷ Each of us is born with a unique set of genetic instructions.

2a 우리들 각각은 고유한 일련의 유전적 명령과 함께 태어난다.

✔ 2b 우리는 제각각 고유한 유전자 조합을 가지고 태어난다.

❷	2a	2b
Each of us	우리들 각각은	우리는
		제각각
is born	태어난다.	태어난다.

여기서도 마찬가지로 **2b**는 명사에 붙어있는 수식어를 부사로 독립시킴으로써 훨씬 가독성 높은 문장을 만들어내고 있다. 또한 **2a**에서는 '고유한 일련의 유전적'이라는 세 개의 수식어가 '명령'이라는 명사 하나를 수식하는 반면, **2b**에서는 '고유한'만이 '유전자 조합'이라는 명사를 수식한다.

문장공작소

1a는 instruction을 잘못 번역했다. 여기서 instruction은 '지시·명령'이라는 의미가 아니라 글로 작성된 '지침'을 의미한다. 우리가 누군가의 명령과 함께 (명령을 받고?) 태어난다기보다는 유전자코드를 가지고 태어난다고 말하는 것이 훨씬 명제적으로 타당한 해석이다.

❁ ❁ ❁

❸ Of course, what is considered beautiful is different for different people, in different periods of history and in different cultures. Nevertheless, studies repeatedly show a relationship between finding people attractive and evaluating them positively.

3a 물론, 아름다움에 대한 정의는 사람에 따라, 시대에 따라, 문화에 따라 다르지만, 그간의 많은 연구들을 통해 매력과 호의적 평가의 밀접한 상호관계는 학계의 통설이 되었다.

이 글이 다소 어렵게 느껴진다면, 그것은 혼자만의 느낌이 아니다. 다음 번역을 읽어보라.

✔ 3b 물론 아름답다고 생각하는 것은 사람마다 다르고 시대마다 다르고 문화마다 다르다. 그럼에도 사람들이 아름답다고 생각하는 것에 긍정적인 평가를 부여한다는 사실은 수많은 연구를 통해서 일관되게 증명되고 있다.

3b가 **3a**에 비해 쉽게 읽히는 이유는 무엇일까? 가장 눈에 띄는 차이는 바로 명사의 길이다. 위 예문에 사용된 명사들을 비교해보자.

	❸	3a	3b
A	Of course, what is considered beautiful	물론, 아름다움에 대한 정의는	물론 아름답다고 생각하는 것은
B	is different for different people, in different periods of history and in different cultures. Nevertheless,	사람에 따라, 시대에 따라, 문화에 따라 다르지만,	사람마다 다르고 시대마다 다르고 문화마다 다르다. 그럼에도

C	studies	그간의 많은 연구들을 통해	
D	repeatedly show		
E	a relationship between finding people attractive and evaluating them positively.	매력과 호의적 평가의 밀접한 상호관계는	사람들이 아름답다고 생각하는 것에 긍정적인 평가를 부여한다는 사실은
		C	수많은 연구를 통해서
	D	학계의 통설이 되었다.	일관되게 증명되고 있다.

이 분석을 보면 **3b**는 명사절이 두 개 있는 반면, **3a**는 명사(구)로만 되어있다는 것을 알 수 있다. **3a**는 명사를 빼면 조사와 두 개의 동사만 남는 반면, **3b**는 명사가 그다지 큰 비중을 차지하지 않는다. 짧은 명사들이 다양한 문장요소들과 어우러져 있으며 동사도 다양하다.

3a 물론, ＿＿는 ＿＿에 따라 다르지만, ＿＿을 통해 ＿＿는 ＿＿이 되었다.

3b 물론 아름답다고 생각하는 ＿＿은 ＿＿마다 다르다. 그럼에도 ＿＿이 아름답다고 생각하는 ＿＿에 ＿＿를 부여한다는 ＿＿은 ＿＿를 통해서 일관되게 증명되고 있다.

비유적으로 말하자면, **3a**는 앙상한 뼈대에 물건(명사)들을 주렁주렁 매달아 만든 문장이다. 뼈대에 의미가 별로 없다 보니 그 의미들을 모두 명사에 담아야 하고, 따라서 무겁고 추상적인 수식어가 달린 긴 명사구가 나올 수밖에 없다. 독자는 의미를 이해하기 위해 멈춰 서서 관찰해야 한다. 가만히 서서 사물을 관찰하는 일도 여러 번하면 지루해지는 것은 인지상정이다.

이에 반해 **3b**는 부사와 서술어로 이루어진 튼튼한 뼈대 위에 가벼운 물건들을 붙여놓은 문장이다. 문장의 프레임만 봐도 메시지의 전반적인 흐름을 쉽게 파악할 수 있기 때문에 독자들은 빠르게 글을 읽어나갈 수 있다. 훨씬 쉽게 이해될 뿐만 아니라 빠른 이야기 전개로 인해 쉽게 몰입할 수 있다. 사소하고도 미묘한 문장구성의 차이처럼 보이지만, 이는 독자 입장에서 커다란 독서경험의 차이로 나타난다.

3b의 '사람들이 아름답다고 생각하는 것에 긍정적인 평가를 부여한다는 사실'은 명사로 끝난다는 점에서 명사구와 비슷하지만, 명사 앞에 관형사 형태로 어미를 바꾼 동사가 나오기 때문에 명사구가 아닌 명사절이다. 이 안에 들어있는 '사람들이 아름답다고 생각하는 것' 역시 명사절이다.

❀ ❀ ❀

명사구는 수식요소와 명사핵으로 이루어진다. 마지막 요소가 명사이기만 하면 수식요소를 몇 개 첨가하든 문법적으로 잘못된 것은 아니다. 이 문장에 들어있는 명사구를 구조를 분석하면 다음과 같다.

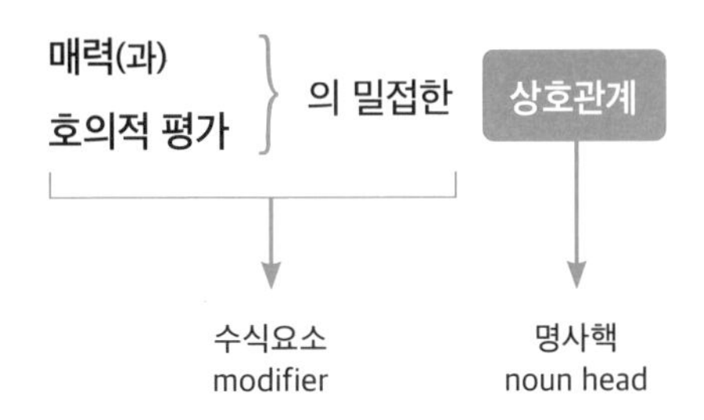

하지만 글을 읽는 독자의 입장에서 볼 때, 추상적인 대상을 명사핵으로 삼고 거기에 많은 수식요소를 매다는 것은 바람직하지 않다. 이러한 명사구는 정보부하를 높이기 때문에 독자에게 상당한 지적 노동을 요구한다.
잠시 시간을 두고 되뇌지 않으면 이 표현 속에 담긴 명제적 의미를 끄집어내기 어렵다.

그렇다면 이것을 **3b**는 어떻게 '사람들이 아름답다고 생각하는 것에 긍정적인 평가를 부여한다는 사실'이라는 명사절로 번역한 것일까? 이 글에서 전달하고자 하는 메시지를 고려하여 저자가 전달하고자 하는 정보를 하나씩 풀어가며 추론한 것이다. 나는 원문의 마지막 문장에 네 가지 명제가 들어있음을 발견했다.

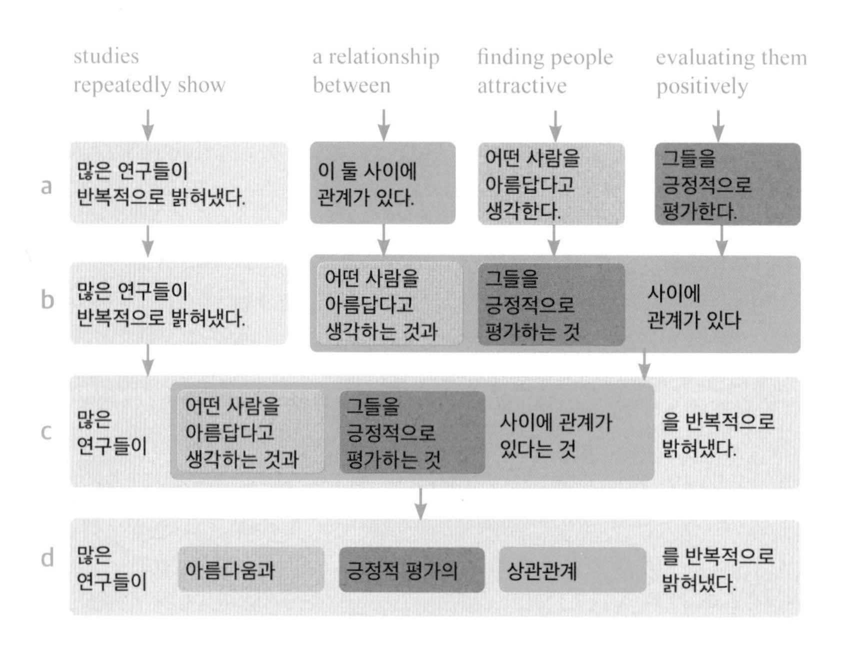

d는 **3a**와 같은 모양이다. **d**는 물론 형식 측면에서 간결하지만(단문), 이것을 읽고 **c** 문장의 의미를 추론해낼 수 있는 독자는 별로 없을 것이다. 단문으로 전달하기에는 의미가 매우 복잡하다. 이러한 판단에서 **c** 단계에서 명사화를 멈추는 것이 적절하다고 판단한 것이다. 물론 원문을 보면, 저자도 그렇게 판단했다는 것을 알 수 있다.

* * *

영어에서는 문장의 뼈대(주어+동사)가 먼저 제시되기 때문에 이후 따라붙는 정보가 길어져도 쉽게 처리할 수 있다. 또한 문장의 끝부분에 오는 요소가 대부분 명사이기 때문에 명사구를 길게 늘이는 것이 정보를 처리하는 데 별다른 문제가 되지 않는다. 반면 한국어에서는 동사가 문장의 맨 마지막에 나오기 때문에 명사보다는 동사를 중심으로 정보를 덧붙여야 나가는 것이 자연스럽다. 결국 영어는 명사에 많은 정보를 담을 수 있도록 발전한 반면 한국어는 동사에 많은 정보를 담을 수 있도록 발전했다.

명사에 많은 정보를 담지 말라는 것을 나의 개인적인 문체적 취향으로 치부할 수도 있겠지만, 여기에는 한국어만의 또 다른 어떤 문법적 원리가 작동하고 있는지도 모른다.

몇 년 전 나는 아마존 원주민 피다한족의 언어를 연구한 언어학자 다니엘 에버렛이 쓴《잠들면 안 돼, 거기 뱀이 있어》를 번역했는데, 이 책에는 피다한족 언어의 희한한 문법규칙이 등장한다. 명사를 수식하는 한정사를 하나밖에 쓸 수 없다는 제약이다. 예컨대 에버렛이 '개의 꼬리의 끝부분이 나쁘다'라고 말하면 피다한사람들은 그것을 '꼬리의 끝이 나쁘다.' 또는 '개의 꼬리가 나쁘다. 끝이.'라고 고쳐서 말한다. 명사 앞에 한정사를 하나만 허용한다는 뜻이다. (참고로 피다한말은 한국어와 어순이 같다.)

이 부분을 번역하면서 나는 어쩌면 고대 한국어에도 이런 문법적 원리가 존재하지 않았을까 의심하기 시작했다. 명사구를 풀어 쓰는 것이 자연스럽게 느껴지는 이유를 설명해줄지도 모른다.

어쨌든 분명한 사실은, 명사구 해체는 난해한 번역문들을 좀더 자연스럽고 읽기 쉽게 만들어주는 데 상당한 효과가 있다는 것이다.

번역 실전 노하우!

명사구를 쉽게 찾을 수 있는 키워드

번역을 하거나 글을 쓰다 보면 자신의 글에 명사구가 있다는 것을 파악하기 어려울 때가 많다. 또한 자기가 쓴 글은 금방 눈에 익기 때문에 잘못된 표현도 눈에는 잘 띄지 않는다. 그래서 명사구를 만들 때 우리가 자주 쓰는 어휘를 몇 가지만 알고 있다면 명사구를 한결 손쉽게 찾아 바꿀 수 있다. 여기서는 추상적인 명사구를 만들 때 사용되는 가장 대표적인 요소 두 가지를 찾아 해소하는 법을 설명한다.

—의

명사구를 만들 때 가장 많이 활용되는 요소가 바로 조사 '—의'다. '—의'는 기본적으로 체언(명사)을 관형어 역할을 하도록 바꾸어 체언과 체언을 연결해주는 기능을 한다. 흔히 '—의'가 소유격을 표시한다고 생각하지만, 실제 용례들을 살펴보면 지나치게 다양한 의미로 남용되어 의미파악에 혼란을 초래한다.

4a 지속적으로 다른 닭의 공격을 받고 나면, 깃털은 대부분 빠져있을 것이다.
5a 소규모 기업은 대개 하나의 브랜드만 가지고 있는 경우가 많다.
6a 이 백과사전의 제작 및 편집 비용은 아마 1억 달러가 넘을 것이다.
7a 배우자의 선택은 곧 결혼 후 삶의 구석구석을 어떤 색깔로 입힐지 결정하는 일이다.

4a는 행위자(닭)와 행위(공격)를 '의'로 연결한 것이다. 조사만 바꿔줘도 명제가 훨씬 명확하게 드러난다. **5a**는 브랜드의 수를 '의'로 연결한 것이다. 이처럼 수를 명사 앞에 표시하는 방식은 영어식 표현방식이 우리말에 들어온 것으로 여겨진다. 될 수 있으면 명사 뒤에 수를 쓰는 것이 좋다. **6a**는 행위(제작 및 편집)와 행위대상(백과사전)을 '의'로 연결했다. 두 명사의 관계를 파악하여 절로 풀어주면 문장이 훨씬 쉽고 자연스러워진다. **7a**의 경우 '배우자'가 '선택'의 행위자인지 행위대상인지 모호하다. 명사만 연달아 붙여 놓으면 이러한 의미의 모호함이 발생할 수밖에 없다. '—의'를 해소하면 문장이 얼마나 쉽고 자연스러워지는지 읽어보라.

✔ 4b 지속적으로 다른 닭에게 공격을 받고 나면, 깃털은 대부분 빠져 있을 것이다.
✔ 5b 소규모 기업은 대개 브랜드가 하나밖에 없다.
✔ 6b 이 백과사전을 제작하고 편집하는 데 들어간 비용은 1억 달러가 넘을 것이다.
✔ 7b 어떤 배우자를 선택하느냐에 따라 결혼 후 삶의 색깔은 완전히 달라진다.

—에 대한

'—에 대한·대해' 역시 과도하게 남용되는 조사 중 하나다. 이 조사를 정확하게 사용하지 않으면 명사구의 의미는 매우 혼란스러워진다.

8a 짝에 대한 선택은 당신 인생의 모든 면을 변화시킨다.
9a 아름다움이 이성에 대한 호감에 미치는 영향을 조사한 초기 연구 중에, 대학 무도회에 참가한 752명의 대학생을 대상으로 실시한 실험이 있다.
10a 학생으로 구성된 심사위원들이 파티참석자들에 대한 매력지수를 매겼다.
11a 프로이트이론에 대한 지속적인 비판은 자신의 제자와 추종자들을 포함한 여성 정신분석학자들이 주도했다.

8a '짝에 대한 선택'이라는 명사구는 무슨 뜻일까? 짝에 대해 무언가를 선택한다는 뜻일까? 짝을 선택한다는 것일까? 이 표현만 봐서는 알 수 없다.

9a '이성에 대한 호감'도 마찬가지다. '이성에게 느끼는 호감'과 '이성에 대해 느끼는 호감'은 미묘한 차이 같지만, 이 둘은 우리가 머릿속에 그릴 수 있는 행동과 그릴 수 없는 행동으로 구분된다.

10a '파티참석자들에 대한 매력지수'는 구체적으로 무엇을 가리킬까? 문장이 제시하는 정보에 기초하여 명제적 사실을 분석해보자(타동성 분석).

- **행위자: 학생으로 구성된 심사위원들**
- **행위: 매기다**
- **대상자: 각 파티참석자들**
- **기준: 매력지수**

누가 무엇을 어떻게 한다는 것인지 이제 여러분도 명확하게 인지할 수 있을 것이다. 이러한 사건을 직접 목격하고 나서 다른 사람에게 말로 설명한다면 어떻게 말하겠는가?

11a '프로이트이론에 대한 (지속적인) 비판'은 이 조사의 본연의 기능에 맞게 사용된 것이다. 하지만 '—에 대한 비판'은 '—에 대해 비판하다'로 바꾸면 명사구에 집중되는 메시지의 초점을 동사로 옮겨줄 수 있다. 아래 번역들과 비교해보면서 어떤 차이가 있는지 음미해보기 바란다.

✔ 8b '어떤 사람을 사랑할 것인가' 하는 선택은 우리 삶에 엄청난 영향을 미친다.
✔ 9b 외모가 이성에게 느끼는 호감에 어떤 영향을 미치는지 연구한 초기 실험 중

에 대학생 752명을 대상으로 실시한 댄스파티실험이 있다.

✔ 10b 학생으로 구성된 심사위원들은 파티참석자들의 매력을 평가하여 점수를 매겼다.

✔ 11b 프로이트의 이론에 지속적으로 비판을 제기한 이들은 여성 정신분석학자들이었는데, 이들 중에는 프로이트의 추종자는 물론 그의 제자들까지 포함되어 있었다.

번역문을 비교하면서 읽어보면 알 수 있겠지만, '—에 대한'을 없애는 작업은 단어차원의 교체만으로 달성하기 어려운 경우도 있다. 문장구조를 처음부터 다시 짜야 하는 경우가 많다. 문장이 전달하고자 하는 명제가 무엇인지 새기면서, 표현에 접근하는 방식을 뿌리부터 뒤집어야 한다. 물론 초보자에게는 고된 작업이겠지만 꾸준히 반복하다 보면 자신도 모르는 사이에 문장 실력이 크게 발전했다는 사실을 깨닫게 될 것이다.

덧붙여 설명하자면, '—에 대한'의 부사형이라 할 수 있는 '—에 대해' 역시 글을 불필요하게 난해하게 만드는 경우가 많다.

12 누군가에 대해 매력을 느끼는 것과 그 사람을 긍정적으로 평가하는 것 사이에 상관관계가 있다는 사실이 밝혀졌다.
→ **누군가에게**

13 남자든 여자든 매력적인 외모를 가진 사람에 대해 더 긍정적으로 평가한다.
→ **사람을**

14 그 여성의 평가내용에 대해 피실험자들은 크게 신경 쓰지 않았다.
→ **평가내용을**

15 남자들은 여자가 자신을 어떻게 생각하는지에 대해 상당히 신경을 썼다.
→ **생각하는지**

번역 실전 노하우!

명사+명사+명사

'—의'나 '—에 대한'을 쓰지 말라고 하니 이런 것들을 아예 빼버리고 글을 쓰는 경우도 자주 볼 수 있다. 이것은 진리에 도달할 수 있는 방편을 알려줬더니 그 방편이나 절차만 기계처럼 따라하는 것과 비슷하다.

16a 주주들은 경영진에게 계속적인 수익증가를 요구함에 따라 위험회피수준이 올라갈 것이다.

17a 기업은 이제 브랜드 추가, 하위사업 구상, 다른 기업 합병을 고려할지도 모른다.

'수익증가'는 '수익의 증가'에서 '의'를 뺀 것이고 '위험회피수준'은 '위험에 대한 회피의 수준'에서 '에 대한'과 '의'를 뺀 것이다. 물론 명사와 명사 사이의 관계가 명확하게 인지되는 일상적인 합성명사나 전문적인 용어일 경우에는 이러한 형태가 용인될 수 있다. (전문용어는, 명사들 사이의 관계를 전문가들끼리 공유하고 있다.) 하지만 일반독자를 대상으로 하는 글에서 이처럼 합성명사를 남발하는 것은 바람직하지 않다. 개선된 번역을 보기 전에 직접 명사구를 풀어보라.

✔ 16b 수익을 계속해서 높이라는 주주들의 거센 압박이 이어지면 경영진은 위험을 최대한 회피하고자 할 것이다.

✔ 17b 기업은 이제 새로운 브랜드나 하위브랜드를 추가하거나, 다른 기업을 인수하는 구상을 할 수 있다.

Chapter 12

“

문법은 생각을 소리로 바꾸기 위한 단순한 재생도구를 넘어서 그 스스로 생각을 만들어내고 개인의 정신적 활동을 프로그래밍하고 자신이 받은 인상을 분석하는 방법을 인도하는 지침을 제공한다… 우리는 자연을, 자신이 사용하는 언어가 놓은 길을 따라 분류하고 분석한다.

”

Benjamin Lee Whorf (1956) *Language, thought, and reality: Selected writings of Benjamin Lee Whorf.* Ed. J. B. Carroll. Cambridge: MIT Press. p212.

12

살았니? 죽었니?

물주구문과 행위자

1a 하지만 한 두 차례의 강제털갈이 이후엔 정말로 끝이다. 분쇄기로 옮겨져, 육수용 고기토막, 냉동파이, 애완용 사료가 된다.

1b 그러나 강제털갈이를 한 번 두 번 겪고 나면 삶은 끝난다. 육류가공업자에게 넘겨져 고기큐브, 냉동용 다진 고기, 애완동물용 사료 등이 된다.

1c 하지만 한두 번 강제털갈이를 하고 나면, 당신의 쓸모는 사라지고, 공장에 보내 고형스프, 냉동파이, 동물사료 등의 재료가 될 것이다.

위 예문에서 눈에 띄는 차이는, 소임을 다한 닭이 보내지는 곳이 '어디'냐 하는 것이다. 분쇄기, 육류가공업자, 공장이 서로 경합을 벌인다. 왜 이런 현상이 나타나는 것일까? 출발텍스트를 보자.

❶ But, after a forced moult or two, you are finished, and will be delivered to the processors to be turned into stock cubes, frozen pies, or pet food.

원문은 processors라고만 나와있다. processor는 processing하는 사람을 의미할 수도 있고 기계를 의미할 수도 있다. 영어는 그것이 사람인지 사물인지 구분하지 않는다. 사람이든 사물이든 processing 기능만 수행한다면 processor라고 부를 수 있다. 하지만 한국어는 사람인가 사물인가에 따라 명칭이 달라지고, 그것을 대하는 방식도 달라진다.

이것이 바로 한국어에서 매우 중요한 문법적 원리로 작동하는 '유생성 animacy'이다. 예컨대 speaker는 사람일 경우 예컨대 '화자' '연설자' 같은 단어로 번역해야 하지만 사물일 경우 '스피커'라고 번역해야 한다. '말하는 사물'이라는 개념은 한국어의 유생성 원칙에 맞지 않기 때문에 '스피커'라는 외국어를 수입하는 것이 손쉬운 선택이었을 것이다. guard는 사람일 경우 '경호원' 같은 말로 옮겨야 하지만 사물일 경우 '가드'나 '방호물' 같은 다른 단어를 찾아야 한다.

또한 직접 사람을 지칭하지 않더라도 사람과 연관되느냐 아니냐에 따라 다르게 번역해야 하는 경우가 많다. title은 '제목'으로 번역할 수도 있지만 사람과 연관될 경우 '직함'으로 번역해야 한다. school은 흔히 '학교'라고 번역하지만 동물과 연관될 경우에는 '군집'으로 번역해야 한다. 형용사도 마찬가지다. old(늙은—낡은) rich(부유한—풍요로운) calm(차분한—잔잔한)과 같이 사람을 묘사할 때와 사물을 묘사할 때 다른 어휘로 번역해야 한다(앞의 번역은 사람, 뒤의 번역은 사물을 묘사할 때).

Jane took the boy into the room.	제인은 소년을 방으로 데려갔다.
Jane took the book into the room.	제인은 책을 방으로 가져갔다.
Mary was busy with her homework.	메리는 숙제를 하느라 바빴다.
The market was busy with people.	시장은 사람들로 붐볐다.
The teacher told us what to do.	선생님께서 뭘 해야 하는지 말씀하셨다.
The signpost told us the way to the airport.	이정표는 공항 가는 길을 알려주었다.

신체부위를 의미하는 어휘를 은유적으로 확장하는 폭도 영어가 한국어보다 훨씬 넓다. 예컨대 시계바늘을 hand손, 시계의 문자반을 face얼굴라고 부르는 것은 유생성이 중시되는 세계에서는 상상하기 어려운 의미확장이다. 수를 셀 때도 한국어는 그것이 사람인지 동물인지 사물인지 구분해서 밝혀야 한다. (한 명, 두 마리, 세 그루, 네 개 등. 영어에는 이런 단위명사measure word가 없다.)

더 나아가 한국어는 문법적으로도 사람과 사물을 다르게 대한다.

Go to mom.	엄마에게 가라.	? 엄마로 가라.
Go to Seoul.	서울로 가라.	? 서울에게 가라.
She works with her friends.	그녀는 친구들과 일한다.	? 친구로 일한다.
She works with her computer.	그녀는 컴퓨터로 일한다.	? 컴퓨터와 일한다.
The child touched the paint.	아이가 페인트를 만졌다.	
The skirt touched the paint.	스커트가 페인트에 닿았다.	? 스커트가 페인트를 만졌다.

위 문장에서 볼 수 있듯이 영어는 사람이든 사물이든 전혀 개의치 않고 관계만 표시한다. 이에 반해 한국어는 유생성을 무시한 선택을 허용하지 않는다.

이러한 유생성의 차이는 번역가에게 고민을 던져준다. 예컨대 위에서 본 processor는 사람일까, 기계일까? 도착언어 독자들의 경험세계에 비춰볼 때 타당한 선택을 해야 한다.

✔ 1d 그러나 한두 번의 강제털갈이마저 끝나고 나면 이제 더 이상 당신이 할 일은 없다. 식품가공업자에게 넘겨져 고형수프, 냉동파이, 애완동물사료의 재료가 된다.

✔ 1e —가공식품공장에 넘겨져 고형수프, 냉동파이, 애완동물사료의 재료가 된다.

❋❋❋

영어에서는 '유생성'이라는 개념을 전혀 고려하지 않는 덕분에 무생물이 어떤 행위도 할 수 있다. 이러한 특성에서 발생하는 문제가 번역가들에게 골칫거리를 안겨주는 '무생물주어(물주)구문'이다. 다음 번역문들을 보자.

2a 인간의 몸은 섭씨 32도에서 43도 정도는 무난히 조절할 수 있다.
3a 특히 정글은 그늘을 많이 제공해줄 뿐만 아니라,
4a 아마존에서 땀은 무좀이나 생기거나 가랑이 사이를 짓무르게 한다.
5a 아마존 열대우림은 거의 700만 제곱킬로미터를 뒤덮고 있는데
6a 짝을 선택하는 것은 여전히 삶 곳곳에 새로운 색을 부여한다.

이 예문들은 영어의 물주구문을 그대로 옮기는 실수를 저지르고 있다. 조절하고, 제공하고, 짓무르게 하고, 뒤덮고, 색을 부여하는 것은 모두 타동성이 높은 행위이며, 한국어에서 이런 행위는 '의도를 가진 행위자'만이 할 수 있다. 하지만 출발텍스트와 비교해 보면 번역자들이 원래 동사들보다 타동성 수준을 낮춰 선택했다는 것을 확인할 수 있다. (다음 쪽 표 참조)

❷ The human body can handle the 90° to 110° F temperatures well.
❸ since the jungle provides plenty of shade,
❹ Perspiration produces little more than athlete's foot and crotch rot in the Amazon.
❺ The Amazonian rain forest covers nearly three million square miles:
❻ Yet your choice of mate will color every aspect of your life:

한국어에서 무생물주어가 타동성이 높은 행동을 하지 못한다는 사실을 초

보번역자들도 어렴풋이 알고 있기에 타동성을 낮춰 번역했을 것이다. 하지만 원문이 제시한 동사의 의미범주 안에서만 적절한 번역어를 고르려다 보니 이도저도 아닌 어색한 한국어문장이 나온다. 단어 대 단어 번역을 해서는 '원문의 감옥'에서 벗어날 수 없다. 그 단어가 전달하고자 하는 의미를 한국어에서는, 한국사람이라면 어떻게 표현할까를 고민해야 한다. 위 번역들은 유생성과 타동성의 수준을 고려하여 다음과 같이 고칠 수 있을 것이다.

✔ 2b 인간의 몸은 섭씨 32도에서 43도 정도는 무리없이 견딜 수 있다.
✔ 3b 특히 정글은 상당한 그늘을 만들어줄 뿐만 아니라,
✔ 4b 아마존에서 땀은 무좀이나 사타구니염증을 유발할 뿐이다.
✔ 5b 아마존 우림은 780만 제곱킬로미터에 달하는 땅 위에 펼쳐져있다.
✔ 6b 하지만 '누구와 함께 할 것인가' 하는 선택은 우리 삶 전반에 영향을 미친다.

2b는 '인간의 몸'이 할 수 있는 행위에 걸맞은 동사로 바꿨다. '조절하다'라는 동사는 적극적인 행위로 타동성이 너무 높다. **3b** 역시 타동성이 낮은 동사로 교체했다. 한국어에서 '만들다'는 타동성이 높은 의미(거북선을 만들다)에서 타동성이 낮은 의미(분위기를 만들다)까지 다양하게 활용되지만 '제공하다'는 훨씬 구체적인 행위를 지칭한다. 나머지 동사 역시 유생성과 타동성을 고려하여 교체되었다. 전반적으로 비교해보면 다음과 같다.

	행위자	S	a	b
❷	human body 인간의 몸	handle 다루다	조절하다	견딜 수 있다
❸	jungle 정글	provide 제공하다	제공해주다	만들어주다
❹	perspiration 땀	produce 생산하다	—게 하다	유발하다
❺	rain forest 우림	cover 덮다	뒤덮고 있다	펼쳐져있다
❻	choice 선택	color 색칠하다	색을 부여하다	영향을 미치다

* * *

타동성transitivity이란 행위가 대상에 미치는 영향력을 의미한다. 타동성의 수준은 다음 세 가지 기준으로 판단할 수 있다.

타동성은 { 행위자의 의도가 개입될수록 / 피행위자가 구체적이고 가시적인 영향을 받을수록 / 행위가 명확히 구분되며 단시간에 변화를 만들어낼수록 } 높아진다.

물론 무생물이라고 해도 자연세계나 가상세계에서 주체적으로 움직일 수 있다고 여겨지거나 비유적으로 사용될 경우 타동성이 높은 행위를 할 수 있다.

- 달걀값이 치솟는다.
- 꼭 끼는 울타리는 정상적인 상호작용을 할 수 있는 기회마저 박탈한다.
- 환경을 개선하면 이윤이 달아난다.
- 가위는 보를 자르고, 보는 바위를 감싸고, 바위는 가위를 부순다.

* * *

무생물주어를 사용함으로써 얻을 수 있는 가장 큰 효과는 행위자를 표시하지 않을 수 있다는 것이다.

7 Road trips will inevitably offer amazing vistas and breathtaking views.

7a 도로여행은 뜻하지 않게 놀라운 전망과 숨 막히는 광경을 제공한다.
✓ 7b 먼 길을 여행하다 보면 멋진 풍경, 숨 막히는 장면과 마주치기 마련이다.

7b는 원래 주어인 '도로여행'을 부사구로 변환하고 문장의 행위는 '마주치다'로 바꾸었다. 행위의 주체는 무엇일까? 문장에서는 생략되어있지만, 행위주는 바로 '사람(여행자)'이다.

8 The warm black-and-white processing helps distill the wonder of the scene.

8a 따뜻한 흑백보정은 경이로움이 돋보이는 장면을 연출하도록 도와준다.

✔ 8b 따뜻한 느낌을 주는 흑백으로 처리하면 장면의 경이로움을 자아내는 데 도움이 된다.

8b 역시 원래 주어인 '흑백보정'을 부사구로 바꾸고 동사는 '도움이 되다'로 바꾸었다. 그렇다면 '도움이 되다'라는 피동형 진술 속에 숨어있는 행위의 주체는 누구일까? 바로 '(이미지를 편집하는) 사람'이다.

9 Over the last 250 years, the Encyclopaedia Britannica has probably cost more than a hundred million dollars to build and edit.

9a 지난 250년 동안 브리태니커 백과사전은 만들고 편집하는 데 적어도 1,000억 원이 이상의 돈을 써버렸을 것이다.

✔ 9b 지난 250년 동안 브리태니커 백과사전을 만들고 편집하는 데 쏟은 돈만해도 1,000억 원이 넘는다.

9b에서도 원문의 무생물 주어를 목적어로 바꾸고 행위자를 사람으로 바꿔 번역했다. 한국어가 구축한 세계관에서 사물이 돈을 쓰는 것은 불가능하다.

⑩ Business history suggests that companies thrive best when they settle into "stable states,"

✓10a 기업의 역사는 '안정상태'에 들어섰을 때 기업이 가장 번성한다고 알려준다.
✓10b 기업의 역사를 돌아보면 '안정상태'에 들어섰을 때 기업이 가장 번성한다는 것을 알 수 있다.

10a는 충분히 가능한 번역이다. '역사'가 우리에게 무언가 알려준다는 말은 충분히 비유적으로 발화하고 이해할 수 있는 범위 안에 속하기 때문이다. 유생성 측면에서는 **10b**처럼 번역하는 것이 바람직할 것이다.

* * *

무생물주어를 사용함으로써 얻을 수 있는 또다른 효과는 어순의 압박으로부터 벗어날 수 있다는 것이다.

⑪ The car had keys still in it and I was trying to get to the other side of the island.

11a 차는 키를 여전히 가지고 있었고, 나는 섬의 반대편으로 가고자 했어요.
✓11b 차에는 키가 그대로 꽂혀있었고, 나는 섬의 반대편으로 가고자 했어요.

11b에서도 주어를 부사구로 바꿔고 '키'를 행위의 대상으로 보아 피동형 동사를 사용해 번역했다. 마찬가지로 여기서도 행위의 주체는 '사람(자동차 주인)'이다. 하지만 행위자를 숨길 목적이라면 수동태를 사용해도 될 텐데, 왜 굳이 무생물주어를 사용한 것일까?

대다수 상황에서 우리는 발화의 동기가 되는 대상을 먼저 내뱉고, 거기에 덧붙여 문장을 만들어나간다. 위 예문을 발화한 상황을 상상해보자.

아마도 화자의 눈에 맨 먼저 들어온 대상은 자동차였을 것이다. 그 다음 자동차 안을 들여다보고 자동차키가 꽂혀있다는 사실을 발견한다. 따라서 이러한 인지과정을 무표적으로 진술하기 위해서는 다음과 같은 순서로 발화해야 한다.

자동차 → 키 → 운전을 해서 내가 하려고 했던 것

그런데 영어는 문장을 만들려면 반드시 주어+동사를 먼저 제시하라고 요구한다. 이런 문법적 요구를 따르려면 아마 다음과 같이 말해야 할 것이다.

I saw the car. In that car, I saw keys…

There was the car and I found keys in it…

The car was parked and its keys were hanged…

어순의 요구를 지키면서 '자동차'로 문장을 시작하는 것은 매우 번거롭다. 어떻게 자동차를 문장 앞으로 자연스럽게 끌어낼 수 있을까? 이 문제를 가장 간단하게 해결할 수 있는 방법은, 자동차를 자율적인 행위자로 간주하는 것이다. 그러면 주어자리에 놓아 어순의 압박을 깨지 않으면서 내가 원하는 정보를 순서에 맞춰 발화할 수 있다.

하지만 한국어에는 이러한 어순의 압박이 없다. 문장을 무엇으로 시작해야 한다는 요구가 없다. 유생성을 포기하지 않고도 원하는 대상을 문장 맨 앞에 놓을 수 있다는 뜻이다. 지금까지 살펴본 물주구문들의 번역을 다시 보라. 무생물주어에 대응하는 항목들이 번역문에서도 맨 앞에 나온다는 것을 알 수 있다.

❀ ❀ ❀

실제로 물주구문이 발생하는 맥락을 살펴보면 어순과 밀접하게 관계가 있다는 것을 알 수 있다.

⑫ When capturing images in close quarters, one way to make a subject stand out is to add a vignette to the edges of the photograph. This effect naturally <u>draws</u> the viewer's attention to the element being framed in the vignette. In this shot, the added vignette <u>gives</u> the illusion that the afternoon sun illuminating the drum kit is actually a spotlight shining on stage.

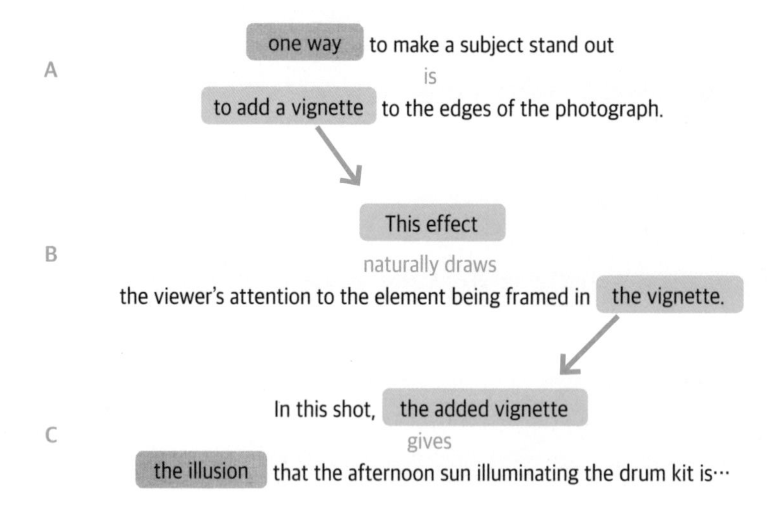

글의 자연스러운 흐름을 만들어내는 장치로 무생물주어가 매우 중요한 역할을 하고 있다. 초보번역가들의 번역을 보자.

12a 좁은 공간에서 촬영하는 경우, 주제를 돋보이게 하는 방법 중 하나는 사진의 가장자리를 어둡게 하는 비네팅 기법을 사용하는 것이다. 이 기법은 비네팅으로 만들어 낸 액자 속 구성물을 향해 감상자의 시선을 자연스럽게 끌어당긴다. 이 사진의 경우 추가된 비네팅이 마치 오후 햇살에 드럼 세트가 빛나는 듯한 착각을 불러일으키는데, 사실 이 드럼 세트는 무대 위에서 스포트라이트를 받는 중이었다.

12a는 유생성을 고려하지 않아 어색한 느낌을 준다. 다른 번역을 보자.

12b 비좁은 장소에서 사진을 찍을 때, 피사체를 돋보이게 하는 방법의 하나가 사진 가장자리를 흐리게 하는 비넷효과를 주는 것이다. 보는 이가 자연스럽게 테두리 안의 요소에 집중하게 만드는 효과를 발휘한다. 햇살이 비껴든 어느 오후 촬영된 이 사진은 윤곽을 흐리게 처리해 드럼 세트가 마치 무대 위에서 스포트라이트를 받아 빛나고 있는 것처럼 보이는 착각을 일으킨다.

12a보다 문장의 어색함은 사라졌다. 그런데 **12b**가 **12a**보다 나은 번역이라고 여겨지는가? **12a**는 세부적인 문장은 어색해도 무엇을 이야기하려고 하는지 파악은 되었는데, **12b**는 문장은 나아졌지만 무슨 말을 하려는 것인지 쉽게 이해되지 않는다. 왜 그럴까? 어순을 마구 뒤섞어버렸기 때문이다. 어순을 유지하면서 유생성을 고려하여 번역해보자.

✔ 12c 가까운 거리에서 찍은 사진에서 피사체를 두드러지게 만드는 한 가지 방법은 사진 테두리에 비넷을 적용하는 것이다. 비넷효과는 자연스러운 프레임을 만들어 중심요소로 시선을 이끈다. 이 사진 속 비넷은 드럼을 비추는 오후햇살이 마치 실제 무대의 스포트라이트처럼 느껴지게 만든다.

물론 '–만든다'라는 동사에 지나치게 의존하는 느낌이 들기도 하지만, 물주 구문을 번역할 때는 유생성을 살리는 것 못지않게 글의 흐름을 관리하는 데에도 신경을 써야한다는 것을 명심해야 한다.

	⑫	12b		12c
A	When capturing images in close quarters,	비좁은 장소에서 사진을 찍을 때,		가까운 거리에서 찍은 사진에서
B	one way to make a subject stand out	피사체를 돋보이게 하는 방법의 하나가		피사체를 두드러지게 만드는 한 가지 방법은
C	is to add a vignette to the edges of the photograph.	사진 가장자리를 흐리게 하는 비넷효과를 주는 것이다.		사진 테두리에 비넷을 적용하는 것이다.
D	This effect			비넷효과는
E	naturally			자연스러운
F	draws			
G	the viewer's attention	보는 이가		
	E	자연스럽게		
H	to the element being framed in the vignette.	테두리 안의 요소에		프레임을 만들어 중심요소로
			G	시선을
	F	집중하게 만드는		이끈다.
	D	효과를 발휘한다.		
I	In this shot,			이 사진 속
J	the added vignette			비넷은
K	gives the illusion that			
L	the afternoon sun	햇살이 비껴든 어느 오후 촬영된		
M	illuminating the drum kit			드럼을 비추는
			L	오후햇살이
	I	이 사진은		

		J	윤곽을 흐리게 처리해	
		M	드럼 세트가	
N	is actually a spotlight shining on stage.		마치 무대 위에서 스포트라이트를 받아 빛나고 있는 것처럼	마치 실제 무대의 스포트라이트처럼
		K	보이는 착각을 일으킨다.	느껴지게 만든다.

다시 한 번 강조하자면 단어나 문장차원의 어색함은 쉽게 눈에 거슬리기는 하지만, 전반적인 글의 흐름이 좋다면 메시지를 이해하는 것 자체를 가로막지 않는다. 반대로 세부적으로 거슬리는 것은 없어도 글의 흐름이 잘못되어 있으면 메시지를 읽고 이해하는 것 자체를 방해한다. 번역에서 어떤 실수가 더 치명적일까?

❀ ❀ ❀

지금까지 보았듯이 한국어에서는 유생성이 매우 중요한 문법적 기준으로 작용한다. 세상을 인식할 때 살아 움직이는 대상을 기준으로 삼는 것은 아마도 가장 자연스러운 선택일 것이다. 한국어에서 유생성은 더욱 심화되고 확장되어 행위에 의도가 있느냐 없느냐 하는 것까지 문장에서 표시하도록 요구한다. 다시 말해 의도한 행위와 의도하지 않은 행위를 문법적으로 표시해야 한다는 뜻이다. 이 역시 영어에서는 전혀 고려하지 않는 문법요소로, 다음 장에서 살펴볼 주제다.

번역 실전 노하우!

내가 사람으로 보이니?

무생물 주어가 어순의 압박에서 벗어나기 위한 수단으로 사용되는 것과 마찬가지로, 영어에서는 '사람'도 그런 이유로 선택되는 경우가 많다. 실제 예문과 번역을 보자.

⑬ For Zimmermann and other feminists, implants represent the literal embodiment of male oppression. After all, the critics point out, prior to the FDA ban four out of five implant operations were for cosmetic purposes.

13a 짐머만과 다른 페미니스트들에게, 유방임플란트수술은 말 그대로 남성의 억압이 구체화된 것이었다. 어쨌든 비평가들은 식품의약국의 금지조치 이전에도 유방수술 5건 가운데 4건이 성형을 목적으로 한 것이었다고 지적한다.

이 번역은 아무 이상이 없는 것처럼 보인다. 하지만 이런 글을 읽었을 때 우리 머릿속에 떠오르는 궁금증 하나는 '미국에는 비평가라는 직업이 존재하나?'라는 것이다. 언론에서 '비평가'라고 공인된 인물들을 찾아서 인터뷰하여 기사를 실은 것일까? 우리 사회에서도 가끔 '대중문화비평가' 또는 '정치평론가' 같은 직함을 내세우는 사람을 볼 수 있는데, 그런 사람들의 말을 인용했다는 뜻일까?

한국어와 영어의 사고방식의 차이는 사람을 일컫는 명칭에서도 나타난다. processor가 사람인지 기계인지조차 구분하지 않는 영어의 세계에서는 당연히 그 사람이 그 일을 일시적으로 하는지 반복적으로 하는지도 관심을 갖지 않는다. 영어에서는 간단한 보고서를 쓴 사람이든 노벨문학상을 받은 작가든 모두 writer일 뿐이다. 하지만 한국어에서는 보고서를 쓴 사람을 '작가'라고 부르지 않는다.

✔ 13b —어쨌든 비판적인 이들은 식품의약국의 금지조치 이전에도 유방수술 5건 가운데 4건이 성형을 목적으로 한 것이었다고 지적한다.

✔ 13c —어쨌든 식품의약국의 금지조치 이전에도 유방수술 5건 가운데 4건이 성형을 목적으로 한 것이었다는 비판은 일리가 있다.

물론 **13b**의 경우, '비판자들은'이라고 옮겨도 무방하다. '비판자'는 직업을 일컫는 말이 아니기 때문에 한국어독자들이 혼란을 느끼지 않을 것이다.

⑭ As a photographer, pursuing light often feels like having an affair with a fickle, mercurial, and inconstant lover.

14a 사진가로서 빛을 좇다 보면 변덕스럽고 감정기복이 심해서 도무지 예측할 수 없는 연인을 사귀는 기분이 든다.

이 글은 '사진가'라는 직업에 종사하며 겪는 일들을 소개하는 글일까? 그렇다고 하더라도, 조명에 대해 이야기하면서 사진가라는 정체성까지 이렇게 명시적으로 내세우는 것은 다소 지나친 자의식과잉처럼 보이지 않는가?

사실 이 문장은, 사진을 찍을 때 빛을 다루는 법을 설명하는 문단의 첫 도입부 문장이다. '사진가'와는 아무 상관없다.

14b 좋은 사진을 찍기 위해 빛을 좇는 것은 대개 변덕스럽고 충실하지 못한 애인을 사귀는 것과 비슷하다.

원문은 '사진을 찍는 사람으로서'라고 말하고 있지만, 그것이 문장에서 수행하는 진짜 기능은 '사진을 찍을 때'라는 상황을 설정해주는 것이다. photographer를 사람으로 번역하면 어떻게 해도 이상한 문장이 된다.

⑮ A terrified person is potentially a person in love, as is an angry person, a jealous person, a rejected person, and a happy person.

15a 겁먹은 사람은 잠재적으로 사랑에 빠진 사람이다. 분노하거나 질투하는 사람, 차이거나 행복한 사람도 마찬가지다.

영어에서 사람행위자는 문장의 자연스러운 주어가 될 수 있기 때문에, 문장의 구조를 간결하게 하면서 의미를 명료하게 전달하기 위한 중요한 수단으로 활용된다. 하지만 사람처럼 보인다고 무조건 사람이라고 믿으면 안 된다. 아래 번역을 읽어보면 **15a**가 왜 문제있는 번역인지 금방 이해될 것이다.

15b 잔뜩 겁에 질린 상태에서 사람들은 사랑에 쉽게 빠진다. 화가 나거나 질투를 하거나 어떤 이에게서 퇴짜를 맞았거나 지극히 만족감을 느낄 때에도 마찬가지로 사랑에 쉽게 빠진다.

Chapter 13

"

코이네Koine 사람과 두마갓Dumagat 사람이 어제 오리를 사냥한 이야기를 한다. 코이네 사람은 이렇게 이야기할 것이다. "새벽이 막 지났을 무렵 커다랗고 예쁜 하얀 깃털을 한 오리가, 내가 숨어 있는 곳 머리 위로 남쪽을 향해 날아가더군. 재빨리 M-16 소총을 두 발 쐈지. 그랬더니 제대로 명중하여 5야드쯤 떨어진 호수 가장자리에서 오리가 떨어지지 않았겠어." 이 똑같은 사건을 두마갓 사람은 이렇게 이야기할 것이다. "어제 내가 오리를 쐈어."

"

Thomas N. Headland (1981) "Some communication problems in translation" *Notes on Translation* 1, Number 88. p20

13

하고 싶어서 한 게 아니야

능동태와 수동태

많은 사람들이 수동형 동사의 남발을 번역투의 대표적인 사례라고 말한다. 정말 우리말은 수동형 또는 피동형 동사보다는 능동형을 선호하는 것일까? 예컨대 정지용 시인이 1920년대 쓴 '향수'라는 시에는 다음과 같은 구절이 나온다.

> '그곳이 참하 꿈엔들 잊힐리야'

여기서 '잊힐리야'는 피동형 동사임에 틀림없다. '그곳을 참하 꿈엔들 잊으리오'라고 쓰지 않고 이렇게 노래한 이유는 무엇일까? 이것도 역시 번역투의 흔적일까?

이 장에서는 태voice의 변역에 대해 이야기하고자 한다. 결론부터 말하자면, 영어의 수동태와 한국어의 피동사는 겉으로만 비슷해 보일 뿐 그것이 사용되고 선택되는 기준이 다르다는 것이다.

설명에 들어가기에 앞서, 한국어에서 동사를 피동형으로 만드는 법을 간단히 설명하자면 동사 어미에 '이·히·리·기'를 삽입하거나 '—지다'나 '—되다'를 붙이면 된다.

- 하늘을 보다 → 하늘이 보이다
- 범인을 잡다 → 범인이 잡히다
- 대문을 열다 → 대문이 열리다
- 밧줄을 감다 → 밧줄이 감기다
- 촛불을 켜다 → 촛불이 켜지다

이제 번역문을 살펴보자.

1a 몇 달 지속해서 철창에 끼고, 다른 닭들에게 쪼이고 나면, 어쩌면 깃털을 대부분 잃게 된다. 당신은 특히 꼬리 주변 피부가 붉게 드러나게 된다. 골다공증에 시달리고, 사람 손만 닿아도 다리나 날개가 부러지거나, 갈비뼈가 함몰되는 상태가 된다.

이 번역에는 피동형 동사가 자그마치 일곱 개나 나온다. 그중 한 개가 '—지다,' 네 개가 '—되다' 형태다.

'시달리다'는 이 문장에서 찾아낸 뜻밖의 피동사다. 사실 이 동사는 형태적으로나 의미적으로나 피동사인 것은 분명하지만 이에 대응하는 능동사는 쉽게 떠오르지 않는다. 아마도 오래 전부터 이 동사는 주어의 '비의도적인 행위'를 진술할 때만 사용되어, 능동형이 지금은 잊혀진 것일지도 모른다. 원문을 보자.

❶ After a few months of constant rubbing against the cage, and other birds pecking at you, you will have lost many, maybe most, of your feathers. Your skin will be red and raw, especially around your tail. You will be suffering from a severe form of osteoporosis, so much so that even being handled by a human may result in the snapping of your leg or wings, and the caving in of your rib cage.

흥미로운 사실은, 원문에서 찾을 수 있는 수동태는 be handled 하나뿐이라는 것이다. 이 문장의 주어는 you(닭)이기 때문에 수동태를 선택할 수밖에 없었을 것이다. 개선된 번역을 보자.

✔ 1b 철조망으로 된 닭장에 계속 몸을 비비고, 또 다른 닭들이 쪼아대는 공격을 몇 달 버티고 나면 털이 거의 다 빠지고 만다. 당신의 피부, 특히 꽁지 주변은 피부가 짓무르고 피가 스민다. 또한 골다공증과 비슷한 증상으로 극심한 고통을 겪을 수도 있다. 증세가 심한 경우, 인간이 만지기만 해도 날개와 다리가 부러지고 흉곽이 함몰된다.

1b에서는 피동사의 수도 크게 줄었을 뿐만 아니라, 훨씬 간결한 피동사가 사용되었다는 것을 알 수 있다. 세 텍스트를 비교해보자.

	❶	1a	1b
A	rubbing against the cage	철창에 끼고	몸을 비비고
B	other birds pecking at you,	닭들에게 쪼이고	다른 닭들이 쪼아대는
C	You will have lost your feather.	깃털을 잃게 된다	털이 빠지고 만다

D	Your skin will be red and raw,	붉게 드러나게 된다	짓무르고 피가 스민다
E	You will be suffering from···	골다공증에 시달리고	고통을 겪을 수 있다
F	being handled by a human	사람 손만 닿아도	인간이 만지기만 해도
G	being may result in···	상태가 된다	—
H	snapping of your leg	다리가 부러지거나	다리가 부러지고
I	caving in of your rib cage	갈비뼈가 함몰되는	흉곽이 함몰된다

한국어에서 피동사를 만드는 여러 가지 방법을 앞에서 말했지만, 엄밀하게 말해 '이·히·리·기'와 '—지다'는 독립적으로 단어가 되지 못하는 반면 '되다'와 '받다(영향을 받다)'는 여전히 독립적인 단어로 기능한다. 그런 측면에서 '이·히·리·기/—지다'를 쓰는 피동사가 좀더 한국어의 원형에 가까운 피동형을 만드는 방식이 아닐까 생각한다. 따라서 **C** '잃게 되다' **D** '드러나게 되다'는 다소 과도하고 인위적인 피동형 동사로 보인다.

1b에 사용된 피동형 동사 '빠지다' '부러지다' '함몰되다'는 능동형 동사로 바꿀 수 있을까? 이 동사들이 묘사하는 움직임은 모두 주어가 의도한 것이 아니며, 외부의 어떤 힘에 의해 일어난 일이다. 한국어에서는 이처럼 자신의 의도하지 않은 행동은 피동형 동사를 쓸 수밖에 없다. 이것이 바로 한국어에서 능동-피동을 선택하는 기준이다.

반면, **H** snap과 **I** cave는 영어문법에서 '자동사intransitive verb'로 분류되기 때문에 수동태로 쓸 수 없다. 하지만 명제적으로 볼 때 이들은 스스로 일어난 움직임(自動)이 아니라 자신의 의도와 무관하게 외부의 힘에 의해 발생한 움직임(他動)이다. 영어문법에서 자동사와 타동사는 동사 뒤에 목적어를 쓸 수 있느냐 없느냐 하는 것을 구분하는 기준에 불과하다.

이처럼 한국어는 영어와 달리 행위에 의도가 있는지 없는지를 동사에 반드시 표시하도록 요구하는데, 이러한 문법요소를 '의도성'이라고 한다.

* * *

2a 가로 세로 30X50센티미터의 표준닭장을 다른 동료 넷과 함께 사용한다면 당신은 300 제곱센티미터 정도를 차지할 수 있다. 만약 아주 운이 좋다면 세 동료와 닭장을 함께 쓴다면 375제곱센티미터의 공간을 갖는다.

이 글의 목적은 '닭이 얼마나 비좁은 공간에서 살아야 하는지' 닭의 입장에서 설명하는 것이다. 닭의 처지에서 상황을 전달하는 것이 발화의 목적이라면, 피동형 동사가 사용될 확률이 높다고 추론할 수 있다. 닭장 속 공간은 닭이 의도적으로 '차지하는' 것이 아니라 어쩔 수 없이 '주어지는' 것 아닐까? 먼저 원문을 살펴보자.

❷ The standard twelve by twenty inch cage, shared with four others, gives you about 300 square centimeters. If you're a very lucky bird, and share your cage with only three others, then you have 375 square centimeters.

원문에서는 타동사 share 하나만 수동태로 표현되어있다. 목적어 cage가 먼저 나오기 때문이다. 개선된 번역을 보자.

✔ 2b 30X50센티미터의 표준닭장을 다른 동료 넷과 함께 사용한다면 당신에게 주어지는 공간은 약 300제곱센티미터다. 만약 아주 운이 좋아서 세 동료와 닭장을 함께 쓴다고 해도 375제곱센티미터의 공간밖에 주어지지 않는다.

예상대로 '주어지다'라는 피동사가 등장한다. 반면 share는 여전히 능동형으로 번역한 것을 볼 수 있다. cage는 의도를 가지고 행동할 수 있는 주체가 아니며 따라서 감정이입의 대상이 아니기 때문이다.

	②	2a	2b
A	The standard twelve by twenty inch cage,	가로 세로 30X50 센티미터의 표준닭장을	30X50센티미터의 표준닭장을
B	shared with four others,	다른 동료 넷과 함께 사용한다면	다른 동료 넷과 함께 사용한다면
C	gives you	당신은	당신에게 주어지는 공간은
D	about 300 square centimeters.	300 제곱센티미터 정도를	약 300제곱센티미터다.
	C	차지할 수 있다.	
E	If you're a very lucky bird,	만약 아주 운이 좋다면	만약 아주 운이 좋아서
F	and share your cage with only three others,	세 동료와 닭장을 함께 쓴다면	세 동료와 닭장을 함께 쓴다고 해도
G	then you have		
H	375 square centimeters.	375제곱센티미터의 공간을	375제곱센티미터의 공간밖에
	G	갖는다.	주어지지 않는다.

문장공작소

두 번역문의 어순을 비교해보라. **2b**는 메시지의 초점 **D**를 문장 끝에 오게 함으로써 말하고자 하는 바를 강조한다. 또한 **F** '—쓴다고 해도'와 **H** '공간밖에'처럼 표현적 의미를 전달하는 어미를 덧붙여, 메시지의 의도를 더욱 명확하게 표시한다.

* * *

지금까지 살펴본 예문들은 영어의 수동태를 무조건 능동태로 번역할 수 없으며, 더 나아가 영어의 능동태도 때로는 수동태(피동)로 번역해야 한다는 것을 알려준다. 나는 앞에서 문법은 그릇과도 같다고 말했다. 언어가 다르면 그릇도 다르다. 얼핏 비슷해 보이는 그릇이 두 개 있다고 하더라도, 거기에 어떤 내용물을 담을지 선별하는 기준은 다를 수 있다. 영어의 수동태와 한국어의 피동사가 바로 그런 예라 할 수 있다. 영어와 한국어에서 수동태를 사용하는 이유를 체계적으로 살펴보자.

영어에서 수동태를 사용하는 이유 네 가지

1. 행위자를 드러내지 않기 위해

A Nigel Mansell opened the Mansell Hall in 1986.

B The Mansell Hall was opened in 1986.

C The Mansell Hall was opened by Nigel Mansell in 1986.

자연스러운 어순(능동)으로 발화하려면 행위자를 드러내야 한다. 하지만 굳이 행위자를 밝힐 필요가 없다고 판단되는 경우, 수동태로 바꿔 **B**처럼 말할 것이다. 이런 수동태의 기능을 고려한다면 **C**는 발화될 가능성이 없다.

2. 행위와 거리를 두며 상대방을 과정의 주체로 부각시키기 위해

❸ *Call for Contributions*

Prospective authors are kindly encouraged to contribute to the conference through submissions of their research papers. Also, high quality research contributions describing original and unpublished results of conceptual, constructive, empirical, experimental, or theoretical work in all areas of Circular Economy are cordially invited for presentation at the conference. The conference solicits contributions of papers that address themes and topics of the conference.

이 글은 학회에서 원고를 투고해달라고 요청하는 글이다. 물론 투고된 원고는 학회에서 평가하고 선별하여 발표기회를 줄지 말지 판단하겠지만, 학회를 행위자로 내세우면 투고하는 이들의 의욕을 처음부터 꺾어버릴 수 있기 때문에 행위자를 숨길 필요가 있다. 또한 모든 과정이 주최측과 무관하게, 마치 투고자들이 스스로 이끌어나가는 객관적인 절차인 듯한 인상을 심어주어야 한다. 이때 수동태는 매우 효과적으로 활용된다.

이 글을 한국어로 번역한다면 수동태 동사들은 어떻게 바뀔까?

3a **투고 바랍니다**

컨퍼런스에 연구논문을 제출하여 기여해주실 탁월한 저자분들을 모십니다. 순환경제의 전반 영역에서 높은 품질의 연구논문, 즉 개념적, 건설적, 경험적, 실험적, 이론적 연구작업의 독창적이고 출간된 적 없는 결과물이라면 진심으로 환영합니다. 컨퍼런스에서 자신의 논문을 발표할 수 있는 기회를 누리기 바랍니다. 컨퍼런스의 주제와 화제와 관련된 많은 논문의 기고를 기다립니다.

번역문에는 피동형 동사가 하나도 없다. 한국어에서는 수동태를 사용하지 않고도 행위자를 자연스럽게 숨길 수 있기에, 수동태를 써야할 이유가 사라진다. 또한 투고자들을 행사의 주체처럼 받드는 듯한 느낌은, 호칭과 높임법을 활용하여 더욱 효과적으로 구현할 수 있다.

3. 특정 행위자의 관점에서 사건을 바라보도록 유도하기 위해

❹ By early 1945, Germany had essentially been defeated; all that remained was a bloody climax. Its borders had been breached, and it was being bombed around the clock. It had not been so devastated, however, it could not resist.

독일은 명제적으로 행위의 대상이기 때문에, 독일을 주어로 삼아—독일의 관점에서—진술할 경우에는 수동태를 사용할 수밖에 없다.

4a 1945년 초, 독일은 사실상 제압된 상태였다. 이제 남은 것은 결정적인 고비뿐이었다. 국경은 뚫렸고, 밤낮없이 폭격을 당했다. 하지만 저항할 수 없을 만큼 완전히 초토화된 것은 아니었다.

번역문 역시 모두 수동태로 유지되고 있다. 이 행위를 능동태로 바꿔서 진술하고자 한다면 아마도 다음과 같이 쓸 수 있을 것이다.

❺ By early 1945, the Allies had essentially defeated Germany; all that remained was a bloody climax. Allied forces had breached its borders and were bombing it around the clock. But they had not yet so devastated Germany as to destroy its ability to resist.

5a 1945년 초, 연합군은 독일을 사실상 제압한 상태였다. 이제 남은 것은 결정적인 고비뿐이었다. 연합군은 국경을 뚫고 밤낮없이 폭격을 퍼부었다. 하지만 아직은 저항할 능력을 꺾을 만큼 독일을 초토화한 것은 아니었다.

능동태로 진술하기 위해서는 행위자인 연합군을 문장의 주어로 삼아야 한다. 문제는, **❹**와 **❺** 또 **4a**와 **5a**는 같은 메시지를 진술하는 말일까 하는 것이다. 능동과 수동은 어차피 똑같은 명제를 진술하는 것이니 기계적으로 교환 가능한 선택일까?

능동과 수동을 기계적으로 교환하는 것은 치명적인 오역으로 이어질 수 있다. 예컨대 다음 두 가지 진술이 단순히 능동-수동이라는 기계적 선택의 차이일 뿐 의미상 차이는 없다고 생각하는 사람은 없을 것이다.

- 1910년 조선은 일본에 의해 주권을 빼앗기고 식민지로 병합되었다.
- 1910년 일본은 조선의 주권을 빼앗고 식민지로 병합하였다.

4. 독자에게 친숙하면서도 짧은 정보로 문장을 시작하기 위해

❻ Some questions about the nature of the universe have been raised by scientists studying black holes in space. A black hole is created by the collapse of a dead star into a point perhaps no larger than a marble. So much matter compressed into a so little volume changes the fabric of space around it in puzzling ways.

❼ Some questions about the nature of the universe have been raised by scientists studying black holes in space. The collapse of a dead star into a point perhaps no larger than a marble creates a black hole. So much matter compressed into a so little volume changes the fabric of space around it in puzzling ways.

두 예문은 가운데 문장이 능동이냐 수동이냐 하는 것만 다르다. 어떤 글이 더 쉽게 읽히는가?

앞 장에서 무생물주어가 어순을 자연스럽게 통제하는 수단으로 활용된다고 설명했던 것과 마찬가지로, 수동태 역시 어순을 통제하는 유용한 문법적 수단으로 활용된다. 위 예문의 정보의 흐름을 비교해보면 수동태가 어떤 역할을 하는지 쉽게 알 수 있다.

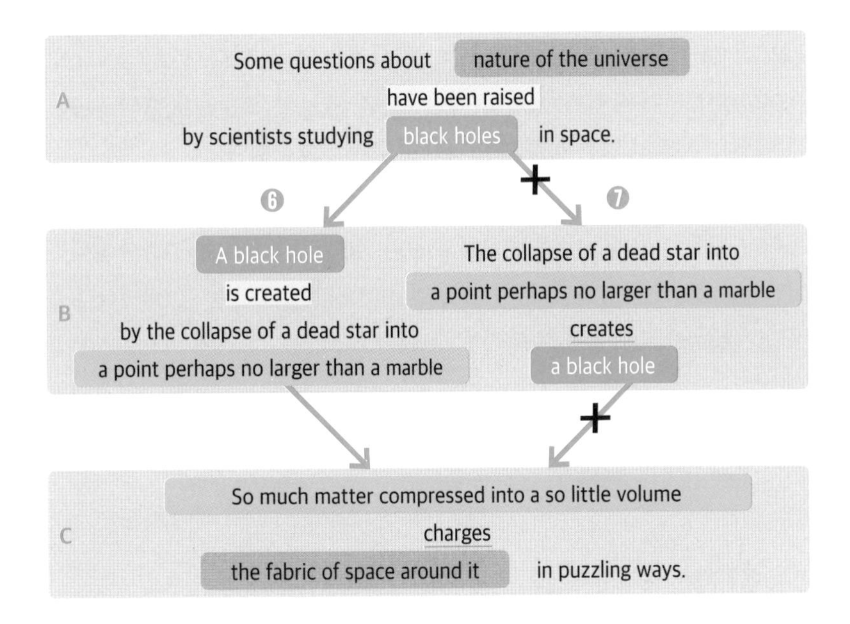

❻은 B가 A과 C를 자연스럽게 연결해주고 있는 반면, ❼은 B가 이러한 연결 기능을 제대로 수행하지 못한다. 이처럼 글의 흐름이 자연스럽지 않으면 독자들도 이야기를 쉽게 따라가지 못한다.

한국어에서도 이러한 문제가 나타날까?

✔ 6a 우주의 본질에 관한 몇몇 놀라운 의문이 우주의 블랙홀을 연구하는 과학자들에게서 **제기되었다.** 블랙홀은 죽은 별이 붕괴하여 구슬보다 작은 점으로 수축하면서 생성된다. 상당한 부피의 물질이 그토록 작은 부피로 수축하면 그 주변의 우조공간의 구조는 혼란에 **빠진다.**

7a 우주의 본질에 관한 몇몇 놀라운 의문이 우주의 블랙홀을 연구하는 과학자들에게서 **제기되었다.** 죽은 별이 붕괴하여 구슬보다 작은 점으로 수축되어 블랙홀을 생성한다. 상당한 부피의 물질이 그토록 작은 부피로 수축하면 그 주변의 우조공간의 구조는 혼란에 **빠진다.**

7a보다 **6a**가 훨씬 자연스럽게 읽힌다는 사실을 알 수 있다. 결국 영어나 한국어나 정보흐름의 문제는 똑같이 발생한다. 정보의 흐름은 문법의 요구보다 훨씬 근본적인 인간 공통의 인지적 요구이기 때문이다.

물론 **6a**는 두 번째 문장이 피동형 동사로 번역되었지만, 사실 이것이 수동태냐 능동태냐 하는 것은 중요하지 않다. 정보의 흐름만 유지할 수 있다면 어떤 동사를 쓰든 상관없다. 예컨대 '생성하다'의 반대편 동사 '탄생하다'를 쓰면 능동형으로도 충분히 번역할 수 있다.

한국어에서 피동형을 사용하는 이유

1. 행위자를 드러내지 않기 위해

영어와 마찬가지로 피동형 동사를 사용하는 가장 1차적인 이유는 행위자를 드러내지 않기 위한 것이다.

❽ The Encyclopaedia Britannica was started in 1770.

✔ 8a “브리태니커”는 1770년 만들어지기 시작하였다.

무생물주어 구문 역시 행위자를 숨기는 역할을 하기 때문에 피동형으로 번역할 수 있다. 물론 능동형으로 번역할 수 있는 경우도 있다.

❾ The decision to process in color or black and white depends on the massage the photographer wants to convey.

✓ 9a 컬러를 유지할 것인지 흑백으로 처리할 것인지는 사진을 통해 전달하고자 하는 메시지에 따라 달라진다.

✓ 9b 컬러를 유지할 것인지 흑백으로 처리할 것인지는 사진을 통해 전달하고자 하는 메시지에 따라 결정할 수 있다.

2. 특정 행위자의 관점에서 사건을 바라보도록 유도하기 위해

⑩ You will be thrown into a plastic sack and allowed to suffocate under the weight of other chicks.

✓ 10a 비닐포대 속에 던져져 다른 병아리들의 무게에 짓눌려 죽을 것이다.

여기서 던지는 행위자는 사람이고, 짓누르는 것은 병아리의 무게다. 하지만 행위자를 굳이 언급을 할 필요가 없으며, 이 사건을 병아리의 관점에서 진술하는 것이 발화의 의도에 맞기 때문에 피동형을 쓰는 것이 바람직하다.

3. 독자에게 친숙하면서도 짧은 정보로 문장을 시작하기 위해

⑪ Barbara were born to an unmarried Finnish student living in England in 1939. Barbara was adopted by an English groundskeeper who worked in a public park…

✓ 11a 바바라는 1939년 영국에서 유학하던 핀란드 미혼여성에게서 태어났다. 바바라는 공원관리인으로 일하는 영국인에게 입양되었고…

여기서 사용된 수동태는 앞 문장과 뒷 문장을 자연스럽게 연결해주기 위한 선택이다. 앞에서 이야기한 화제인 '바바라'로 문장을 시작하여 새로운 정보로 넘겨주는 것이 인지적으로 자연스럽다. 앞에서도 말했지만, 이런 경우 정보의 흐름만 유지할 수 있다면 능동형 동사로 번역할 수 있다.

4. 의도하지 않은 행동이라는 것을 표시하기 위해

⑫ You'll be tempted to take anything that's offered without examining the consequences.

12a 어떤 결과가 초래될지 제대로 따져보지 않고 제시되는 조건들을 승낙하게 될 수 있다.

원문에 등장하는 수동태 동사를 모두 피동형을 번역하였다. 하지만 자세히 보면 두 동사의 기능이 다르다는 것을 알 수 있다. be tempted는 주어가 원치 않지만 할 수밖에 없는 행동인 반면, be offered는 단순히 내가 수혜자 또는 대상인 행동이다. 이런 경우, 두 동사 모두 피동형으로 번역하는 것은 어색한 결과를 낳는다. 더 나은 번역을 보자.

✔ 12b 중요한 내용은 검토해보지도 않고 상대방이 제시하는 것을 그냥 받아들이고 싶은 유혹에 빠질 것이다.

be offered는 행위자를 살려서 능동으로 번역해주는 것이 훨씬 자연스럽다. 능동태를 피동형으로 번역해야 하는 경우도 있다.

⑬ Listening to music on the radio, I could hear the cawing of a pair of macaws flying overhead.

✔ 13a 라디오에서 나오는 음악을 듣고 있는 와중에, 마코앵무새 한 쌍이 머리 위로 날아가며 깍깍대는 소리가 들렸다.

⑭ I took another look at this woman's house, seeing for the first time how her family lived.

14a 이 여자가 사는 집을 다시 한번 돌아보며 그녀 가족이 어떻게 살아가는지 알아보기 위해 처음으로 살펴보았다.

listen—hear와 take a look—see의 차이는 잘 알 것이다. hear·see는 의도적으로 보고 듣는 것이 아니라 내 의도와 무관하게 들리고 보이는 것이다. 그런데 **14a**는 see를 take a look보다 훨씬 의도적인 행위처럼 번역해놓았다. hear·see는 영어의 능동-수동이 의도와 무관하게 결정된다는 것을 보여준다.

✔ 14b —다시 돌아봤을 때, 집을 어떻게 꾸며놓고 사는지 그제야 보였다.
✔ 14c —다시 돌아봤을 때, 집을 어떻게 꾸며놓고 사는지 그제야 눈에 들어왔다.

❀ ❀ ❀

태를 바꿔 번역할 때에는 어순(의미뭉치의 순서)이 엉키지 않도록 신경을 써야 한다. 영어에서 무생물주어나 수동태를 선택하는 가장 중요한 이유 중 하나는 어순이며, 어순은 정보구조와 밀접하게 관련되어 있다. 정보구조는 메시지의 초점을 조절하고 텍스트적 의미를 만들어내는 데 매우 중요한 역할을 하기 때문에 정보구조가 흐트러지면 의미가 훼손될 수 있다. 지금까지 살펴본 번역사례들이 대부분 어순을 유지하고 있다는 것을 눈여겨보기 바란다. 정보구조에 대해서는 **20장**에서 자세하게 설명한다.

번역 실전 노하우!

피동의 피동의 피동

초보번역자들의 글을 읽다 보면 피동사를 지나치게 남발하는 실수를 자주 목격할 수 있다. 이는 대개 피동사의 기능을 제대로 이해하지 못한 채 글을 쓰기 때문에 발생하는 실수들이다. 다양한 사례들을 살펴보자.

15a 그렇게 하면 서로 필요조건을 모두 만족하게 되나요?

16a 어느 쪽이건, 당신은 75센티미터인 날개를 펼쳐보는 건 꿈도 못 꾸게 될 것이다.

17a 만일 내가 이것을 조금 갖는 대신 저것을 더 갖게 되면 어떻게 될까?

18a 가위기업이 성공을 하고 점점 성장하게 되면서 바위기업으로 변신한다.

19a 한 번 더 기회를 갖게 되기를 몹시 원하는 것으로 볼 때, 여성이 내린 평가가 여간 중요한 것이 아닌 것처럼 보였다.

20a 너무 많은 닭들이 쪼임을 당해 죽게 되면 수익도 줄게 되기 때문이다.

21a 달걀 값이 오르게 되면, 십중팔구 당신의 룸메이트가 많아지게 될 것이다.

22a 이제는 아마도 큰 창고에 있는 닭장으로 옮겨지게 될 것이다.

23a 아무 제안이나 꼼꼼히 따져보지 않고 덥석 받아들이게 될 수도 있다.

24a 해부대 위에 몸이 꽁꽁 묶여 마취도 받지 못한 채 천천히 해부당하게 될 것이다.

25a 아침에 눈을 뜨면 침대에서나 식사를 하면서 어떤 대화를 나누게 될지, 어떤 교우 관계와 가족 모임이나 주말 친목회를 가지게 될지, 어디서 살게 되고 아이들을 어떤 방법으로 키우게 될지, 심지어는 어떤 일을 하게 될지까지 배우자는 엄청난 영향을 미칠 것이다.

15a는 '만족하는' 행위가 두 사람(서로)이 의도한 것이 아니라고 말한다. **16a**의 '꿈을 못 꾸게 되다', **17a**의 '갖게 되다'도 마찬가지다. 이들은 모두 충분히 능동으로 표현할 수 있는 것임에도 피동으로 표현한 것은 무엇 때문일까? 인간을 주체적인 행위자로 바라보지 않는 번역자의 사고방식이 투영된 것일 수도 있고, 단순히 잘못된 언어습관 때문일 수도 있다. 이유가 무엇이든, 피동사의 남용은 인간의 의지가 작동하지 않는 세상을 만들어낸다.

18a 역시 비의도적인 행위로 묘사할 필요가 있을까? 기업은 오로지 운에 의해 '성장하게 되는' 것일까? **19a**의 경우, '기회를 갖는' 일에 남성은 아무런 의도적인 노력을 할 수 없는 것일까?

20a는 '죽다'를 피동으로 표현했는데, 여기서 이 동사는 타동성이 약하기 때문에 굳이 비의도성을 표시할 필요가 없다. '죽다'는 바로 앞에 '쪼임을 당해'라는 원인이 표시되어 있기 때문에 단순형을 선택해도 의미는 훼손되지 않는다.

21a의 '오르게 되다' 역시 의미없는 피동사다. 시장이라는 가상공간에서 가격은 능동적으로 움직일 수 있는 행위자로 은유된다.

21a의 '많아지게 되다'와 **22a**의 '옮겨지게 되다'는 피동을 표시하는 '—지다'와 '—되다'를 함께 사용하는 오류를 범하고 있다. 또한 **23a**의 '받아들이게 되다'는 '—이—'와 '되다'를 함께 사용하고 있으며 **24a**의 '해부당하게 되다' 역시 '—당하다'와 '되다'를 함께 사용하고 있다. 이러한 '이중피동'은 피동의 의미를 강조하기 위한 것으로 보인다. 실제로 이 문장들에는 피동사가 필요하다. 피동사를 이중으로 쓰는 것은, 피동이 필요하지 않은 경우에도 피동을 남발하다 보니 진짜 피동사를 사용해야 할 곳에서는 두 번씩 써야 의미가 제대로 전달될 것 같은 느낌이 들기 때문일 것이다. 피동표현을 남용하지 않고 제대로 쓴다면 피동사는 한 번만 써도 의미를 충분히 전달할 수 있다.

25a 역시 관점의 오류라고 할 수 있다. 여기서 묘사하는 행위들은 나

의 의도가 전혀 배제된 것도 아니며 감정이입이 필요한 것도 아니다. 한국어에서 피동사의 기능을 정확하게 이해하고, 또 한국어가 세상을 인식하는 방식을 제대로 이해해야 한국어다운 자연스럽고 쉬운 글을 만들어낼 수 있다.

✔ 15b 그러면 양쪽 모두 만족할 수 있을까?

✔ 16b 어떠한 경우든, 자신이 날개를 펼 수 있다는 사실을 잊어야 할 것이다.

✔ 17b 여기서 조금 양보하고 저기서 좀 더 얻어내면 어떨까?

✔ 18b 가위기업이 성공을 거두고 성장하면서 이제 바위기업으로 변신한다.

✔ 19b 한번 더 기회를 달라고 갈망하는 모습에서 남학생들에게 예쁜 여자의 평가는 너무나 중요한 듯 보였다.

✔ 20b 너무 많은 닭이 쪼여서 죽으면 이윤이 떨어지기 때문이다.

✔ 21b 달걀값이 올라갈수록 방을 함께 쓸 동료들은 더 늘어난다.

✔ 22b 지금은 커다란 오두막 안에 있는 닭장으로 옮겨질 확률이 높다.

✔ 23b 상대방이 제시하는 것을 그냥 받아들이고 싶은 유혹에 빠진다.

✔ 24b 해부대 위에 산 채로 못 박혀 배가 갈라지고 창자가 밖으로 꺼내지는 신세를 면치 못했을 것이다.

✔ 25b 어떤 선택을 하느냐에 따라 아침에 눈을 떠 침대에서 나누는 대화, 아침밥을 먹으면서 식탁에서 나누는 대화, 친구들과의 관계, 가족모임의 분위기, 주말의 여가생활, 사는 장소, 아이들을 키우는 방식, 경력을 쌓아가는 방식도 완전히 달라질 것이다.

Chapter 14

“

도착언어 독자에게 이전 성경에서 무엇이 문제인지 물어보면 ‘왠지 모르게 낯설다’라는 이야기만 할 뿐 정확하게 설명하지 못한다. 겉으로 보기에는 명확한 문법적 실수도 없고, 어휘도 확연하게 틀린 것이 없기 때문에 이렇게 낯섦을 자아내는 요소가 무엇인지 처음에는 쉽게 눈에 띄지 않는다. 하지만 이제 새로운 번역과 비교해보면... 이전 성경은 ‘담화구조’가 상당히 잘못 구성되어 있었다는 사실이 명확하게 드러난다. 담화구조란 여러 문장들이 온전한 하나의 단락으로 결합하는 방식, 또 이러한 단락들이 모여 하나의 온전한 메시지로 결합하는 방식을 말한다. 반면에 새롭게 번역한 성경은, 텍스트를 일관적이고 명확한 하나의 산문으로 만들어주는 표지기능을 하는 요소들을 아주 자연스럽고 능숙하게 사용하여... 독자들에게 글을 읽는 진정한 즐거움을 선사한다. ”

Kathleen Callow (1974) *Discourse Consideration in Translating the Word of God*, Michigan: Zondervan: p10-11

14

문장이 단순하면 의미도 단순할까?

문장과 어순

❶ One of the chief reasons that the Old Testament has retained its hold over the generations is its sheer readability.

1a 구약이 세대를 거듭하여 영향력을 지속시킬 수 있었던 주요한 이유 중 하나는 이 책의 가독성이다.

이 번역에 굳이 문제를 제기할 사람은 없겠지만 다음 번역을 읽어보면 생각이 달라질 것이다.

✔ 1b 구약이 후대에도 계속해서 영향력을 유지할 수 있었던 주요한 이유는 쉽게 읽혔기 때문이다.

1b가 **1a**보다 훨씬 쉽고 명료하게 이해되는 느낌이 들 것이다. 이런 느낌은 과연 어디서 나오는 것일까? 좋은 글을 쓰고자 한다면, 문장을 체계적으로 분석할 줄 알아야 한다. 막연한 느낌만 가지고는 글의 어느 부분에 차이가 있는지, 어느 부분을 모방해야 하는지, 어느 부분을 주의해야 하는지 알지 못하고 따라서 배우지도 못한다.

	❶		1a	1b
A	One of the chief reasons that			
B	the Old Testament		구약이	구약이
C	has retained its hold			
D	over the generations		세대를 거듭하여	후대에도
E	is its sheer readability.			
		C	영향력을 지속시킬 수 있었던	계속 영향력을 유지할 수 있었던
		A	주요한 이유 중 하나는	주요한 이유는
		E	이 책의 가독성이다.	쉽게 읽혔기 때문이다.

C: 영향력을 지속시킬 수 있었던 vs 계속 영향력을 유지할 수 있었던

1a에 사용된 '시키다'라는 사동사는 '남으로 하여금 —을 하게 만들다'라는 뜻이다. "짜장면 배달시켜"라는 말은 '내가 짜장면집에 짜장면을 배달하도록 만든다'는 뜻이다. 그렇다면 위 예문에서는 누가 누구에게 지속하는 행위를 시킨 것일까? '구약'이 시킨 것인가? 아니면 그 어떤 존재가 구약에게 시킨 것일까? 글을 쓸 때 자기가 하는 말이 표상하는 명제가 자연법칙에 맞는지, 상식에 맞는지 늘 검토해보기 바란다.

A: 주요한 이유 중 하나는 vs 주요한 이유는

영어에서는 최상급을 쓸 때 one of를 붙여 그것을 한정하는 관습이 있지만 이러한 어법은 한국어에 원래 존재하지 않았을 뿐만 아니라 논리적으로도 맞지 않을 때가 많다. 더욱이 '주요한 이유'라고 말하면 이것을 '유일한 이유'라고 간주하는 한국인 독자는 없다.

E: 이 책의 가독성이다. vs 쉽게 읽혔기 때문이다.

두 번역문을 읽었을 때 어떤 문장이 훨씬 힘있게 느껴지는가? 특히 문장의 마지막 부분에 초점을 맞춰 읽어보라. 문장을 읽고 난 뒤, 의미가 더 강렬하게 인식되는 문장은 **1a**인가 **1b**인가? **1a**는 문장을 읽고 난 뒤에도 문장이 끝난 건가 아닌가 하는 미심쩍은 느낌이 드는 반면 **1b**는 문장을 읽고 난 뒤 깔끔하게 정리된 느낌이 들 것이다.

1a는 '이 책의 가독성'이라는 명사구로 문장을 끝낸 반면, b는 '쉽게 읽혔기 때문'이라는 명사절로 끝낸다('때문'은 의존명사다). 영어는 주어중심 언어로 의미를 명사로 포장하여 전달하기 좋은 구조인데 반해, 한국어는 동사중심 언어로 의미를 서술절로 풀어서 전달하기에 좋은 구조다. 그래서 원문이 its sheer readability라는 명사구로 끝맺는다고 해서 번역문도 무조건 명사구로 끝내야 하는 것은 아니다.

구조적인 측면에서 볼 때 두 문장은 다음과 같이 다르다.

1a ______ 주요한 이유 중 하나는 ______의 ______이다.
1b ______ 주요한 이유는 쉽게 읽혔기 때문이다.

1b는 명사절로 문장을 끝맺음으로써 동사가 더 많은 의미를 운반한다. 문장의 의미가 훨씬 강렬하게 느껴진다.

문장공작소

sheer는 명제적 의미는 없고 표현적 의미만 있는 형용사다. 수식하는 단어(readability)를 더 부각하고 강조하는 역할을 한다. 물론 맥락에 따라 자연스럽게 번역할 수 있는 경우도 있지만, 무리하게 번역을 할 경우 오히려 도착텍스트를 이해하는 데 혼란만 초래하는 경우도 많다. 이와 비슷한 단어로 simply가 있다.

❷ Brains simply don't function without goals.

2a 뇌는 목표 없이 단순하게 작동하지 않는다.
2b 뇌는 목표 없이 작동하지 않는다.
2c 뇌는 목표 없이는 작동하지 않는다.

2a에서 '단순하게'라는 부사어는 '단순하다'라는 명제적 의미를 떠올리게 하여 의미를 아리송하게 만든다('뇌는 단순하지 않고 복잡하게 작동한다'는 뜻). 반면 **2b**는 simply를 번역하지 않았다. 표현적 의미가 손실되긴 했지만 명제적 의미는 그대로 보존되고 있다. 번역하지 않고 생략함으로써 오히려 번역에 성공한 것이다.

2c는 원문의 표현적 의미를 한국어에서 최대한 가깝게 구현하기 위해 내가 직관적으로 떠올린 번역이다. 물론 보조사 '—는'이 여기서 정확하게 어떤 기능을 하고 어떤 의미의 변화를 초래하는지는 한국어만 평생 사용해온 나 역시 명확하게 설명하기 어렵다.

❀ ❀ ❀

❸ When we speak, articulation requires the activation of muscles controlled equally by both hemispheres.

3a 말을 할 때, 명확한 발음을 하려면 양쪽 반구에 의해 동일하게 조절되는 근육들의 활성화가 요구된다.

✔ 3b 말을 할 때, 명확하게 발음하기 위해서는 좌우반구가 함께 통제하는 근육을 움직여야 한다.

앞에서 본 예문처럼 **3a**는 명사구가 많이 사용된 반면 **3b**는 절이 많이 활용되었다. 두 예문에서 명사구를 표시해보자.

3a 말—명확한 발음—양쪽 반구에 의해 동일하게 조절되는 근육들의 활성화
3b 말—좌우반구가 함께 통제하는 근육

3b는 **3a**보다 명사구가 한 개 적을 뿐만 아니라 명사구 자체의 의미도 훨씬 단순하다. 특히 명사절로 연결되어 있는 마지막 명사구 두 개를 보면 차이가 더욱 뚜렷하게 나타난다. 명사구·절을 빼고 문장의 뼈대를 살펴보자.

3a ____을 할 때, ____을 하려면 ____가 요구된다.
3b ____을 할 때, 명확하게 발음하기 위해서는 ____을 움직여야 한다.

3b가 술부에서 훨씬 많은 의미를 전달한다는 것을 알 수 있다. **3a**의 술부는 사실상 명사만 갈아끼우면 어떤 문장이든 만들어낼 수 있을 만큼 별다른 의미가 없다.

- 글쓰기를 할 때, 명확한 의미전달을 하려면 명사구의 해체가 요구된다.
- 공문서의 작성시, 가독성 향상을 하려면 문서개발 사업에 대한 예산 증액이 요구된다.

문장의 동사를 바꾸지 않고도 이렇게 어떠한 의미든 전달할 수 있는 것은, 전달하고자 하는 '실제 행위들'이 모두 명사 속에 포장되어 있기 때문이다. 당연히 명사구 속 의미가 복잡해질 수밖에 없다. 명사 속에 억지로 우겨 넣은 행위들을 동사로 풀어보자.

- 글을 쓸 때, 의미를 명확하게 전달하려면 명사구를 해체해야 한다.
- 공문서를 작성할 때, 가독성을 향상하려면 문서개발 사업에 더 많은 예산을 쏟아야 한다.

명사 속에 숨어 있던 행위들을 동사로 환원하고 나니 문장이 훨씬 쉬워지고 의미도 훨씬 명확해진다는 것을 알 수 있다. 이러한 원리를 이해하면 **3b**가 **3a**보다 쉽게 읽히는 이유를 이해할 수 있다.

문장공작소

행위를 명사화하면 행위자와 행위의 관계가 모호해진다. 예컨대 '예산증액이 요구된다'라고 말하면 자신이 주장하는 말처럼 들리지 않지만 '예산을 쏟아야 한다'라고 말하면 자신이 주장하는 말로 들린다. 공문서나 기업에서 만들어내는 문서에 명사화 표현이 많이 나오는 것은, 진술에 대한 책임을 회피하고자 하는 글을 작성하는 사람들의 심리가 반영된 것이라 볼 수 있다.

❁ ❁ ❁

4 Deep focal length and long shutter speed brings enough ambient light to illuminate the shot.

4a 깊은 초점거리와 느리게 잡은 셔터스피드는 사진을 밝히는 충분하고 분위기 있는 빛을 잡아둔다.

4a는 원문을 충실하게 옮긴 번역이다. 그렇지 않은가? 전혀 그렇지 않다. 다음 번역을 읽어보면 이 번역이 전달하지 못하는 '뭔가'가 있다는 것을 깨달을 수 있을 것이다.

✔ 4b 초점거리를 깊게 하고 셔터스피드를 느리게 하면 주변 빛을 충분히 빨아들여 밝은 사진을 찍을 수 있다.

4b가 의미를 더욱 선명하게 전달한다는 느낌이 들 것이다. 무슨 차이가 있는 것일까? 먼저 두 예문에서 명사구·명사절을 표시해보자.

4a 깊은 초점거리—느리게 잡은 셔터스피드—사진을 밝히는 충분하고 분위기 있는 빛

4b 초점거리—셔터스피드—주변 빛—밝은 사진

앞선 예문들과 마찬가지로 **4a**에 비해 **4b**의 명사구들이 매우 간결하다는 것을 알 수 있다. **4a**의 길고 무거운 명사구와 명사절에 담겨있던 의미들은 **4b**에서 어디로 간 것일까? 문장의 뼈대를 보자.

4a ____와 ____는 ____을 잡아둔다.

4b ____를 깊게 하고 ____를 느리게 하면 ____을 충분히 빨아들여 ____을 찍을 수 있다.

4a는 아주 간단한 단문인 반면, **4b**는 여러 단문을 연결한 복문이다. 물론 단순한 정보를 전달할 때는 단문이 적합하겠지만, 복잡한 정보를 단문으로 전달하려면 문제가 발생한다.

우리는 흔히 단문은 쉽고 복문은 어렵다고 생각한다. 하지만 쉽다·어렵다 하는 느낌은 문장구조에 따라 결정되는 것이 아니라, 전달하고자 하는 내용과 문장의 형식이 잘 맞느냐에 따라 결정되는 것이다. 단순한 프레임에 복잡한 정보를 끼워 맞추는 것은 부실한 뼈대 위에 화려한 기와지붕을 올리는 것처럼 한 순간에 무너질 수 있다. 의미전달 가능성 자체가 망가지는 것이다.

물론 원문이 단문이기 때문에 단문으로 번역하는 것이 당연하지 않냐고 생각하는 사람도 있을 것이다. 여기서 우리는 어순word order에 대해서 다시 생각해봐야 한다. 우리는 어순을 단순히 문법적인 요구에 의해서만 결정되는 것이라고 생각하지만, 말을 하는 의도와 전달하고자 하는 의미 역시 어순에 상당한 영향을 미친다.

어순을 결정하는 세 가지 요소

- 문법: 의미가 성립할 수 있도록 단어를 일정한 규칙에 따라 배열한다.
- 의도: 진술을 통해 화자가 강조하고자 하는 정보를 부각시킨다.
- 의미: 자신의 진술을 청자가 쉽게 이해할 수 있도록, 또는 청자에게 특정한 반응을 이끌어내기 위해, 정보를 제공하는 순서를 전략적으로 통제한다.

그렇다면 의도와 의미에 따른 어순에 초점을 맞춰 원문과 번역문이 어떻게 전개되는지 비교해보자.

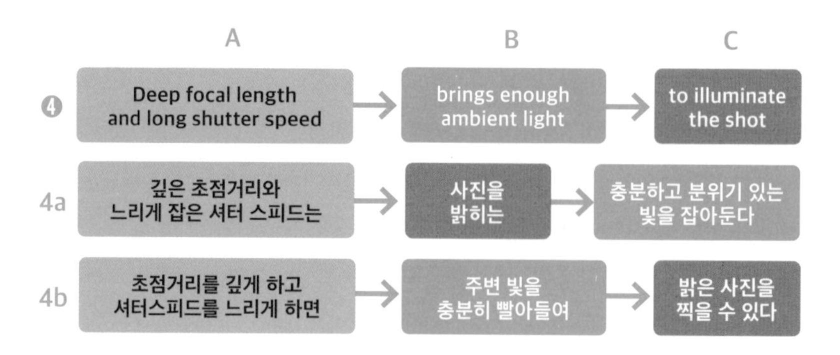

우리는 언제나 앞에서 뒤로 말하고, 왼쪽에서 오른쪽으로 글을 쓴다(물론 아랍어는 오른쪽에서 왼쪽으로 글을 쓰지만 원리는 같다). 저자는 분명히 **A**를 먼저 말

하고 B를 말한 다음 C를 말했다. 이것은 단순히 문법적 요구에 의해서만 선택된 것이 아니다. 명제적인 의미가 순차적으로 구현된 것이다.

그런데 4a는 번역과정에서 C를 B 앞으로 끌어냈다. 4a가 문법적으로 아무 문제가 없는 문장임에도 왠지 모르게 어색하게 느껴지는 것은, 의미 측면의 어순을 위반하고 있기 때문이다. 이 문장이 제시하는 정보의 순서는 자연적인 사건의 발생순서를 거스르기 때문에 독자가 명제적 의미를 산출하기 어렵다. 4b와 비교해 읽어보면 어순을 살짝 바꾼 것이 얼마나 큰 의미손실을 초래하는지 이해할 수 있을 것이다.

정리하자면 문장의 어순은 단순히 문법적인 규칙이라고만 생각해서는 안 된다. 어순은 우리의 상식에 맞게 의미를 순차적으로 산출해내기 위한 단어뭉치들의 나열이다. 이러한 단어뭉치를 언어학에서는 '청크semantic chunk'라고 부르며, 문장을 청크로 나누는 것을 청킹chunking이라고 한다.

물론 청킹은 인지적·심리적 기준으로 문장을 자르는 것이기 때문에 사람마다 조금씩 달라질 수 있다. 하지만 청킹은 글을 읽어나가는 데 매우 중요한 역할을 한다. 예컨대 어떤 사람이 영어를 얼마나 이해하는지 알아보고 싶다면, 아무 문장이나 읽어보라고 시키면 된다. 의미를 이해하며 문장을 읽는 사람은 자연스럽게 청킹을 하여 읽지만, 의미를 이해하지 못하는 사람은 모든 단어를 똑같이 읽어나간다.

결국 4a는 원문이 뭘 말하고자 하는지 이해하는 과정을 생략하고 기계적으로 문장을 번역한 결과라 할 수 있다. 실제로 구글번역에 원문을 넣어보면 이렇게 번역한다. (물론 구글번역이 4b와 같은 번역문을 내놓을 날이 조만간 올지도 모른다.)

결론적으로 A→B→C 어순을 유지하는 문장을 만들어내야 하는데, 이 의미뭉치의 순서를 유지하면서 한국어의 문법규칙에 맞게 단문을 만드는 것은 매우 어려운 일이다. 결국 여러 개의 단문을 연결한 복문으로 번역할 수밖에 없다.

번역 실전 노하우!

사건의 연관성

단문을 복문으로 바꿔 번역을 하는 것은 생각보다 쉽지 않다. 단문을 만들 때는 그다지 신경쓰지 않아도 되는 논리적인 추론이 상당히 중요해지기 때문이다. 문장 하나, 정확히 말해서 동사 하나는 사건 하나를 진술한다. 따라서 단문을 중첩한 복문은 여러 사건을 연결하여 하나의 문장으로 진술한다는 뜻이다. 복문을 자연스럽게 쓰기 위해서는 각각의 사건 사이의 연관성을 정확하게 파악하여 적절하게 연결해줘야 한다.

❺ Sophisticated engineers often blame salespeople for not being technically capable enough to sell their products.

5a 수준 높은 기술자들은 종종 제품을 판매할 만큼 기술적으로 충분하지 못한 영업자들을 비난한다.

5a는 기본적으로 '기술자들은 (특정한) 영업자들을 비난한다'라는 단문이다. 하지만 (여기서는 생략되어있지만) 텍스트의 맥락에서 볼 때, 이 진술은 저자의 발화의도에서 벗어난 것이다. 이 문장은 기업에서 일어나는 일반적인 현상을 진술하려는 것인데, 번역문은 특정한 개인들을 비난하는 구체적인 사건을 진술하는 것처럼 보인다.

발화의 의도를 살리려면 어떻게 번역해야 할까? 의미뭉치를 자르는 방식을 바꿔야 한다. 개선된 번역을 보자.

✔ 5b 콧대 높은 엔지니어들은 가끔씩 영업사원들이 제품의 기능을 제대로 이해하지 못해서 물건을 팔지 못한다고 비난한다.

5b가 **5a**보다 우리가 아는 세상의 모습을 훨씬 적절하게 진술하는 듯 보인다. 어떻게 이런 번역이 나온 것일까? 분석해보자.

	⑤		5a	5b
A	Sophisticated engineers often		수준 높은 기술자들은 종종	콧대 높은 엔지니어들은 가끔씩
B	blame			
C	salespeople			영업사원들이
D	for not being technically capable			제품의 기능을 제대로 이해하지 못해서
E	enough to sell their products.		제품을 판매할 만큼	물건을 팔지 못한다고
		D	기술적으로 충분하지 못한	
		C	영업자들을	
		B	비난한다.	비난한다.

5a는 **C**-**D**-**E**를 하나의 의미뭉치로 간주하여 번역했지만, **5b**는 이것들을 개별적인 의미뭉치로 구분하여 순서를 유지해 번역했다. 이렇게 순서를 유지하려면 복문을 쓸 수밖에 없는데, 그러면 **D**-**E**-**B** 행위 사이에 어떤 논리적 관계가 있는지 설정해줘야 한다. 여기서는 원인-결과(—해서/—한다고) 관계로 파악하였다.

앞에서 본 **4b** 번역을 다시 펼쳐보자. 문장은 짧지만, 무려 네 개의 절이 연결된 복문이다. 절들을 어떻게 연결했는지 눈여겨보기 바란다.

이제 직접 자신의 언어감각을 실험해보자. 다음 예문들을 읽고 청킹을 해보라. 번역문을 어떻게 구성하면 좋을지 문장의 구조를 만들어보라. 절이 만들어진다면, 어떻게 연결하는 것이 좋을까?

❻ Hominid brain size increased in response to the needs of nature's newest predators.

❼ To become an Arthurian knight required long and rigorous training that included the martial arts and self-mastery.

❽ The single most important factor limiting hominid intelligence became the diameter of the female pelvis.

이 예문들을 단문으로 번역한 것과 복문으로 번역한 것을 비교해보자. 명사구에 밑줄을 치고 두 문장의 구조를 비교해보라. 또한 자신의 청킹과 번역에서 구현된 청킹이 얼마나 일치하는지 비교해보라. 절을 연결한 방식도 비교해보라. 물론 더 나은 선택이 있을 수도 있다.

6a 인류의 두뇌 크기는 자연의 새로운 포식자에게 요구되는 필요에 따라 증가해 갔다.

✔ 6b 인류의 뇌는 자연의 새로운 포식자로 자리잡아가는 동안 그에 걸맞게 계속 커졌다.

7a 아서왕의 기사가 되기 위해서는 전투기술과 자제의 훈련을 포함하여 길고 엄격한 수련을 쌓아야 했다.

✔ 7b 아서왕의 기사가 되기 위해서는 오랜 시간 엄격한 수련을 통해 검술, 무술, 자제력 등을 익혀야 했다.

8a 인류의 지능을 제한하는 단 하나의 가장 중요한 요인은 암컷의 골반 직경이 되었다.

✔ 8b 계속 발달하던 인류의 지능은 결국 결정적인 벽에 부딪히고 말았는데, 그것은 바로 여자의 골반 크기였다.

담화차원의 번역문제들

PART III

“

텍스트의 생산과 소비 사이에는 대개 시간과 공간의 차이가 존재한다. 텍스트는 얼굴을 맞댄 즉흥적인 커뮤니케이션이 아니다. 예컨대, 컴퓨터 매뉴얼을 작성한 사람과 그 매뉴얼을 읽는 사람 사이에는 실질적인 협력cooperation이 존재하지 않는다. 하지만 글을 읽는 행위에는 기본적으로 협력하고자 하는 마음가짐이 작동한다. 시간과 공간이 아무리 차이 난다고 하더라도 독자는 텍스트 커뮤니케이션에 협력하고자 하며, 이러한 태도로 인해 독자는 텍스트에 관심을 기울이고 이를 수용하게 되는 것이다.

따라서 텍스트는 독자가 텍스트 안에 들어와 커뮤니케이션에 참여하도록 유인할 수 있는 특징을 보여주어야 한다. 협력의 원칙이 작동해야만 목표텍스트 사용자가 기꺼이 도착텍스트를 ‘텍스트’로 받아들이고 텍스트의 의미를 협력할 수 있다. 텍스트의 원저자가 누구인지 모른다 해도, 원저자가 글을 쓰면서 의도한 독자가 자신이 아니라고 해도, 독자들은 협력을 할 수 있다.

협력은 번역가능성의 전제조건이며, 번역과정에서 반드시 고려해야 하는 중요한 요소다. 협력을 고려하지 않는 것은 번역실패의 주요한 원인이 된다. 잘못된 번역은 텍스트의 상호작용에 참여할 수 있다는 확신을 독자들에게 심어주지 못한다. 협력의 원칙을 위반한 결과다. 협력은 피상적인 철학적 이슈가 아니다. 협력의 원칙을 위반하는 것은 번역가에게 매우 실질적인 결과를 안겨준다. ”

Albrecht Neubert & Gregory M. Shreve (1992) *Translation as Text*. Kent: Kent State University Press. p75

Chapter 15

"

고의적으로 비텍스트를 창조하는 시나 산문을 예외로 친다면, 실생활에서 목격할 수 있는 비텍스트는 아마도 어린아이의 말과 형편없는 번역밖에 없을 것이다.

"

M. A. K. Halliday & Ruqaiya Hasan (1976) *Cohesion in English*. London: Routledge. p24

15

문장을 늘어놓으며 글이 될까?

담화의 세계로

어떤 경험이나 감정을 말을 통해 다른 사람에게 전달하고자 한다면, 시간(말)과 공간(글) 속에 메시지의 조각들을 일렬로 풀어놓아야 한다. 예컨대 지금 이 책을 읽고 있는 공간이 어떤 곳인지 말로 설명해보라. 무엇부터 묘사할 것인가? 오른쪽에 있는 방문부터? 눈앞에 보이는 창문 밖 풍경부터? 아니면 이 책이 놓인 탁자부터? 또는 몸으로 느낄 수 있는 어떤 감각부터? 이처럼 하나의 온전한 정보를 말로 전달하기 위해서는 그것을 무수히 작은 메시지들로 쪼갠 다음 순차적으로 나열해야 한다. 따라서 모든 말과 글은, 다음과 같은 자연조건의 지배를 받는다.

1. 우리는 전달하고자 하는 모든 메시지를 한 순간에 한꺼번에 쏟아낼 수 없다.
2. 우리는 전달하고자 하는 메시지를 짧은 단위로 분절하여 하나씩 순차적으로 제시해야 한다.

여기서 우리는 전체 메시지를 '텍스트' 또는 '담화'라고 부르고 작은 메시지를 구성하는 최소단위(즉 가장 작은 메시지)를 '절clause'이라고 부른다. 텍스트text는 메시지가 모인 형태를 강조하는 말인 반면, 담화discourse는 텍스트에 담긴 화자의 의도까지 포함한 것을 의미한다. 하지만 인간의 발화는 모두 의도가 뒷받침되기 때문에—다시 말해, 아무 목적없이 내뱉는 말은 없기 때문에—텍스트와 담화는 결국 같은 것을 의미한다. 또한 절이란, 하나의 동사(행위나 상태를 진술하는 말)를 중심으로 묶인 의미단위를 말한다. 그런 측면에서 하나의 문장은 여러 개의 절로 이루어질 수 있다.

결론적으로 말해서 텍스트는 절이 일렬로, 순차적으로 이어져 만들어지는 것이다. 여기서 우리는 절의 중요한 구성원리를 유추할 수 있다.

3. 모든 절은 궁극적으로 전체 메시지와 깊이 연관되어 있다. 즉, 말하고자 하는 바와 무관한 절은 텍스트 안에서 발생할 수 없다.
4. 절과 절, 문장과 문장이 놓이는 순서는 절대 우연하지 않다. 즉, B라는 절이 A라는 절 뒤에 온다면, 그러한 선택에는 반드시 이유가 있다. (여기서 이유는 곧 '메시지의 목적' 또는 '저자의 의도' 또는 '기표의 커뮤니케이션 기능'이라 할 수 있다.)

우리는 이와 같은 조건을 충족하기 위하여 언제나 자신이 전달하고자 하는 메시지(절)를 청자(독자)들이 가장 잘 알아들을 수 있도록, 가장 효율적이고 효과적인 방식으로 구성하고 배열한다. 그래야만 전체 메시지를 완성할 수 있기 때문이다.

* * *

1a 양계사업을 하면서 손해를 보고 싶지 않다면 배터리닭장에 닭을 넣기 전에 부리를 반드시 잘라야 한다. 닭은 영역습성이 있어서 서열이 높은 닭이 서열

이 낮은 닭을 쪼아 가까이 다가오지 못하도록 쫓아버리는데, 4-7마리가 함께 살아야 하는 작은 닭장 안에서 서열이 가장 낮은 닭은 쪼여 죽을 수도 있기 때문이다.

1b 배터리닭장에 닭을 넣기 전, 부리를 반드시 잘라야 한다. 닭은 영역습성이 있어서 서열이 높은 닭이 서열이 낮은 닭을 쪼아 가까이 다가오지 못하도록 쫓아버리는데, 4-7마리가 함께 살아야 하는 작은 닭장 안에서 서열이 가장 낮은 닭은 쪼여 죽을 확률이 높다. 이것이 바로 닭의 부리를 잘라야 하는 이유다. 너무 많은 닭이 쪼여서 죽으면 이윤이 떨어지기 때문이다.

위 두 예문들은 같은 명제를 진술한다. 하지만 **1b**는 **1a**에서 맨 처음 밝히는 정보를 맨 끝에서 밝힌다. 이것은 발화자가 의도적으로 선택한 것일까? 당연히 그렇다. 앞에서 설명한 절의 구성원리, 특히 네 번째 원리를 다시 한번 읽어보라.

1b는 명제를 자연스럽게 인지되는 순서대로 진술하지 않고 특정한 명제를 일부러 숨겼다가 뒤에서 발화한다. 이처럼 우리는 발화하는 목적에 따라 또는 청자로부터 특정한 반응을 얻기 위해 발화순서를 전략적으로 선택한다. 우리가 무언가를 선택하는 행위에는 반드시 '의도'가 뒷받침되기 마련이며, 의도가 달라지면 선택된 진술의 '의미'도 달라지기 마련이다. 번역은 대개 형식form을 옮기는 것이 아니라 의미meaning를 옮기는 작업이다. (영어사전을 찾아보면 meaning은 '의미'이기도 하고 '의도'이기도 하다. 의미와 의도는 같다.)

지금까지 원문-번역문 대조분석을 통해 무수히 보여주었듯이 발화순서는 문장 단위에서만 중요한 것이 아니라, 절, 구, 심지어 단어 단위에서도 중요하다. 언어가 달라지면, 활용할 수 있는 어휘목록과 문법체계도 달라지기 때문에 그 순서를 유지하는 것은 어렵다. 하지만 미묘한 순서의 변화만으로도 의미가 달라질 수 있고, 의미전달에 실패할 수도 있기 때문에 의미상 어순을 유지하기 위한 노력을 기울여야 한다.

그런 점에서 번역가는 절의 연결, 그리고 이러한 연결들이 모여 만들어내는 메시지의 그물망(네트워크)을 민감하게 감지할 줄 알아야 한다. 어휘와 문법체계, 특히 어순을 통제하는 문법이 크게 다른 언어를 번역할 때는 세심하게 짜여있던 출발텍스트의 그물망이 번역과정에서 깨지고 손상될 위험이 커진다. 더욱이 텍스트차원의 의미는 기표 아래에 숨어있는 보이지 않는 배경지식, 문화적 전제, 관습적 사고 등을 토대로 생성되기 때문에, 눈에 보이는 어휘적·문법적 등가만을 고려해서 번역할 때 무시되거나 간과되는 경우가 많다.

어떤 글이 텍스트적 의미를 상실했다는 말은 곧, 절의 구성원리가 제대로 작동하지 않는다는 뜻이다. 이런 글은 읽고 나서도 그것이 전달하고자 하는 메시지가 무엇인지 파악하기 어렵다. 엄격하게 말하자면, 절의 구성원리가 작동하지 않는 글은 '텍스트'라고 할 수 없다. 주어와 서술어가 호응하지 못하는 문장을 '비문non-sentence'이라고 하듯이, 절의 연결이 작동하지 않는 임의적인 문장과 단락의 집합은 '비텍스트non-text'라고 한다.

문장차원에서는 어떠한 오역도 찾을 수 없지만, 무언가 어색하고 잘 읽히지 않고 이해되지 않는 번역들을 가끔 볼 수 있는데, 그것들은 대개 텍스트차원의 오역인 경우가 많다. 쉽게 말해 텍스트를 비텍스트로 옮겨놓은 것이다. '텍스트'라는 개념 자체를 알지 못한다면 문제의 원인을 찾기 어려울 것이다.

물론 우리가 어떤 문장들의 집합을 '텍스트'로 받아들이는 이유는 우선 그 글이 시각적으로 하나의 묶음으로 제시되기 때문이다. 예컨대 한 권의 책으로 묶여 있거나 하나의 단락으로 묶여 있는 글을 우리는 텍스트일 것이라 기대한다. 다시 말해 절과 절, 문장과 문장 사이의 결합관계를 쉽게 인식할 수 있을 것이라고 기대하는 것이다. 이러한 기대는 매우 타당한 것인데, 우리가 어떤 메시지를 전달하기 위해 생산하는 말이나 글은 언제나 텍스트가 될 수밖에 없기 때문이다. 이 세상에 텍스트가 아닌 글을 생산하는 사람은 정신병자, 그리고 번역가밖에 없다.

절과 절의 구체적인 결합관계connection는 다음과 같은 모습으로 나타난다.

- 문장에 등장하는 항목들 사이의 관계: 표층결속성cohesion
- 문장들 아래에 깔려 있는 의미의 맥락: 심층결속성coherence
- 정보의 배열순서: 주제구조thematic structure와 정보구조information structure

물론 이러한 개념들을 이 책에서 완벽하게 설명하지는 못한다. 다만 실제 번역결과물을 분석하거나 개선할 때 이런 개념을 어떻게 활용할 수 있는지 방법을 알려주는 수준에서만 이야기할 것이다. 하지만 어떤 일에서나 마찬가지로, 문제를 제대로 규정할 줄 안다면 절반은 이미 해결한 것이다. 나머지 절반은 수많은 글쓰기와 번역을 훈련하고 경험하면서 여러분 스스로 터득해 나갈 수 있을 것이다.

보이지 않는 원리 이해하기

3부 담화차원의 번역문제들은 문장과 문장 사이에 존재하는 보이지 않는 연결고리를 주로 다룬다. 담화차원의 문제들은 대부분 언어적인 기호로 표시되지 않기 때문에 말로 설명하기가 다소 까다롭다. 기존의 번역가이드나 글쓰기 책에서 거의 언급하지 않는 내용이기 때문에 이 논의가 생소하게 느껴지는 독자들도 많을 것이다. 하지만 서론에서 말했듯이 3부의 논의들은 번역하는 법을 제대로 배우기 위해서는 반드시 알아야 하는 텍스트기술의 핵심이라 할 수 있다. 다양한 도표와 그림을 활용하여 최대한 쉽게 설명하기 위해 노력했지만, 설명이 충분하지 못한 부분이 있을 것이다. 그럼에도 **3부**를 좀더 효과적으로 읽는 법을 조언하자면, 예문들을 읽고 나서 잠시 글에서 시선을 떼고 그것이 전달하고자 하는 '의미'를 머릿속에 그려보라는 것이다. 글의 의미와 효과를 독자의 입장에서 새겨보는 이러한 훈련은 실제로 많은 작가나 번역가들이 글을 쓰고 수정하고 다듬는 과정에서 활용하는 심리모형이기도 하다.

번역 실전 노하우!

글쓰기의 윤리

- 모든 어휘는 의도를 반영하여 선택해야 한다. 어떠한 어휘든 표현적인 의미가 있으며, 때로는 편향이 담겨 있다는 사실을 잊지 말아야 한다.
- 글을 쓴다는 것은 곧 끊임없이 선택을 하는 것이다. 내가 알고 있는 무수한 단어들 중에서 하나를 선택하는 것이고, 무수히 가능한 정보의 배열 중에서 하나를 선택하는 것이다. 번역도, 물론 마찬가지다.
- 선택을 할 수 있다는 것은 곧, 개인의 자율성이 작동한다는 뜻이다. 번역가의 선택에 따라 메시지의 전달방식이 미묘하게 달라진다. 어떠한 번역에서든 번역가의 개입에 의한 의미왜곡은 피할 수 없는 현상이다.
- 선택에는, 흔히 말하듯이 책임이 따른다. 이것은 글을 쓸 때도, 번역을 할 때도 진리다. 번역선택의 경우, 원문은 그 선택의 정당성을 판단할 수 있는 기준이 된다. 하지만 그것만이 전부는 아니다. 번역결과물을 도착문화에서 활용하고자 하는 목적(번역물의 기능)도 반드시 고려해야 한다. 저자가 글을 쓴 목적과 번역자가 그 글을 번역하는 목적은 다를 수 있기 때문이다. (에필로그에서 자세히 설명한다.)
- 글을 쓰거나 번역을 하는 사람은 스스로 편향된 가치관을 가지고 있지 않은지 늘 주의 깊게 관조해야 한다. 개인의 가치관은 원문을 해석하는 과정에 상당한 영향을 미칠 뿐만 아니라, 말을 하고 글을 쓰는 과정에서도 자신도 모르게 튀어나오기 마련이다.
- 따라서 좋은 번역결과물을 얻고 싶다면, 좋은 번역가가 되어야 한다.

Chapter 16

“

절의 연결은 결국 ‘인지적인 과정’이다. 따라서 우리가 문장을 만들 때 사용할 문법, 어휘, 억양은 바로 그 앞뒤에 놓이는 문장들을 고려하여 선택해야 한다.

”

Michael Hoey (1983) *On the Surface of Discourse*. London: Unwin Hyman. p19

“

어순에 대한 제약으로 인해 선형배열과 해석상의 배열은 다를 수 있다.

”

Jan Firbas (1986) “On the dynamics of written communication in the light of the theory of functional sentence perspective” in C. R. Cooper & S. Greenbaum (eds.) S*tudying Writing: Linguistic Approaches*, New York: Sage. p47

16

사건의 재구성

해석의 순서와 선형배열

1a 그들에게 잡히는 순간 해부대에 못 박힌 채 천천히 배가 갈라지는 신세가 되고 말 것이다. 당신은 이 과정 내내 의식이 있을 것이다. 그러나 데카르트학파 과학자들은 지극히 단순한 한 가지 이유 때문에 동물의 고통이나 아픔을 막기 위한 조치를 취해야 한다고 생각하지 않았다. 그들은 동물이 고통이나 아픔을 느끼지 못한다고 믿었던 것이다.

1b 그렇지 않으면 실험대에 고정된 채로 배가 천천히 갈라질 수도 있다. 의식이 완전한 상태로 말이다. 데카르트학파의 과학자들은 한 가지 단순한 이유에서 동물의 통증이나 아픔을 덜 수 있는 방법은 없다고 생각했다. 그들은 동물이 통증이나 아픔을 느낀다고 생각하지 않았던 것이다.

이 글들의 문제는 쉽게 눈에 띄지 않을지도 모른다. 하지만 절의 원리와 정보구조를 이해하는 사람이라면 아쉬운 부분이 눈에 띌 것이다. '절과 절, 문장과 문장이 놓이는 순서는 절대 우연하지 않다'는 사실을 다시 머리에 새기고 위 글에서 나열된 절의 명제가 무엇인지 살펴보자.

	1a	1b
	그들에게 잡히는 순간	그렇지 않으면
A	…배가 갈라지는 신세가 되고 말 것이다.	…배가 천천히 갈라질 수도 있다.
B	…이 과정 내내 의식이 있을 것이다.	의식이 완전한 상태로 말이다.
C	데카르트학파 과학자들은 지극히 단순한 한 가지 이유 때문에	데카르트학파의 과학자들은 한 가지 단순한 이유에서
D	…조치를 취해야 한다고 생각하지 않았다.	…방법은 없다고 생각했다.
E	그들은 동물이 고통이나 아픔을 느끼지 못한다고 믿었던 것이다.	그들은 동물이 통증이나 아픔을 느낀다고 생각하지 않았던 것이다.

B를 A 다음에 놓은 것은 독자에게 약간의 놀라움을 선사하기 위한 저자의 선택이라는 것을 알 수 있다. 해부되어 '죽는' 상황을 이야기한 다음 곧이어 해부되는 상황에서 '죽어있지' 않다는 다소 놀라운 사실을 명시적으로 언급한다. B에 담긴 정보까지 습득한 독자는 무엇을 궁금해 할까? '해부되는 동안에도 의식은 왜 살아있는가?' 하는 질문을 할 것이다. 하지만 이 질문에 대한 대답은 C이 아닌 D에 등장한다. 데카르트학파 과학자들이 진통제나 마취제 같은 것을 전혀 사용하지 않았기 때문이다. C는 D(데카르트학파 과학자들이 동물을 산채로 해부한 것)에는 이유가 있다는 것을 이야기하는데, 그 구체적인 이유는 E에서 제시한다. 결국 우리는 이 글을 읽고 습득한 정보를 다음과 같은 순서로 재편집한 다음에야 메시지를 비로소 이해할 수 있다.

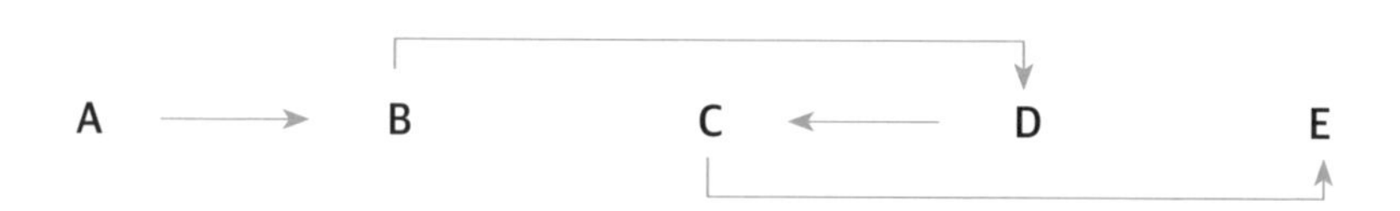

이처럼 텍스트가 정보를 제시하는 순서와 제시된 정보를 우리가 인지하는 순서 사이에 괴리가 발생할 때, 텍스트는 이해하기 어려워진다.

모국어를 이용해 말을 할 때는 정보흐름을 굳이 신경 쓰지 않아도 최적의 정보구조가 자연스럽게 형성되어 나온다. 내가 무엇을 이야기하고자 하는지, 어떤 감정을 전달하고자 하는지 명확하게 인식하고 있기 때문에 정보구조를 의식적으로 계획하지 않아도—거의 무의식 수준에서 구상이 끝난다—가장 적절한 정보를 순차적으로 제시할 수 있기 때문이다. 그렇다면 원문의 저자는 어떻게 글을 썼을까? 자, 기대하시라.

❶ If not, then you could expect to find yourself nailed to a vivisection board, being slowly cut open. You would be conscious throughout. The Cartesian scientists did not believe in taking any steps to prevent your suffering or pain for one very simple reason: they did not believe you were capable of suffering or of feeling pain.

절의 진행순서가 논증의 순서와 정확하게 일치한다는 것을 알 수 있다. 하지만 절의 순서와 정보구조에 대한 이해 없이 학교에서 배운 문법적 지식에만 의존하여 번역을 할 경우, 이러한 정보의 흐름은 간단하게 무시되고 만다. 이해하기 어렵고 혼란스러운 텍스트만 쏟아낼 확률이 높다.

✔ 1c 이들에게 잡히는 순간, 해부대 위에서 산채로 못 박혀 배가 갈라지고 창자가 밖으로 꺼내지는 신세를 면치 못했을 것이다. 의식은 여전히 살아있어 이 모든 과정을 인식할 것이다. 하지만 데카르트학파 과학자들은 동물에게 고통이나 신체적 아픔을 덜어주고자 하는 어떠한 조치도 취할 생각을 하지 않았다. 여기에는 지극히 단순한 이유가 하나 있었다. 그들은 동물이 고통이나 아픔을 느끼지 못한다고 믿었기 때문이다.

앞선 번역과 비교해 보라. 절의 위치 하나를 바꿈으로써 메시지가 얼마나 명료해지는지, 출발텍스트의 의도에 얼마나 가까워지는지 알 수 있을 것이다.

	❶	1a	1c
	If not,	그들에게 잡히는 순간	이들에게 잡히는 순간,
A	then you could expect to find yourself nailed to a vivisection board, being slowly cut open.	해부대에 못 박힌 채 천천히 배가 갈라지는 신세가 되고 말 것이다.	해부대 위에서 산채로 못 박혀 배가 갈라지고 창자가 밖으로 꺼내지는 신세를 면치 못했을 것이다.
B	You would be conscious throughout.	당신은 이 과정 내내 의식이 있을 것이다.	의식은 여전히 살아있어 이 모든 과정을 인식할 것이다.
C	The Cartesian scientists did not believe in taking any steps to prevent your suffering or pain		하지만 데카르트학파 과학자들은 동물에게 고통이나 신체적 아픔을 덜어주고자 하는 어떠한 조치도 취할 생각을 하지 않았다.
D	for one very simple reason:	그러나 데카르트학파 과학자들은 지극히 단순한 한 가지 이유 때문에	여기에는 지극히 단순한 이유가 하나 있었다.
	C	동물의 고통이나 아픔을 막기 위한 조치를 취해야 한다고 생각하지 않았다.	
E	they did not believe you were capable of suffering or of feeling pain.	그들은 동물이 고통이나 아픔을 느끼지 못한다고 믿었던 것이다.	그들은 동물이 고통이나 아픔을 느끼지 못한다고 믿었기 때문이다.

❀ ❀ ❀

2a 지미 웨일즈는 역사상 가장 위대한 백과사전을 무너뜨린 위키피디아라는 작은 팀을 이끌었다.

위 문장 역시 절의 순서가 이상한 것을 알 수 있다. 사건의 발생순서를 추정한다면 먼저 팀을 조직해A 위키피디아를 만들고B 백과사전(여기서는 《브리태니커》를 지칭한다)을 무너뜨려야C 할 것이다. 물론 **A**와 **B**의 발생시점은 비슷하거나 뒤바뀔 수도 있겠지만, **C**보다 먼저 일어난 것이 명백할 것이다. 원문을 보자.

❷ Jimmy Wales led the tiny team at Wikipedia that destroyed the greatest reference book of all time.

원문을 보면 **A→B→C** 순서로 진술되어 있는 것을 알 수 있다. 한국어도 당연히 이 순서대로 절을 연결하는 것이 자연스럽다.

✔ 2b 지미 웨일즈는 몇몇 사람들과 함께 위키피디아를 만들었고 마침내 역사상 가장 위대한 백과사전을 무너뜨렸다.

	❷	2a	2b
	Jimmy Wales	지미 웨일즈는	지미 웨일즈는
A	led the tiny team		몇몇 사람들과 함께
B	at Wikipedia		위키피디아를 만들었고
C	that destroyed the greatest reference book of all time.	역사상 가장 위대한 백과사전을 무너뜨린	마침내 역사상 가장 위대한 백과사전을 무너뜨렸다.
	B	위키피디아라는	
	A	작은 팀을 이끌었다.	

❀ ❀ ❀

3a 세계에서 가장 넓은 생태역사 보호구역인 아마존의 관리인으로서 브라질 사람들은 아마존이 간직한 다양한 광물 자원, 수자원, 토착 동식물 자원을 보호하는 일에 대부분 동의한다. 그러나 그들은 훼손된 아마존보다 훨씬 많은 삼림지역을 제 손으로 파괴한 미국이나 유럽에게 훈계를 바라지 않는다.

이 번역은 문장차원에서는 잘못된 것이 없다. 하지만 글을 읽고 난 뒤에도 무언가 해소되지 않은 발화의 찌꺼기들이 남아있는 느낌이 든다. 이런 글은 계속 읽어나가도록 추동하는 힘이 없다. 비유하자면, 어떤 사람이 아무 목적도 감정도 없이 자신이 알고 있는 사실을 청중 앞에서 늘어놓은 말 같다. 그런 이야기를 듣는 것은 얼마나 지루하고 괴롭겠는가? 아무런 목적없이 이야기하는 사람은 세상에 존재하지 않는다. 가까운 친구와 싱거운 잡담을 할 때도 우리는 목적과 의도에 맞게 이야기한다. 출발텍스트를 보자.

❸ As the curators of the world's largest natural history preserve, Brazilians are by and large in favor of conserving the diversity of minerals, water, flora, and fauna in the Amazon. But they don't want to be preached at by the United States or Europe—who themselves destroyed much greater forest areas than have yet been destroyed in the Amazon.

예상한 대로 절을 잘못 연결했다는 것을 알 수 있다.

말은 앞에서 뒤로 흐른다. 저자는 어떤 정보를 먼저 제공하고 어떤 정보를 나중에 제공할 것인지 선택한다. 독자는 기존에 제시된 정보를 바탕으로 새로운 정보를 해석하고 이로써 더 큰 이해를 만들어낸다. 말을 잘 하는 사람, 글을 잘 쓰는 사람은 이 흐름을 효율적으로 조율하고 통제함으로써 청자, 독자의 호기심을 자극하고 감흥을 이끌어낸다.

3a는 이러한 '정보의 흐름'이라는 중요한 커뮤니케이션 메커니즘을 무시하고 단순히 문법적 지식에 의존하여 뒤에 있는 종속절을 한국어 어순에 맞춰 앞으로 끌어내 번역하는 바람에 드라마틱한 정보구조를 뭉개버렸다. 이러한 텍스트차원의 오역이 하나 둘 쌓이면 아무리 좋은 책이라도 독서는 괴로운 작업이 되고 제대로 이해하기도 어려워진다.

✔ 3b 세계에서 가장 넓은 생태역사 보호구역인 아마존의 관리인으로서 브라질 사

람들은 아마존의 다양한 광물자원, 수자원, 동식물 자원을 보존하는 일에 대부분 동의한다. 하지만 미국이나 유럽의 훈계는 듣고 싶어하지 않는다. 그들은 지금까지 훼손된 아마존보다 훨씬 많은 삼림지역을 파괴한 장본인들이기 때문이다.

✔ 3c 세계에서 가장 큰 자연사의 보고를 관리하는 책임을 맡고 있는 브라질 사람들은, 아마존지역의 수려한 풍광, 생태, 환경을 지키는 데 대체로 호의적인 편이다. 하지만 미국이나 유럽의 훈수는 받고 싶어 하지 않는다. 백인들이 지금까지 파괴해온 숲과 자연에 비하면 브라질사람들이 아마존을 파괴한 것은 지극히 미미할 뿐이라고 그들은 항변한다.

	③	3a	3b
	As the curators of the world's largest natural history preserve,	세계에서 가장 넓은 생태역사 보호구역인 아마존의 관리인으로서	세계에서 가장 넓은 생태역사 보호구역인 아마존의 관리인으로서
A	Brazilians are by and large in favor of conserving the diversity of minerals, water, flora, and fauna in the Amazon.	브라질 사람들은 아마존이 간직한 다양한 광물 자원, 수자원, 토착 동식물 자원을 보호하는 일에 대부분 동의한다.	브라질 사람들은 아마존의 다양한 광물자원, 수자원, 동식물 자원을 보존하는 일에 대부분 동의한다.
	But they	그러나 그들은	하지만
B	don't want to be preached at by the United States or Europe		미국이나 유럽의 훈계는 듣고 싶어하지 않는다.
C	—who themselves destroyed much greater forest areas than have yet been destroyed in the Amazon.	훼손된 아마존보다 훨씬 많은 삼림지역을 제 손으로 파괴한	그들은 지금까지 훼손된 아마존보다 훨씬 많은 삼림지역을 파괴한 장본인들이기 때문이다.
	B	미국이나 유럽에게 훈계를 바라지 않는다.	

* * *

4a 나는 둑으로 올라가 어떤 여자가 창문을 열 때까지 그 집 앞에서 박수를 쳤다. 나는 그녀에게 여기가 산타루치아인지 물었다.

화자가 낯선 집에 가서 길을 묻는 장면이다. 그런데 신기한 것은, 화자는 '어떤 여자가 창문을 여는' 행동을 할 것을 미리 알고 집 앞에 찾아간다. 예컨대 '남자'가 창문을 열거나 또는 여자가 창문이 아닌 '문'을 열고 나온다면 박수를 그치지 않고 계속 치겠다고 작정했다는 말일까? 아무리 봐도 정상적인 사고과정에서 나온 진술이 아니다. 무엇을 번역한 것일까?

❹ I went up the bank and clapped in front of the house until a woman came to the window opening. I asked her if this was Santa Luzia.

until로 시작하는 절을 앞으로 끄집어내 번역한 것이다. 영어시험에서 해석문제를 풀 때는 당연히 until 절을 문장 앞으로 끄집어내 번역해야 할 것이다. 그렇지 않으면 이것을 한 문장으로 번역할 수 없기 때문이다. 하지만 그것은 영어문법을 이해하고 있는지 확인하기 위한 시험에 불과하다. 시간을 거슬러 앞으로 일어날 사건을 미리 알고 말할 수 있는 사람은 세상에 존재하지 않는다.

4b 나는 둑을 올라가 집 앞에 가서 손뼉을 쳤다. 한 여자가 창문을 열고 내다보았고, 나는 이곳이 산타루치아냐고 물었다.

❀ ❀ ❀

5a 《일리아드》와 《오디세이》는 그가 평생을 두고 보았던 작품이었고, 이튼스쿨 재학 시절부터 그의 문학적 도피처이기도 했다.

이 문장 역시 절의 순서가 어색한 느낌을 준다. 아무래도 '평생'보다는 '학창시절'을 먼저 말하는 것이 자연스럽게 느껴진다. 원문은 어떻게 진술하고 있는지 보자.

❺ The *Iliad* and *Odyssey* have been his lifelong companions and his literary refuge ever since his Eton schooldays.

언뜻 보기에는 원문도 **5a**와 같은 방식으로 진술하고 있는 것 같아 보이지만, 이것은 병렬구조를 잘못 파악한 것이다.

The *Iliad* and *Odyssey* have been	{ his lifelong companions *and* his literary refuge }	ever since his Eton schooldays.

물론 문법적으로만 보면 ever since—가 his literary refuge만 수식할 수도 있지만 **5a**처럼 번역해보면 왠지 모르게 부자연스럽다는 것을 알 수 있다. 우리의 직관은 많은 것을 알려준다. 다만 그것을 명시적으로 인지하지 못하고 말로 설명하지 못할 때가 많을 뿐이다.

✔ 5b 이튼스쿨을 다니던 시절부터 《일리아드》와 《오디세이》는 그의 평생 동반자이자 문학적 도피처가 되었다.

❈ ❈ ❈

체코의 언어학자 얀 피르바스Jan Firbas는 영어의 정보배열은 어순의 제약으로 인해 자연스러운 인지적 배열과 다르게 나타날 때가 많다고 주장한다.

예컨대 알렉스라는 사람이 빌이라는 사람을 망치로 때리는 장면을 목격했다면, 우리는 이 장면에서 무엇부터 인식할까? 실재하는 사람과 사물을 먼저 인지하고, 시간의 흐름 속에서 나타나는 동작을 마지막으로 인지할 것이다. 이것이 바로 우리가 사건(명제)을 인지하는 자연스러운 순서다. 그런데 이것을 말로 표현할 때, 순서를 편집해야 하는 상황이 발생할 수 있다.

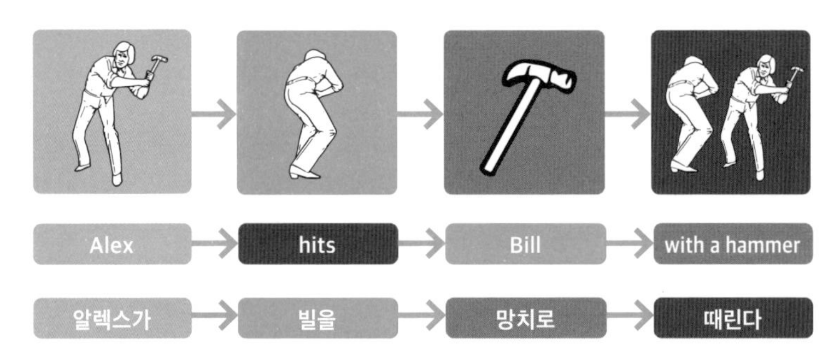

여기서 영어의 문법적 어순은 인지적 순서를 뒤집어서 행위(hit)를 먼저 발화할 것을 요구한다는 것을 알 수 있다. 이에 비해 한국어는 자연스러운 인지적 순서를 그대로 따라 발화한다. 말하자면, 한국어의 어순이 영어 어순보다 인간의 인지과정을 훨씬 자연스럽게 반영한다는 뜻이다. 실제로 인류가 사용하는 언어 중 70퍼센트 이상이 한국어와 같은 S+O+V 어순을 채택한다는 사실은 이 어순이 훨씬 자연스럽다는 것을 뒷받침한다.

이런 맥락을 고려한다면, 앞 예문에서 ever since—가 문장 맨 끝에 온 것은, 반드시 S+V로 문장을 시작해야 한다는 문법적 어순의 요구에 따른 결과라고 보는 것이 타당할 것이다. 이렇게 진술된 문장을 해석하여 우리 머릿속에 구축해낸 인지적 순서를 그대로 복원해낸 번역이 바로 **5b**다.

Chapter 17

“

문장은 자율적이지 않다. 문장은 그 자체만을 위해 존재하는 것이 아니라 상황의 일부로서, 텍스트의 일부로서 존재한다. 문장을 주변환경과 긴밀하게 이어주고 정보가 텍스트 안에서 원하는 방향으로 흘러가도록 만들어주는 메커니즘을 연구하는 학문이 바로 정보역학information dynamics이다... 제대로 된 번역 텍스트를 구성하려면 인지적인 의미와 기본적인 통사구조만 알아서는 안 된다. 정보역학에 대해서도 알아야 한다. 물론 번역가가 깊이 있는 언어학이론까지 알 필요는 없다. 주제와 평언, 유표적·무표적 요소를 일일이 분석하는 기술까지 습득할 필요는 없다. 다른 요소들과 마찬가지로 여기서도 번역가는 여전히 직관과 언어감각Sprachgefühl에 의존하여 작업을 해야 한다. 하지만 문제가 무엇인지 인식하도록 도움을 주는 이론이 존재한다면—비록 정답을 알려주지 못한다고 해도—번역가는 마땅히 그러한 이론의 도움을 받아야 할 것이다. ”

N. E. Enkvist (1978) “Contrastive Text Linguistics and Translation” in L. Grahs, G. Korlen, & B. Malmberg (eds.) *Theory and Practice of Translation.* Berne: Peter Lang. p178

17

문장을 붙일 것인가, 자를 것인가?

근접성의 원리

원문의 긴 문장을 잘라서 번역해야 하는가? 아니면 원문의 문장길이를 유지해야 하는가? 초보번역가들이 자주 던지는 질문이다. 숙련된 번역가들도 이런 질문에 속 시원하게 대답하지 못한다. 실제 번역과정에서 적절한 선택을 할 줄 안다고 하더라도 그것을 말로 설명하기는 어렵다. 이 장에서 그 해답의 실마리를 찾아보자.

1a 아마존 보호를 둘러싼 브라질 내부분쟁은 언론보도를 통해 여러 차례 알려지기도 했다. 환경운동가 쉬코 멘데스 사건이 대표적이다. 멘데스는 고무나무 수액을 채취하는 노동자들을 모아 조합을 설립하고 상업적 가치를 지닌 아마존의 자원을 친환경적인 방법으로 이용하자는 운동을 벌였다. 그러나 고용주들과 불화가 심해져 결국 살해당했다. 하지만 이러한 사례는 자칫 오해의 소지가 될 수 있다.

여기에는 네 문장이 나열되어 있다. 여기서 다소 어색하게 느껴지는 문장이 있는가? 처음에는 느끼지 못할 수도 있지만, 각각의 문장들이 재현하는 명제와 논리적 전개단위를 고려해서 다시 읽어보라.

우선 이 글에서 전달하고자 하는 메시지를 분석해보면 다음과 같은 순서로 전개되고 있다는 것을 알 수 있다.

	문장	화제
1	아마존 보호를 둘러싼 브라질 내부분쟁은…	화제 소개
2	환경운동가 쉬코 멘데스 사건이…	대표적인 사례
3	멘데스는 고무나무 수액을 채취하는… 그러나 고용주들과 불화가 심해져…	멘데스 사건의 개요
4	하지만 이런 사례는…	해석의 범위 한정

여기서 3단계가 두 문장으로 진술되고 있다는 것을 알 수 있다. 물론 3단계를 구성하는 첫 번째 문장은 5개가 넘는 절이 연결되어 있어 이 문단에서 가장 긴 문장이다. 그래서 번역자는 두 문장으로 나누었을 것이다. 하지만 저자가 전달하고자 하는 메시지 단위에서 본다면, 이 두 문장은 하나로 묶어주는 것이 좋다. 출발텍스트를 보자.

❶ Local conflicts concerning preservation of the Amazon among Brazilians are well-known and generally draw significant press coverage. One well-known case is that of Chico Mendes. Mendes was murdered for organizing rubber tappers to use the Amazon's commercial resources in an ecologically friendly way that was ultimately at odds with their employers' view of how they should work. But such stories can be misleading.

원문은 메시지의 전개단위마다 한 문장으로 구성되어 있다는 것을 알 수 있다. 명제적 측면에서 또는 논리적인 측면에서 '근접성의 원리'가 작동한 결과라 할 수 있다.

'근접성의 원리principle of proximity'란, 개념적으로 긴밀한 절은 하나의 문장으로 붙이고 개념적으로 다른 절은 별도의 문장으로 분리하라는 것이다. 사람들이 세상의 경험을 인지하는 방식에 부합하도록 절을 연결하거나 자르라는 뜻이다. 길면 자르고 짧으면 붙이는 것이 아니다. 이러한 절 연결의 원리는 영어든 한국어든 아마존의 원주민 언어든 인간이 사용하는 언어에는 예외없이 작동한다.

✔ 1b 아마존 보존문제를 두고 브라질 내부에서도 갈등이 있다. 이러한 갈등은 언론에서도 상당한 관심을 보이며 주요뉴스로 다룬다. 한 예로 쉬코 멘데스 살해사건을 들 수 있다. 쉬코 멘데스는 고무수액을 채취하여 살아가는 사람들의 권익을 보존하고 상업적 가치를 지닌 아마존의 자원을 친환경적인 방법으로 활용하자는 운동을 하다가 고용주들의 눈 밖에 나 살해당했다. 하지만 이러한 사건들은 극히 예외적인 것일 뿐이다.

실제로 **1a**보다 **1b**가 훨씬 잘 읽힌다는 느낌을 받을 수 있을 것이다. 네 번째 문장은 무려 80자에 달함에도 아무 막힘없이 술술 읽힌다는 것을 알 수 있다. 문장이 길어지면 읽기도 어려울 것이라고 생각하지만 전혀 그렇지 않다. 자세히 분석해보자.

	❶	1a	1b
A	Local conflicts concerning preservation of the Amazon among Brazilians	아마존 보호를 둘러싼 브라질 내부분쟁은	아마존 보존문제를 두고 브라질 내부에서도 갈등이 있다.
B	are well-known and		
		insert	이러한 갈등은
C	generally draw significant press coverage.	언론보도를 통해	언론에서도 상당한 관심을 보이며 주요뉴스로 다룬다.
	B	여러 차례 알려지기도 했다.	
D	One well-known case is that of Chico Mendes.	환경운동가 쉬코 멘데스 사건이 대표적이다.	한 예로 쉬코 멘데스 살해사건을 들 수 있다.
E	Mendes	멘데스는	쉬코 멘데스는
F	was murdered		
G	for organizing		
H	rubber tappers	고무나무 수액을 채취하는 노동자들을	고무수액을 채취하여 살아가는 사람들의
	G	모아 조합을 설립하고	권익을 보존하고
I	to use		
J	the Amazon's commercial resources in an ecologically friendly way	상업적 가치를 지닌 아마존의 자원을 친환경적인 방법으로	상업적 가치를 지닌 아마존의 자원을 친환경적인 방법으로
	I	이용하자는	활용하자는
	G	운동을 벌였다.	운동을 하다가
K	that was ultimately at odds with their employers' view of how they should work.	그러나 고용주들과 불화가 심해져	고용주들의 눈 밖에 나
	F	결국 살해당했다.	살해당했다.
L	But such stories can be misleading.	하지만 이러한 사례는 자칫 오해의 소지가 될 수 있다.	하지만 이러한 사건들은 극히 예외적인 것일 뿐이다.

여기서 눈에 띄는 또다른 부분은 **1b**에서 첫 문장을 두 문장으로 나눠 번역한 것이다. '브라질 내에 아마존보존을 둘러싼 갈등이 존재한다'는 사실

이 한국의 독자들에게는 생소할 것이라고 여겨져 이 정보를 문장의 뒷부분(신정보)에 놓고(정보구조에 대해선 뒤에서 설명한다) **B**를 생략했다. 이렇게 정보 배치를 바꾸니 새로운 절이 하나 생겨났고, 이것을 별도의 문장으로 자른 것이다. 물론 이것은 일반적인 독자들의 지식수준을 어떻게 예측하느냐에 따라 다르게 판단할 수 있을 것이다.

이처럼 문장을 자를 것인가, 붙일 것인가 판단하는 작업은 문장의 길이만으로 판단하는 것이 아니다.

❀ ❀ ❀

2a 1억 9,000만 명에 이르는 인구는 다양한 인종으로 이루어져있다. 포르투갈, 독일, 이탈리아 및 유럽국가와 아시아에서 온 사람들이 많으며, 그 중에서도 일본인은 일본영토 밖에서는 브라질에 가장 많이 살고 있다.

2a는 뭔가 산만하다는 느낌이 든다. 자세히 읽어보면 두 번째 문장이 두 가지 화제—인종의 구성과 일본인—에 대해 진술한다는 것을 알 수 있다. 화제가 달라지면 문장을 분리해서 진술하는 것이 좋다. 원문은 어떻게 진술할까?

❷ Its population of nearly 190 million people is diverse, containing large groups of Portuguese, Germans, Italians, other Europeans and Asians, including the largest population of Japanese outside of Japan.

원문은 절 세 개가 연결되어 있는 하나의 문장으로 되어있다. 세 개의 메시지를 하나의 문장으로 엮어놓아도 순차적으로 이해하는 데 별다른 어려움이 없다고 판단한 것이다. 이 문장을 그대로 한 문장으로 번역할 것인지 자를 것인지는, 두 가지 요인을 고려해 결정해야 한다.

- 도착언어의 문법적 요구를 지키면서 절의 순서를 재현할 수 있는가?
- 도착언어의 독자의 배경지식과 세상을 이해하는 방식을 고려할 때 이들 절이 비슷한 주제를 진술하고 있는가? (출발언어 독자들의 관념과 다를 수 있다!)

나는 다음과 같이 번역했다.

✔ 2b 인구는 1억 9,000만 명 정도이고 매우 다양한 민족으로 구성되어 있다. 물론 포르투갈에서 온 사람들이 가장 많지만 독일, 이탈리아, 그 밖의 유럽에서 온 사람들과 아시아에서 온 사람들도 많다. 특히 일본의 해외거주민들이 가장 많이 모여 사는 곳이 바로 브라질이다.

각각의 절을 문장으로 분리했다. **2a**와 비교하여 의미—발화의 의도—가 훨씬 뚜렷하게 인지된다는 것을 알 수 있다.

	❷	2a	2b
A	Its population		인구는
B	of nearly 190 million people	1억 9,000만 명에 이르는	1억 9,000만 명 정도이고
	A	인구는	
C	is diverse,	다양한 인종으로 이루어져있다.	매우 다양한 민족으로 구성되어 있다.
D	containing		
E	large groups of Portuguese,	포르투갈,	물론 포르투갈에서 온 사람들이 가장
		D	많지만
F	Germans, Italians, other Europeans and Asians,	독일, 이탈리아 및 유럽국가와 아시아에서 온 사람들이	독일, 이탈리아, 그 밖의 유럽에서 온 사람들과 아시아에서 온 사람들도
	D	많으며,	많다.

G	including	그중에서도	특히
H	the largest population		
I	of Japanese outside of Japan.	일본인은 일본 영토 밖에서는	일본의 해외 거주민들이
			H 가장 많이 모여 사는 곳이
	insert	브라질에	바로 브라질이다.
	H	가장 많이 살고 있다.	

이처럼 어떤 절을 한 문장으로 붙일 것인지 별도의 문장으로 분리할 것인지는 절과 절 사이의 명제적 논리적 관계를 따져서 판단해야 한다. 이는 매우 사소한 선택처럼 보이지만, 실제 독서경험에서는 명료한 이해와 모호한 막연함이라는 결과로 나타난다. 이는 실로 엄청난 차이라 할 수 있다.

❀ ❀ ❀

절은 의미의 최소단위이자 메시지의 최소단위다. 우리는 복잡한 메시지를 쉽게 전달하기 위해서 또 오래 기억하기 위해서 가장 익숙하면서 단순한 의미단위로 사건을 잘게 쪼개어 전달한다(이것이 14장에서 설명한 '청킹'이다). 말을 하든 글을 쓰든, 우리는 의미를 어떻게 잘라서 묶어야 '상대방'이 쉽게 알아들을지 늘 고민한다. 다시 말해 의미를 분할하는 기준은 '독자'에게 있다. '글자 수' 같은 것은 고려대상이 아니다.

좀더 정확하게 말하면, 의미·메시지의 최소단위를 정하는 기준은 '독자의 지식'이다. '독자가 세상을 인지하는 방식'을 고민하고 그 예측에 맞게 정보를 잘라야 한다. 내가 무엇에 관해 이야기하는지 독자들은 알아들을까? 독자들은 브라질 인구가 얼마인지 알까? 브라질의 인종구성에 대해 알까? 무엇을 모르고 무엇을 알까?

비유하자면, 독자가 한입에 하나씩 섭취할 수 있도록 정보를 제시하라는 것이다. 그렇지 않으면 독자는 내가 원하는 대로 따라오지 않을 것이다.

❀ ❀ ❀

다음 예문은 한 섹션의 끝을 장식하는 문장이다.

❸ Instead, you are debeaked, and the light around you artificially controlled. In many systems, this means that the light is reduced to as little as two lux (candlelight is approximately ten lux). Thus, since reduced lighting has been shown to reduce aggression, you are likely to live out your last few weeks in near darkness.

3a 대신 부리를 또 한 번 자르고 조명을 인위적으로 조절한다. 조명은 대개 2럭스까지 낮춘다. (촛불이 대략 10럭스다.) 어둠 때문에 공격성이 사라진 당신은 마지막 남은 몇 주일을 거의 암흑 속에서 보낼 것이다.

이 예문에서 절과 절의 연관성을 분석해보자.

	3a	커뮤니케이션 기능
C	조명을 인위적으로 조절한다.	
E	조명은 대개 2럭스까지 낮춘다.	C에 대한 구체적 진술
F	(촛불이 대략 10럭스다.)	E를 쉽게 이해할 수 있도록 부연
H	어둠 때문에 공격성이 사라진다.	E의 가까운 결과
K	마지막을 암흑 속에서 보낼 것이다.	E의 먼 결과

하지만 나는 이 문장을 번역하면서 마지막 문장으로써 무언가 '임팩트'가 부족하다는 느낌이 들었다. 잠시 고민을 한 끝에 **H**를 **E**의 이유로 제시하면 훨씬 문장이 나아지는 느낌을 받았다. 사실 양계업에서 인위적으로 조명을 낮추라고 하는 것은 그것이 어떤 결과를 가져오는지 알고 하는 의도적 행위다. 다시 말해, 조명을 낮추고 보니 공격성이 떨어진 것이 아니라 공격성을 떨어뜨리기 위해 조명을 낮추는 것이다. 이렇게 해석하면 **H**와 **K**의 성격은 달라지고, 따라서 별도의 문장으로 분리해야 한다. 또한 이렇게 하면 **K**를 단독문장으로 만들어 비극적인 결말을 훨씬 강조하는 효과가 발생한다.

✔ 3b 대신, 부리를 다시 자르고 조명을 인위적으로 조절한다. 많은 양계기법에서 이때 조명의 밝기를 2럭스 정도로 어둡게 하라고 말한다. (참고로 촛불의 밝기는 10럭스다.) 어둡게 하면 공격성이 감소하는 효과가 있기 때문이다. 이제 당신은 암흑과 가까운 곳에서 마지막 몇 주를 보낸 뒤 생을 마감할 것이다.

3b에는 절과 절을 어떻게 연결해서 해석해야 하는지 알려주는 '이정표'가 많이 삽입된 것을 볼 수 있다. **3a**와 **3b**를 비교해보자. (이정표 역할을 하는 접속사와 부사를 표시했다.)

	③	3a	3b
A	Instead,	대신	대신,
B	you are debeaked, and	부리를 또 한 번 자르고	부리를 다시 자르고
C	the light around you artificially controlled.	조명을 인위적으로 조절한다.	조명을 인위적으로 조절한다.
D	In many systems, this means that		많은 양계기법에서 이때
E	the light is reduced to as little as two lux	조명은 대개 2럭스까지 낮춘다.	조명의 밝기를 2럭스 정도로 어둡게 하라고 말한다.

F	(candlelight is approximately ten lux).	(촛불이 대략 10럭스다.)		(참고로 촛불의 밝기는 10럭스다.)
G	Thus,			
H	since reduced lighting has been shown to reduce aggression,	어둠 때문에 공격성이 사라진		어둡게 하면 공격성이 감소하는 효과가 있기 때문이다.
			G	이제
I	you	당신은		당신은
J	are likely to live out your last few weeks	마지막 남은 몇 주일을		
K	in near darkness.	거의 암흑 속에서 보낼 것이다.		암흑과 가까운 곳에서
			J	마지막 몇 주를 보낸 뒤 생을 마감할 것이다.

진술 사이의 논리적 관계가 복잡하여 독자들이 자칫 길을 잃을 우려가 있을 때 독자들이 다른 길로 빠지지 않도록 안내해주는 이정표들을 메타디스코스metadiscourse라고 한다. 전달하고자 하는 내용(메시지의 알맹이discourse)을 독자들이 제대로 이해할 수 있도록 내용 바깥에서 도와준다.

또한 **E**에 '어둡게'라는 말을 추가함으로써 **H**의 '어둡게 하면'과 더욱 긴밀하게 연결지어 이해할 수 있도록 만들어주었다(이것을 '표층결속장치'라고 한다). 명제적 인과관계나 논리적 상관관계가 복잡할 때는 이처럼 메타디스코스와 표층결속장치를 활용하여 독자들이 문장의 흐름에서 빠져나가지 못하도록 잡아주어야 한다.

마지막으로 정리하자면, 절과 절을 배치할 때는 각각의 절들이 어떤 명제적 사건을 진술하는지 곰곰이 따져야 한다. 그러한 명제들이 긴밀히 연관된 것인지 거리가 먼 것인지 판단하여 한 문장으로 옮길지 별도 문장으로 나눌지 결정해야 한다. 또한 절 사이의 관계를 독자들이 명확하게 인지할 수 있도록 치밀하고 정교하게 연결해주는 것을 잊어서는 안 된다.

Chapter 18

“

절의 연결은 결국 ‘인지적인 과정’이다. 따라서 우리가 문장을 만들 때 사용할 문법, 어휘, 억양은 바로 그 앞뒤에 놓이는 문장들을 고려하여 선택해야 한다.

”

Michael Hoey (1983) *On the Surface of Discourse*. London: Unwin Hyman. p19

18

말의 속도 vs 생각의 속도

정보 유예하기

앞에서 절을 연결할 때 근접성의 원리가 작동한다고 설명했다. 이 원리는 거꾸로도 활용된다. 다음 문장을 보자.

❶ If you were an animal in the seventeenth or eighteenth centuries, then one of the things you should have made a point of avoiding would be Cartesian scientists. If not, then you could expect to find yourself nailed to a vivisection board, being slowly cut open.

if로 시작하는 종속절과 주절이 연결된 두 문장인데, 여기서 주절은 모두 then이라는 접속사로 시작한다. then은 여기서 어떤 역할을 할까? 의미상 필요없는 요소를 저자는 왜 삽입한 것일까?

이것은 앞의 if 절과 주절을 너무 붙여 읽지 말라는 표시다. 다시 말해 then은 근접성의 원리가 작동하지 못하도록 가로막는 '장벽wall' 역할을 한다. 그래서 다음과 같은 번역은 절 연결의 의도를 무시한 것이다.

1a 17세기 또는 18세기에 동물이라면 피해야 할 사람들은 바로 데카르트 학파 과학자들이었다. 그들에게 잘못 걸리면 생체해부대에 산 채로 못 박혀 천천히 배가 갈릴 수도 있다.

then의 장벽효과를 살린다면 다음과 같이 번역할 수 있을 것이다.

✔ 1b 만약 당신이 17세기나 18세기에 살았던 동물이라면, 반드시 피해 다녀야 했을 것 중 하나는 바로 데카르트학파 과학자들이다. 이들에게 잡히는 순간, 당신은 해부대 위에서 산 채로 못 박혀 배가 갈라지는 신세를 면치 못했을 것이다.

1a와 **1b**를 비교해서 읽어보면 미묘한 차이가 느껴질 것이다. then의 장벽을 높이기 위해 어떤 요소들이 삽입되었는지 표시했다.

	①	1a	1b
A	If you were an animal in the seventeenth or eighteenth centuries,	17세기 또는 18세기에 동물이라면	만약 당신이 17세기나 18세기에 살았던 동물이라면,
B	then one of the things you should have made a point of avoiding	피해야 할 사람들은 바로	반드시 피해 다녀야 했을 것 중 하나는 바로
C	would be Cartesian scientists.	데카르트 학파 과학자들이었다.	데카르트학파 과학자들이다.
D	If not,	그들에게 잘못 걸리면	이들에게 잡히는 순간,
E	then you could expect		당신은

F	to find yourself		
G	nailed to a vivisection board,	생체해부대에 산 채로 못 박혀	해부대 위에서 산 채로 못박혀
H	being slowly cut open.	천천히 배가 갈릴 수도 있다.	배가 갈라지는
		F	신세를 면치 못했을 것이다.

⁂

2a 산란계로 태어난 수컷이라면, 먹기 적합한 육질이 아니기에 인생이 정말 눈 깜짝 할 사이에 끝난다. 운이 좋으면, 가스에 취해 죽는다.

이 번역문의 출발텍스트를 읽어보면서 번역과 어떤 부분에서 느낌이 다른지 주의를 기울여보라.

❷ If you are a layer, but are male, then your flesh will be deemed not good enough for eating and your life will, accordingly, be short. If you are lucky, you will be gassed.

이 글은 다양한 장치를 활용하여 다음 절로 쉽게 넘어가지 못하도록 장벽을 쌓아놓고 있다는 것을 알 수 있다. but, then, accordingly가 바로 이러한 역할을 하는 요소들이다. will be deemed 역시 다음 정보가 등장하는 시점을 최대한 뒤로 미루는 역할을 한다. 저자는 왜 이처럼 글의 흐름을 가로막는 선택을 했을까?

독자들이 일반적으로 가지고 있는 편견이나 선입견으로 진술을 읽고 빨리 넘어가버릴 것을 우려한 것이다.

산란계 수탉은 맛이 없어 빨리 도살한다

이렇게 간단명료한 진술은 한 번에 읽고 넘어갈 수 있다. 문제는, 이렇게 간단한 진술은 그 속에 담겨있는 명제들의 관계를 따져볼 수 있는 틈을 주지 않는다. 몰아치는 화자의 발화 속에 아무 생각없이 휘말려 들어갈 것이다. 이 글은 진술 사이의 명제의 논리적인 관계를 독자 스스로 따져볼 수 있는 기회를 주고자 한다. 생각의 속도에 맞게 글을 천천히 읽어나가도록 의도적으로 가로막은 것이다.

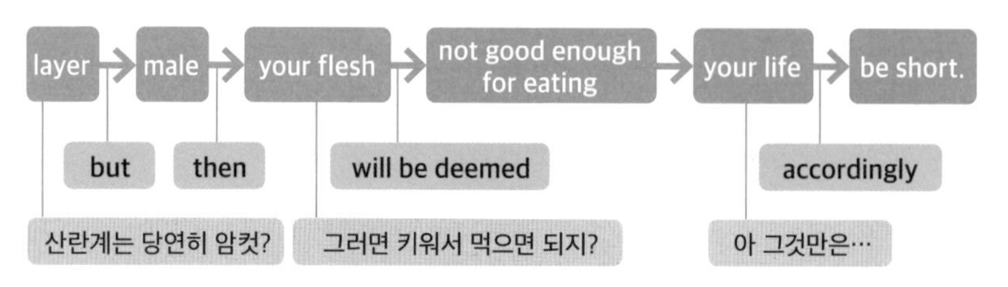

이에 반해 두 번째 if절(if you are lucky)과 주절 사이에는 아무런 방해요소가 없다. 앞에서 맥락이 정해졌기 때문에 충분히 예측할 수 있는 내용을 진술하기 때문이다.

이처럼 절을 어떻게 연결하는지, 진술을 빠르게 하는지 느리게 하는지, 에둘러 표현하는지 직접적으로 표현하는지를 보면 저자가 어떤 의도로 진술하는지 상당부분 유추할 수 있다. 텍스트적인 요소를 활용하여 의미를 만들어내는 것이다. **2a**는 이러한 요소를 고려하지 않고 번역한 것이다.

✔ 2b 만약 산란닭이면서 수컷으로 태어난 경우에는, 고기로 쓰기에는 살점의 맛이 떨어진다고 여겨지기 때문에 일생 또한 짧게 끝날 것이다. 독가스실에서 죽음을 맞이한다면 그나마 운이 좋다.

2a와 **2b**를 비교해보자. 절의 연결부위를 늘이기 위해 삽입한 장치를 표시했다.

	❷	2a	2b
A	If you are a layer,	산란계로 태어난	만약 산란닭이면서
B	but are male,	수컷이라면,	수컷으로 태어난 경우에는,
C	then your flesh will be deemed		
D	not good enough for eating	먹기 적합한 육질이 아니기에	고기로 쓰기에는 살점의 맛이 떨어진다고
			C 여겨지기 때문에
E	and your life will,	인생이	일생
F	accordingly,		또한
G	be short.	정말 눈 깜짝 할 사이에 끝난다.	짧게 끝날 것이다.
H	If you are lucky,	운이 좋으면,	
I	you will be gassed.	가스에 취해 죽는다.	독가스실에서 죽음을 맞이한다면
			H 그나마 운이 좋다.

****

5.14 예문을 다시 가져왔다.

❸ The theory stemmed from the seventeenth-century philosopher René Descartes. According to him, human beings are very special things, in that they possess minds. Now the mind is the part of us that does the thinking. So, anything that does not have a mind cannot think. Nor can it feel.

누구나 쉽고 빠르게 읽어 내려갈 수 있는 쉬운 예문이다. 하지만 너무 빠르게 읽고 넘어갈 경우 저자는, 독자들이 자신이 전달하고자 하는 중요한 메시지를 충분히 인지하지 못하고 넘어갈 수 있다고 염려한다. 저자는 독서의 속도를 늦추기 위해서, 특히 독자들이 좀더 주목하고 되새겨주기를 바라는 곳에 과속방지턱을 세워 놓는다. 명제적 의미를 새기면서 ❸을 다시 읽어보라.

어디에 과속방지턱을 설치하고 싶은가?

❹ The theory—and this is why Cartesian scientists were called "Cartesian"—stemmed from the seventeenth-century philosopher René Descartes. According to him, human beings are very special things, in that they, and, in this world, they alone, possess minds. Now, for Descartes, the mind is the part of us that does the thinking. So, anything that does not have a mind, by definition, cannot think. Nor, according to followers of Descartes (although perhaps not Descartes himself—the textual evidence is disputed), can it feel.

곳곳에 삽입된 정보들로 인해 글을 읽어나가는 속도가 상당히 느려진다는 것을 알 수 있다. 다음 정보로 빨리 넘어가지 못하게 가로막음으로써 앞선 정보를 다시 돌아보게 하고 맥락을 복잡하게 만든다. 또한 다음 정보를 마주할 시점을 최대한 늦춤으로써 클라이맥스 효과를 만들어낸다. 이는 마치 그랑프리 수상자를 발표하기에 앞서 드럼소리로 시간을 지연하며 긴장을 조성하는 것과 같다. 이때 가장 초점을 받는 정보는 수상자 이름이듯이, 삽입구 이후 나오는 정보에 초점이 모아진다.

이러한 효과를 번역문에서 재현하고자 한다면, 당연히 어순을 민감하게 고려해야 한다. 단순히 문법적 지식에만 의존해 번역하다 보면, 저자의 의도가 무엇인지 번역독자들에게 전달할 수 없다.

3a 이 철학은 17세기 철학자 르네 데카르트가 발전시켰는데 그들이 '데카르트 학파'라고 불리는 이유이기도 하다. 인간은 굉장히 특별한 존재이고 이 세상에 오직 인간만 마음이 내부에 있다고 데카르트는 생각했다. 마음이 사고를 담당하는 인간의 일부라고 여겼다. 그래서 엄밀히 따져, 마음이 없으면 생각도 할

수 없다고 했다. 데카르트 추종자는 느끼지도 못한다고 주장했다. (정황근거가 불충분해서 논쟁의 여지가 있지만, 데카르트 자신은 이렇게 주장하지 않은 듯하다.)

✔ 3b 이 이론은 17세기 철학자 르네 데카르트에서 시작되었다. 이들을 '데카르트 학파'라고 부르는 이유이기도 하다. 데카르트에 따르면, 인간은 매우 특별한 존재다. 그의 이론에서는 인간만이, 이 세상에서 오직 인간만이 마음을 소유하고 있기 때문이다. 데카르트에게 마음이란 인간의 일부로서 '사고'를 수행한다. 그렇기 때문에 마음을 갖지 못한 존재는 당연히, 생각하지 못한다. 또한 데카르트의 추종자들에 따르면 (어쩌면 데카르트 본인의 주장이 아닐지도 모른다. 문헌기록상 논란의 여지가 있다) 마음이 없는 존재는 느끼지도 못한다.

3a와 **3b**의 미묘한 차이가 어디에서 나오는지 비교분석해보자.

	❸	3a	3b
A	The theory	이 철학은	이 이론은
	C	17세기 철학자 르네 데카르트가 발전시켰는데	17세기 철학자 르네 데카르트에서 시작되었다.
B	—and this is why Cartesian scientists were called "Cartesian"—	그들이 '데카르트 학파'라고 불리는 이유이기도 하다.	이들을 '데카르트학파'라고 부르는 이유이기도 하다.
C	stemmed from the seventeenth-century philosopher René Descartes.		
D	According to him,		데카르트에 따르면,
E	human beings are very special things,	인간은 굉장히 특별한 존재이고	인간은 매우 특별한 존재다.
F	in that they,		그의 이론에서는 인간만이,
G	and, in this world,	이 세상에	이 세상에서
H	they alone,	오직 인간만	오직 인간만이
I	possess minds.	마음이 내부에 있다고	마음을 소유하고 있기 때문이다.
	E	데카르트는 생각했다.	
J	Now,		

K	for Descartes,		데카르트에게
L	the mind is the part of us that does the thinking.	마음이 사고를 담당하는 인간의 일부라고 여겼다.	마음이란 인간의 일부로서 '사고'를 수행한다.
M	So,	그래서	그렇기 때문에
	O	엄밀히 따져,	
N	anything that does not have a mind,	마음이 없으면	마음을 갖지 못한 존재는
O	by definition,		당연히,
P	cannot think.	생각도 할 수 없다고 했다.	생각하지 못한다.
Q	Nor,		또한
R	according to followers of Descartes	데카르트 추종자는	데카르트의 추종자들에 따르면
	T	느끼지도 못한다고 주장했다.	
S	(although perhaps not Descartes himself—the textual evidence is disputed),	(정황근거가 불충분해서 논쟁의 여지가 있지만, 데카르트 자신은 이렇게 주장하지 않은 듯하다.)	(어쩌면 데카르트 본인의 주장이 아닐지도 모른다. 문헌기록상 논란의 여지가 있다)
T	can it feel.		마음이 없는 존재는 느끼지도 못한다.

3b는 **3a**에 비해 원문의 의미뭉치를 최대한 순서대로 옮기고 있다. 정보를 제공하는 순서는 문법보다 훨씬 근원적인 인지적 요인에 의해 결정되는 것이기 때문에 언어의 장벽을 넘어서도 상당 부분 유지할 수 있다.

우리는 말을 할 때 단순히 단어나 문장만으로 의미를 만들어내지 않는다. 예컨대, 자신이 자랑스럽게 여기는 진술을 할 때는 빠른 속도로 또렷하게 (때로는 반복해서) 말할 것이고, 반대로 그 진술로 인해 자신이 비난받을 수 있는 경우에는 최대한 지체하여 말하고, 에둘러 표현하고, 정보의 순서를 조작하고 절을 모호하게 연결할 것이다. 명제적으로 똑같은 진술이라고 해도 말하는 방식에 따라 의미가 달라지는 것이다. 이렇게 만들어지는 의미를 우리는 '텍스트적 의미textual meaning'라고 한다.

이러한 텍스트적 의미는 매우 주요한 '번역의 대상'이다. 단어나 문장 차원의 세부적인 요소가 조금 어색하더라도 텍스트적 의미가 제대로 구축되어 있다면 우리는 발화의 의도를 금방 이해할 수 있다. 반면 세부요소가 정확하게 번역되어 있더라도 텍스트의 흐름이 망가져 있다면 의미를 파악하기 어렵다.

자신이 무엇에 대해 말하려 하는지 모르고 말하는 사람?

E, P, T 를 비교해보라. **3a**는 데카르트가 어떻게 생각했는지, 무슨 주장을 했는지 진술하는 반면, **3b**는 인간과 마음에 대해서 진술한다. 원문을 보면 이 글은 '데카르트의 사상'이 아니라, '마음을 기계적으로 접근하는 관점'에 대해 설명하는 것이 목적이다. **3a**는 발화의 의도와 무관한 발화들로 이루어져있다고 말할 수 있다.

출발텍스트와 **3b** 번역문을 하나씩 대조해보면서 번역과정에서 절 연결을 처리하는 방식을 하나씩 짚어보자.

A—B—C. ⇒ A C. B.

어순의 차이로 인해 원문의 정보제공순서를 그대로 유지하기 어려운 경우, 순서를 바꿀 수 있다. 물론 전체적인 메시지의 흐름에 크게 영향을 미치지 않는다고 판단될 때만 선택할 수 있는 전략이다.

원문의 정보구조와 번역문의 가독성 사이에서 번역가는 타협할 수밖에 없다. 원문을 지나치게 모방하려다가 독자들이 이해하기 힘든 문장이 나와서는 안 된다. 아무리 공을 들였다고 해도 그렇게 만들어낸 문장을 독자가 이해할 수 없다면 헛수고일 뿐이다.

D, E, F, G, H, I. ⇒ D, E. F, G H I.

정보구조를 유지하기 위해 문장을 나누어야 하는 경우도 있다. 문장의 형식보다 메시지의 흐름을 유지하기 위한 어쩔 수 없는 선택이다. 특히 맨 마지막 I(possess minds)의 위치를 유지함으로써 메시지의 긴장감을 높이려는 저자의 의도를 살려냈다.

J, K, L. ⇒ K L.

L에서 '사고'에 따옴표를 표시한 것을 눈여겨보라. 한국어는 모든 문장을 서술어, 즉 '—한다·이다'로 끝내야만 하기 때문에 영어에서 문장 맨 끝에 오는 명사(thinking)에 그만큼 강렬한 효과를 주지 못한다. 이러한 한계를 보완하기 위해 따옴표를 쳐서 초점을 모아주었다.

M, N, O, P. ⇒ M N O, P.

전반적으로 원문보다 번역문에서 쉼표가 줄어드는 것을 알 수 있다. 한국어는 영어보다 아무래도 구두점의 다양성도 적고 구두점을 덜 활용하는 경향이 있기에 쉼표를 남발하기보다는 최대한 아껴서 꼭 필요한 곳에만 사용하는 것이 좋다. 그래야 독자도 쉼표의 가치와 효과를 인지할 것이다.

Q, R (S) T. ⇒ Q R (S) T.

문장 안에 괄호를 삽입할 때에도 괄호의 위치를 이곳저곳 옮겨보면서, 또 괄호 안의 말을 다양하게 고쳐보면서 가독성을 최대한 해치지 않는 위치와 형식을 찾아야 한다. 마지막 T에서는 원문에 없는 주어(마음이 없는 존재는)를 삽입하여 번역하였다. 생략된 주어(화제어)는 N에 나오는데, 거리가 너무 멀어 독자들이 기억하기 어려울 수 있다고 느껴져 다시 삽입한 것이다.

* * *

절 연결원리에서 설명하였듯이, 절을 나열하고 진술하는 방식에는 화자의 의도가 작동한다. 문법적인 측면으로만 보아서는 결코 절 연결의 의미를 파악할 수 없다. 어쨌든 우리가 하는 모든 말은 어떤 의도를 달성하기 위한 것이며, 그 의도가 곧 말의 의미다. 의미를 제대로 이해하지 못하면, 개별 문장을 아무리 공들여 번역한다고 해도 실패할 수밖에 없다.

Chapter 19

"

영어는 물론 그 어떠한 언어에서도, 구정보와 신정보에 적용하는 언어학적 원리는 같을 것이다. 구정보는 신정보에 비해 약한 방식, 주목 받지 않는 방식으로 전달되어야 한다. 이렇게 초점이 오지 않도록 만드는 방법에는 크게 두 가지가 있다. 구정보는 낮은 음조로 강세를 받지 않게 발음하거나, 한번 제시한 이후에는 대명사로 대체하는 것이다. "

Wallace Chafe ((1976) "Givenness, contrastiveness, definiteness, subjects, topics, and points of view" in C. L. Li (ed.) *Subject and Topic*, London: Academic Press. p31

19

모든 언어는 최적의 어순을 선택한다

의미뭉치와 청킹

3부에서 계속 반복되는 주제는, 문장을 문법적 기준이 아닌 메시지 기준에서 접근해야 한다는 것이다. 어떤 언어든, 문법이 어떤 어순을 요구하든, 인간은 커뮤니케이션이라는 기능을 수행하는 데 가장 적합한 순서로 의미를 나열하기 위해 노력한다. 다음 번역을 보자.

❶ The logic behind these results is that when dealing with a complicated problem even the smartest person can get stuck.

1a 이러한 결과의 논리는 가장 똑똑한 사람조차 복잡한 문제를 마주하면 오류에 빠질 수 있다는 것이다.

✔ 1b 이러한 결과가 나올 수밖에 없는 이유는, 복잡한 문제 앞에서는 아무리 똑똑한 사람이라도 막힐 때가 있기 때문이다.

발화순서를 비교해보자.

	①	1a	1b
A	The logic behind these results	이러한 결과의 논리는	이러한 결과가 나올 수밖에 없는 이유는,
B	is that		
C	when dealing with a complicated problem		복잡한 문제 앞에서는
D	even the smartest person	가장 똑똑한 사람조차	아무리 똑똑한 사람이라도
	C	복잡한 문제를 마주하면	
E	can get stuck.	오류에 빠질 수 있다	막힐 때가 있기
	B	는 것이다.	때문이다.

출발텍스트에서 가장 중요한 항목은 무엇일까? 저자는 **A-B-C-D-E** 다섯 개의 의미뭉치 중에서 어디에 가장 힘을 주어 말하고 싶었을까? 소리 내 읽어보라.

직접 읽어보면 **D**를 가장 힘주어 말하게 된다는 것을 알 수 있다. 문장의 맨 끝에 올 뿐만 아니라, 'even the+최상급 형용사'는 이 항목이 문장의 초점focus라는 것을 알려준다. 그렇다면 번역문을 차례로 읽어보라. **D**에 힘을 주어 읽을 수 있는 문장은 **1a**, **1b** 둘 중에 무엇인가?

1a는 **D**에 힘을 주기 어려운 반면, **1b**에서는 **D**에 자연스럽게 힘이 들어간다. **1b**가 **D**에 힘을 주어 발화하기에 가장 적절한 문장구성이다.

문법적 어순이 어찌되었든 우리는 앞에서 뒤로 정보를 순차적으로 제공하고 수신할 수밖에 없다. 어떤 정보를 먼저 제공하고 어떤 정보를 나중에 제공할 것인지는 독자의 이해수준을 고려하여 발화자가 의도적으로 선택하는 것이다. 문법적 어순이 허용하는 한계 안에서 자신이 전달하고자 하는 의미를 구현할 수 있는 최적의 어순을 찾아내는 것이다. 문법적 어순과 달리 의미적 어순은 주요한 번역의 대상이다. 한국어문법이 허용하는 한계 안에서 의미적 어순을 구현해내야 한다.

의미적 어순을 파악하기 위해서는 문법적 단어뭉치가 아닌 의미 측면에서 단어들의 뭉치를 구별할 줄 알아야 한다. 이것이 바로 **14장**에서 소개한 청킹이다. 예컨대 예문 ❶은 **AB-C-DE** 3개의 의미뭉치semantic chunk로 이루어져 있다고 말할 수 있다. 물론 의미뭉치는 심리적인—인지적인—기준으로 구분하기 때문에 사람마다 구분하는 단위는 달라질 수 있다.

어쨌든 번역결과물은 의미들이 적절하게 이어져 그 자체만으로도—원문을 전혀 참고하지 않고도—완결된 의미를 구축하는 독립적인 텍스트가 될 수 있어야 한다. 번역한 문장들이 제대로 된 텍스트를 구성하는지 판단하기 위해서는 다음 세 가지 기준을 살펴야 한다.

- **목표텍스트 나름대로 완결된 주제(또는 논증)을 구성하는가?**
- **텍스트로서 갖추어야 하는 일관적인 관점을 유지하는가?**
- **하나의 텍스트처럼 자연스럽고 매끄럽게 읽히는가?**

또한 번역문이 원문의 텍스트적 의미를 잘 살려내고 있는지 판단하기 위해서는 다음 두 가지 기준을 살펴야 한다.

- **원문의 정보구조를 왜곡하지 않는가?**
- **원문의 유표적 구성을 번역문에서도 최대한 보존하고 있는가?**

물론 의미적 어순과 문법적 어순의 괴리를 극복하고 자연스러운 텍스트의 흐름을 만들어내는 일은 쉽지 않다. 어순을 조절하거나 변형하기 위해서 우리가 가장 흔하게 활용할 수 있는 방법은 문장을 자르거나 합치는 것이지만 문장을 자르거나 합칠 때마다 정보구조가 변형되어 의미 자체가 달라질 수 있다는 것을 명심해야 한다.(정보구조는 다음 장에서 자세히 설명한다.)

여기서는 문장 안에서 어순을 조절하기 위해 활용할 수 있는 전략 네 가지를 소개한다.

태 바꾸기 change of voice

수동-능동을 바꿔 번역함으로써 주어와 목적어의 위치를 바꿀 수 있다.

❷ When men and women were shown photographs of very attractive people,

✓ 2a 남녀 골고루 분포한 피실험자들에게 매력적인 사람의 사진을 보여줬을 때

원문은 men and women으로 문장을 시작하기 위해 수동태 동사를 썼지만, 한국어는 능동형 동사를 사용하여 이러한 어순을 지킨다.

❸ In half of the cases, she was made to extremely unattractive.

✓ 3a 한쪽 집단에는 여자를 아주 보기 싫게 분장해 내보냈다.

이 경우에도 수동태를 능동형 동사로 번역하여 어순을 유지한다. 물론 수동태를 유지하면서 어순을 지킬 수 없는 것은 아니지만, 수동태를 사용할 경우 그 어색함과 낯선 진술방식으로 인해 의도하지 않은 의미가 숨어있는 것은 아닌지 독자들이 의심할 수 있다. 태를 유지하는 것보다 중요한 것은 의미적 어순을 유지하는 것이다.

동사 바꾸기 change of verb

sell-buy, give-receive, like-please, see-appear처럼 입장이 상반되는 동사

로 바꿔서 번역하면 행위자와 피행위자의 위치를 바꿀 수 있다.

❹ TQM fixed the "single-loop" questions, but it did not address the "double-loop" questions. Double-loop questions require emotionally intelligent employees capable of examining their own thoughts and behaviors. At Toyota, employees are taught to ask "five whys" to avoid a single-loop solution.

TQM으로 첫 문장을 시작하여 double-loop questions로 끝내고, 이것으로 다시 두 번째 문장을 시작하여 employees로 끝내고, 이것으로 다시 세 번째 문장을 시작하여 "five whys"로 넘어간다. 화제를 자연스럽게 전환하는 방식이다. 그런데 영어의 문법적 요구를 지키면서 이러한 텍스트 전개구조를 만들기 위해서는 물주구문이나 수동태를 활용해야 한다.

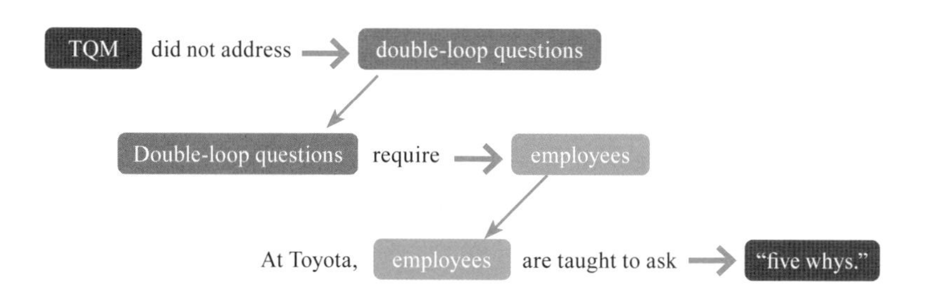

실제로 첫 번째, 두 번째 문장은 물주구문, 세 번째 문장은 수동태구문이다.

4a TQM은 '단일고리' 문제를 해결할 뿐 '이중고리' 문제를 해결하지 못한다. 이중고리 질문은 자신의 생각이나 행동을 검토할 능력을 가진 감정지능이 높은 직원만이 풀 수 있다. 토요타에서는 단일고리 해결법을 피하기 위해 '다섯 번의 왜' 질문을 하도록 직원들을 가르친다.

4a는 물주구문을 잘 풀어서 번역했으며 수동태도 능동태로 자연스럽게 번역했다. 하지만 의미적 어순을 고려하지 않고 번역하여 '질문'이 '직원'보다 앞서 나옴으로써 정보의 흐름이 망가지고 말았다. 개선된 번역을 보자.

✔ 4b TQM은 '단일고리' 문제를 해결할 뿐 '이중고리' 문제를 해결하지 못한다. 이중고리학습을 수행하기 위해서는 자신의 생각과 행동을 돌아볼 수 있는 감성지능이 높은 직원들이 필요하다. 토요타는 직원들에게 단일고리처방을 내리지 않도록 언제나 '다섯 가지 왜?'를 질문하라고 가르친다.

	❹		4a	4b
A	TQM		TQM은	TQM은
B	fixed			
C	the "single-loop" questions,		'단일고리' 문제를	'단일고리' 문제를
		B	해결할 뿐	해결할 뿐
D	but it did not address			
E	the "double-loop" questions.		'이중고리' 문제를	'이중고리' 문제를
		D	해결하지 못한다.	해결하지 못한다.
F	Double-loop questions		이중고리 질문은	이중고리학습을
G	require			수행하기 위해서는
H	emotionally intelligent employees			
I	capable of examining their own thoughts and behaviors.		자신의 생각이나 행동을 검토할 능력을 가진	자신의 생각과 행동을 돌아볼 수 있는
		H	감정지능이 높은 직원만이	감성지능이 높은 직원들이
		G	풀 수 있다.	필요하다.
J	At Toyota,		토요타에서는	토요타는
K	employees			직원들에게

L	are taught			
M	to ask "five whys"			
N	to avoid a single-loop solution.		단일고리 해결법을 피하기 위해	단일고리처방을 내리지 않도록
		M	'다섯 번의 왜' 질문을 하도록	언제나 '다섯 가지 왜?'를 질문하라고
		K	직원들을	
		L	가르친다.	가르친다.

G require를 **4a**는 '풀다', **4b**는 '필요하다'로 바꾸어 번역했다. 이것은 태를 바꾸는 것을 넘어, 행위를 바라보는 관점을 바꿔서 번역한 것이다. **L** are taught는 태를 바꿔 번역했다.

동사를 교체하여 정보의 흐름을 그대로 유지한 또다른 예는 **13.7a** '생성된다'를 '탄생하다'로 바꿔 번역한 경우를 들 수 있다.

명사화·탈명사화 nominalization or denominalization

14장에서 명사화는 의미를 모호하게 하기 때문에 최대한 풀어 쓰라고 했지만, 어순을 바꾸거나 조절하고자 할 때 유용하게 활용할 수 있다.

❺ Lying is wrong because it constitutes a breach of trust, which is not a principle but a very particular and personal relationship between people.

5a 거짓말은 원칙이 아니라 사람 사이 아주 각별하고 개인적 관계인 신뢰를 깨뜨리기 때문에 잘못이다.

이 번역은 정보의 흐름을 전혀 고려하지 않고 옮긴 것이다. 특히 because 절은 대개 새로운 정보를 제시하는 역할을 하기 때문에 번역할 때 순서가 바뀌지 않도록 주의해야 한다. 또한 이 예문에서 비제한적 용법으로 사용된 which 절 역시, 새로운 정보를 덧붙여주는 역할을 하기 때문에 순서가 바뀌면 의미가 달라진다.

5b 거짓말은 잘못이다. 신뢰를 깨뜨리기 때문이다. 신뢰는 어떤 원칙이 아니라 사람 사이의 아주 각별하고 개인적 관계일 뿐이다.

5b는 진술의 순서를 유지하는 데 성공했지만, 세 문장으로 나누어지면서 새로운 초점이 두 개나 더 생겨났다. 문제는 '잘못이다' '때문이다' '관계일 뿐이다' 세 절의 의미비중이 모두 같아져, 이글이 무엇을 이야기하려는지 알기 힘들어졌다는 것이다. (문미초점에 대해서는 다음 장에서 설명한다.)

✔ 5c 거짓말이 잘못인 이유는 신뢰를 깨뜨리기 때문이다. 신뢰는 어떤 원칙이 아니라 사람 사이의 아주 각별하고 개인적 관계일 뿐이다.

5c는 첫 번째 절을 명사절로 포장함으로써 정보의 흐름을 유지하면서 초점을 두 번째 절(—때문이다)에 모아준다. 명사화란 기본적으로 '동사를 명사 속에 포장해 넣는 작업'이기 때문에 '주어+동사'의 순서를 유지하면서 더 복잡한 진술을 할 수 있는 길을 열어준다. 물론 명사화를 지나치게 사용할 경우에는 의미가 너무 복잡해지고 모호해지기 때문에 적절하게 사용해야 한다.

반면 which 절은 개별문장으로 분리해서 번역했다. 물론 연결된 하나의 문장을 두 문장으로 분리하면 새로운 초점이 발생하여 의미가 변형될 위험이 있다. 어쨌든 모든 것을 만족시키는 선택은 없다. 새로운 초점이 생겨나 변형되는 의미와 정보의 흐름을 깸으로써 손실되는 의미 중에서 무엇이 감내할 만한지 또는 무엇이 치명적인지 가늠하여 판단해야 한다.

	⑤	5a	5b
A	Lying	거짓말은	거짓말이
B	is wrong		잘못인 이유는
C	because it constitutes a breach of trust,		신뢰를 깨뜨리기 때문이다.
D	which is not a principle but a very particular and personal relationship between people.	원칙이 아니라 사람 사이 아주 각별하고 개인적 관계인	신뢰는 어떤 원칙이 아니라 사람 사이의 아주 각별하고 개인적 관계일 뿐이다.
		C 신뢰를 깨뜨리기 때문에	
		B 잘못이다.	

자리바꾸기 extraposition

번역과정에서 원문이 제시하는 정보의 순서를 그대로 유지하지 못하는 경우도 있다. 예를 들어 광고나 신문기사의 헤드라인 같은 경우 문화적 관습의 차이로 인해 이러한 사례가 자주 나타난다.

> Cults and Conservatives Spread Coronavirus in South Korea
>
> 코로나바이러스를 퍼트리는 한국의 신흥종교와 보수정당
>
> —*Foreign Policy* 2020. February 27.

> K-Pop Fans Defuse Racist Hashtags
>
> 인종차별 해시태그를 무력화한 K팝 팬들
>
> —*The New Yorker* 2020. June 5.

이처럼 어순이 완전히 뒤바뀌는 현상은, 영어와 한국어가 세상을 인지하는 방식이 근본적으로 다르기 때문에 발생한다.

❻ Sir Thomas More, scholarly Humanist, best friend of Erasmus, and the most respected man in England, refused to sign because he foresaw that anarchy would replace the Church.

✔6a 에라스무스의 절친한 친구이자 영국에서 가장 존경받는 휴머니스트 토머스 모어 역시 교회가 혼란에 빠질 것이라는 이유에서 서약을 거부했다.

원문은 Thomas More로 출발하여 주변으로 뻗어나가며 정보를 하나씩 제시하는 반면, 번역문은 주변에서 출발하여 토머스 모어로 정보를 좁혀 나간다. 이것은 영어의 세계관과 한국어의 세계관이 근본적으로 상반되기 때문에 나타나는 현상이다.

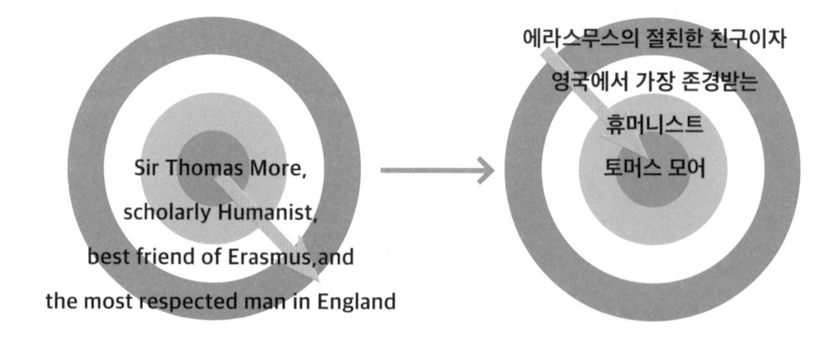

또한 영어는 주어중심언어인 반면 한국어는 화제어중심언어이기 때문에, 정보를 제시하는 순서도 극적으로 달라진다. 자세한 사례는 **26장**에서 설명한다.

Chapter 20

“

메시지를 정보구조 단위로 조직한다는 것은 커뮤니케이션 과정에서 글 쓰는 사람이 읽는 사람의 인지적 상태를 세심하게 배려한다는 의미다. 어떤 커뮤니케이션 상황에서든—글의 맨 처음이든 중간이든—언어적으로든 비언어적으로든 맥락과 환경은 이미 결정되어있다. 주어진 정보를 먼저 제시한 다음에 새로운 정보를 제시하는 배열은, 실제 실험에서도 독자들의 이해를 도울 뿐만 아니라 많은 내용을 기억하게 만든다. 이것이 바로 글을 잘 쓰는 핵심기술이다. ”

W. J. Vande Kopple (1986) “Given and new information and some aspects of the structures, semantics, and pragmatics of written texts” in C. R. Cooper & S. Greenbaum (eds.) *Studying Writing: Linguistic Approaches*, New York: Sage: p72

20

스타는 맨 마지막 무대에

정보구조

지금까지 절의 연결을 설명하는 동안, 문미에 오는 항목들이 어떤 힘을 갖는다는 사실을 눈치 챈 독자도 있을 것이다. 이는 앞에서 설명한 절 연결의 기본원리가 작동함으로써 자연스럽게 발생한 현상이다. 이야기하고자 하는 메시지와 무관하지 않은 절들을 우연하지 않게 배치하기 위해서는(절 연결의 기본원리), 독자에게 익숙한 정보를 먼저 제시하고 새로운 정보를 그 다음 제시할 수밖에 없다. 이러한 정보제시패턴을 '정보구조information structure'라고 하며 이러한 정보구조는 자연스레 문장의 끝에 초점이 가는 결과로 이어진다.

실제 예문 속에서 정보구조와 문미초점이라는 특성이 어떻게 작용하는지 살펴보자. (이 예문에는 **8.6** 예문이 포함되어있다.)

1a 몸이 고달픈 것을 제쳐두면 아마존은 그렇고 그런 관광지가 아니라 경외심을 불러일으키는 힘을 지닌 장소다. 아마존 강 유역 열대우림의 면적은 약 760만 제곱킬로미터로, 지구 총 면적의 2퍼센트에 달하며 남미대륙의 40퍼센트를 차지한다. 미국 본토 크기와 거의 비슷하다. 볼리비아 국경 근처 포르투 벨류에서 아마존 하구 근처 벨렝이라는 도시까지 비행기로 4시간 정도 날아가면 맑은 날에는 아마존 정글이 시야 밖까지 사방팔방 쭉쭉 뻗어나가는 모습을 볼 수 있다. 녹색 양탄자 사이로, 눈으로 볼 수 있는 저 멀리, 북쪽에서 남쪽으로 흐르는 푸른 물줄기들이 투피 원주민들이 '움직이는 바다'라고 부르는 아마존을 향해 달리고 있다.

이 글이 전달하고자 하는 메시지는 무엇일까? 이 문단의 주제는 무엇일까? 좀더 기술적으로 말하자면, 이 문단의 핵심문장은 무엇일까? 밑줄을 쳐보라.

찾았는가? '(아마존은) 경외심을 불러일으키는 힘을 지닌 장소다.'가 핵심문장key sentence이다(화제문장topic sentence이라고도 한다). 이 문장을 설명하기 위해 이 문단은 존재하는 것이다. 이것이 바로 발화의 목적이다.

우리는 아무 목적없이 자신이 알고 있는 명제를 진술하지 않는다. 무언가 말하고자 하는 '목적'을 달성하기 위해 말한다. 그러한 목적을 우리는 메시지, 초점, 핵심, 포커스 등 다양한 말로 일컫는다. 어떤 사람의 말을 듣고도 무슨 말을 하는지 모르겠다고 하는 것은 '메시지'를 파악할 수 없다는 말이다. 듣는 사람의 이해력이 부족하여 발생한 일일 수도 있지만, 말하는 사람이 메시지를 제대로 통제하고 관리하지 못하여—절 연결과 초점을 제대로 살리지 못하여—발생한 일일 수도 있다. 한 문단에 포함되어있는 문장들은 모두 핵심문장을 뒷받침하기 위해 복무해야 한다.

이러한 커뮤니케이션 측면의 목적을 의식하며 번역문을 읽어보라.

✔ 1b 이러한 사소한 신체적 불편만 뒤로 하고 보면 아마존은 어떤 지역을 의미하

> 는 단순한 이름이 아니다. 그 웅장함은 인간을 쉽사리 압도하고도 남는다. 아마존의 우림은 780만 제곱킬로미터에 달하는 어마어마한 땅 위에 펼쳐져 있다. 이는 남아메리카대륙의 40퍼센트를 차지하는 면적이며, 전체 지구표면의 2퍼센트나 되는 면적이다. 미국 본토 면적과 맞먹는 크기다. 볼리비아 국경과 가까운 아마존강 상류의 도시 포르투벨류에서 아마존강이 대서양과 만나는 하구에 있는 도시 벨렝까지 비행기로 가는 데 네 시간이나 걸린다. 맑은 날에는 온통 푸르른 정글이 사방으로 지평선까지 펼쳐져있는 장관을 볼 수 있다. 끝없이 펼쳐진 초록색 카펫 위에는 북쪽에서 남쪽으로 흐르는 파란 물줄기들을 볼 수 있는데, 이들은 모두 투피인디언들이 '흐르는 바다'라고 불렀던 아마존 강을 향하는 지천이다.

1b는 단순히 **1a**보다 훨씬 잘 읽힌다는 느낌만 주는 것이 아니라, 발화의 의도를 훨씬 선명하게 일깨워준다. 이 글이 무엇을 말하고자 하는지, 또 어떤 감정을 독자에게 선사하고자 하는지 명확하게 느낄 수 있다. **1b**처럼 번역한 책과 **1a**처럼 번역한 책을 읽을 때 독자들의 독서경험은 달라질 수밖에 없다. 억지로 읽어나가는 지루한 책과, 시간 가는 줄 모르고 읽는 재미있는 책의 차이다. 이러한 차이는 구체적으로 어디에서 나오는 것일까?

어떠한 텍스트든 독자가 이미 알고 있다고 가정하는 '주어진 정보'에서 출발하여 독자에게 알려주고자 하는 '새로운 정보'로 나아갈 수밖에 없다. 이러한 정보의 흐름을 텍스트의 '정보구조'라고 한다. 정보구조는 텍스트라는 거시적인 단위에서는 물론, 문장과 문장의 연결, 절과 절의 연결 같은 단위에서도 작동한다. 더 나아가, 앞서 **14장**에서도 설명했듯이 절 내부의 단어 항목의 배치와 같은 미시적인 수준에서도 작동한다.

정보구조는 또한 문장이 끝나기 바로 직전에 메시지의 목적이 오는 현상으로 나타나는데, 이것을 흔히 '문미초점end-focus의 원리'라고 부른다.

정보구조를 그림으로 표현하면 다음과 같다.

구정보 Given information 발화시 독자의 의식 속에 존재할 것으로 가정하는 정보		신정보 New information 발화를 통해 독자의 의식 속에 도입될 것으로 가정하는 정보

문장 (19.6)	토머스 모어는	교회가 혼란에 빠질 것이라는 이유에서	서약을 거부했다.
문단 (18.3)	이 이론은	17세기 철학자 르네 데카르트에서 시작되었는데	마음이 없는 존재는 느끼지도 못한다.
편지	부쩍 추워진 날씨에 안녕하신가요?		마감일까지 꼭 원고를 보내주시면 감사하겠습니다.
공문	귀사의 무궁한 발전을 기원합니다.		조속한 시일 내에 책임있는 답변을 해주시길 요청합니다.
칼럼	대통령실이 지난 13일… (이미 보도된 사건 진술)		그토록 강조하는 국익 속에 언론의 자유는 없는 것인지 묻지 않을 수 없다.

다시 말하지만, 구정보인지 신정보인지 결정하는 기준은 독자의 의식, 즉 독자가 아느냐 모르느냐 하는 것이다. 하지만 글을 쓰는 사람은 저자이기 때문에, 저자가 글을 쓰는 과정에서 독자의 의식수준을 예측해서 구정보와 신정보를 결정해야 한다. 따라서 정보구조를 잘 짜기 위해서는, 글을 쓰는 과정에서 저자가 자신의 글을 독자의 시선으로 제대로 이해하고 소통해야 한다. 저자가 독자와 눈높이를 맞추기 위해 노력한 만큼 좋은 글, 잘 읽히는 글이 나온다는 오래된 지혜를 정보구조는 다시 한 번 일깨워준다.

정보구조가 낯설고 복잡하게 느껴질 수도 있지만, 사실은 누구나 잘 알고 있는 개념이다. 여러분들은 지금까지 정보구조에 대해 전혀 인식하지 않고도 소통에 아무런 불편을 느끼지 못했던 것은, 하고 싶은 말(의도·목적)에 걸맞은 어순을 본능적으로 찾아냈기 때문이다. 하고 싶은 말이 무엇인지 알면 의식적으로 계산하지 않아도 자연스럽게 포커스가 맞는 문장을 만들어 낼 수 있는 것이다. 이처럼 단일어 환경에서는 정보구조에 대해 신경쓸 필요도 없고 설명할 필요도 없다. 인간의 언어생활에서 정보구조는, 물고기에게

물과도 같은 존재이기 때문이다.

정보구조가 문제가 되는 거의 유일한 상황은 바로 번역이다. 특히 영어와 한국어처럼 어순이 크게 다른 언어 사이에서 정보구조가 깨질 확률이 높다. 정보구조라는 고차원적인 메커니즘이 문법 위에서 작동하고 있다는 사실을 (너무 뻔한 사실이기 때문에) 알지 못하고 무작정 문법적 어순만 고려하여 번역을 하다 보니, 번역결과물의 정보구조가 깨지는 사태가 자주 발생하는 것이다. 이렇게 번역된 글을 읽고 독자들은 대개 이런 생각을 한다.

"특별히 잘못된 부분은 찾지 못하겠는데, 왠지 모르게 읽어도 잘 이해가 안 되더라고."
"재미있는 사례와 주장이 많이 나오기는 하는데, 그런 게 주제와 무슨 상관이 있는지 모르겠어."
"해외에선 대단한 호평을 받았다던데, 도대체 왜 그런 평가를 받았는지 읽어봐도 알 수가 없네."
"이 책은 원래 이렇게 어려운 건가? 내 머리가 나쁜 건가?"

하지만 '정보구조'라는 메커니즘이 어느 언어에서나 작동한다는 사실을 이해하고 나면 무엇이 문제인지 비로소 보이기 시작한다. 원문은 과연 어떻게 문장을 전개하고 있을까? 문법적 어순이 아니라 의미적 어순, 즉 정보를 제시하는 순서에 초점을 맞춰 읽어보라.

❶ Apart from such minor bodily discomforts, the Amazon region is not merely a place; it is an awe-inspiring force. The Amazonian rain forest covers nearly three million square miles: 2 percent of the total surface of the earth and 40 percent of the South American landmass. This forest is nearly the size of the continental United States. Fly from Porto Velho near the Bolivian border to the city of Belém at the mouth of the Amazon, a four-hour jet flight, and on a clear day you will see the jungle stretch out to the horizon in every direction: a green carpet, as far as the eye can see, with blue streaks of water from north to south, flowing toward the "moving sea," as the Tupi Indians called the Amazon.

문미초점의 원리가 어떻게 작동하는지 표시하여 원문과 번역문을 비교해보자. 색을 칠한 부분이 문장의 초점(신정보이자 메시지의 목적)에 해당한다.

	①	1a	1b
A	Apart from such minor bodily discomforts,	몸이 고달픈 것을 제쳐두면	이러한 사소한 신체적 불편만 뒤로 하고 보면
B	the Amazon region is	아마존은	아마존은
C	not merely a place;	그렇고 그런 관광지가 아니라	어떤 지역을 의미하는 단순한 이름이 아니다.
D	it is		그 웅장함은
E	an awe-inspiring force.	경외심을 불러일으키는 힘을 지닌 장소다.	인간을 쉽사리 압도하고도 남는다.
F	The Amazonian rain forest	아마존 강 유역 열대우림의 면적은	아마존의 우림은
G	covers		
H	nearly three million square miles:	약 760만 제곱킬로미터로,	780만 제곱킬로미터에 달하는 어마어마한 땅 위에
		G	펼쳐져 있다.
		insert	이는
I	2 percent of the total surface of the earth and 40 percent of the South American landmass.	지구 총 면적의 2퍼센트에 달하며 남미대륙의 40퍼센트를	남아메리카대륙의 40퍼센트를 차지하는 면적이며, 전체 지구표면의 2퍼센트나 되는 면적이다.
	G	차지한다.	

J	This forest is		
K	nearly the size of the continental United States.	미국 본토 크기와 거의 비슷하다.	미국 본토 면적과 맞먹는 크기다.
L	Fly from Porto Velho near the Bolivian border to the city of Belém at the mouth of the Amazon,	볼리비아 국경 근처 포르투벨류에서 아마존 하구 근처 벨렝이라는 도시까지	볼리비아국경과 가까운 아마존강 상류의 도시 포르투벨류에서 아마존강이 대서양과 만나는 하구에 있는 도시 벨렝까지
M	a four-hour jet flight,	비행기로 4시간 정도 날아가면	비행기로 가는 데 네 시간이나 걸린다.
N	and on a clear day	맑은 날에는	맑은 날에는
O	you will see		
P	the jungle stretch out to the horizon in every direction:	아마존 정글이 시야 밖까지 사방팔방 쭉쭉 뻗어나가는 모습을	온통 푸르른 정글이 사방으로 지평선까지 펼쳐져있는 장관을
	O	볼 수 있다.	볼 수 있다.
Q	a green carpet, as far as the eye can see,	녹색 양탄자 사이로, 눈으로 볼 수 있는 저 멀리,	끝없이 펼쳐진 초록색 카펫 위에는
R	with blue streaks of water from north to south,	북쪽에서 남쪽으로 흐르는 푸른 물줄기들이	북쪽에서 남쪽으로 흐르는 파란 물줄기들을 볼 수 있는데,
		insert	이들은 모두
S	flowing toward the "moving sea," as the Tupi Indians called the Amazon.	투피 원주민들이 '움직이는 바다'라고 부르는 아마존을 향해 달리고 있다.	투피인디언들이 '흐르는 바다'라고 불렀던 아마존강으로 흘러가는 지천이다.

정보구조에 대해 세부적으로 설명한다.

A such나 뒤에 나오는 **D**의 it, **J**의 this 같은 지시대명사들은 앞에서 언급한 정보를 가져오는 기능을 하기 때문에 모두 구정보를 지칭한다.

C 문장은 마침표 앞에 가장 강한 초점이 모인다. 문장을 연결한 **1a**와 달리 **1b**는 마침표를 찍어 문장을 종결함으로써 이 항목을 강조한다.

D 원문은 거의 기능적인 역할만 하는 it is로 문장을 시작한다. 이처럼 의미가

거의 없는 구정보는 뒤에 나올 신정보에 더 강렬한 초점을 모아준다. **1b**는 문단의 키워드(주제)를 구정보로 제시한다.

E **1a**는 아마존이 어떤 '장소'라는 것에 초점을 맞춰 진술하는 반면, **1b**는 '압도하고도 남는다'라는 서술부에 초점을 맞춰 진술한다. 무엇이 이 글이 말하고자 하는 메시지에 더 부합할까?

F **1a**는 '면적'이 있지만 **1b**에는 없다. 구정보는 물론 독자가 알고 있는 정보이기는 하지만 너무 길고 복잡해질 경우 정보처리에 부하가 발생할 수 있다. 될 수 있으면 구정보는 짧고 가볍고 쉽게 만들어야 한다.

H **1a**는 단순히 면적을 진술하고 콤마로 연결하는 반면, **1b**는 마침표를 찍어 초점을 강하게 모아준다. 초점을 모아주는 대상은 숫자가 아니라 '어마어마한 땅 위에 펼쳐져있다'는 서술부다.

I 소리 내어 읽어보면 **1a**보다 **1b**가 훨씬 강렬한 인상을 주며 문장을 끝마친다는 것을 알 수 있다. '2퍼센트나 되는'에 사용된 놀람을 표시하는 조사와 '면적'이라는 명사의 반복은 힘을 주어 읽게 한다.

K 소리 내 읽어보면 '—와 비슷하다'는 힘을 주기 어려운 빈약한 동사인 반면 '—과 맞먹는 크기다'는 힘을 주어 읽기가 쉽다는 것을 느낄 수 있다.

L 포르투벨류나 벨렝과 같은 도시의 이름을 아는 독자는 물론 많지 않을 것이다. 하지만 여기서 발화의 목적은 이 도시를 아느냐 모르느냐 하는 것이 아니라 두 지점 사이의 거리가 얼마나 되느냐 하는 것이다. 구체적인 지명은 모르더라도 거기에 도시가 있다는 것은 독자들이 충분히 예상할 수 있는 사실이기에 구정보로 처리할 수 있다. 더욱이 '볼리비아 국경과 가까운'과 '아마존 하구에 있는'과 같은 수식구로 정보성을 낮춰주는 것을 볼 수 있다. ('정보성'은 다음 장에서 설명한다.)

M 아마존 상류에서 하구까지 가는 데 비행기로 네 시간이 걸린다는 사실은 이 문단의 주제를 고려할 때 중요한 정보로, 초점을 받아야 한다. 물론 원문에서는 이 곳에 마침표를 찍지 않고 콤마를 찍었다. 물론 마침표보다 약하기는

하지만 콤마 앞에도 초점이 온다. **1b**는 콤마 대신 마침표를 찍는 것을 선택했다. 정보구조는 독자의 상식에 기반한다는 측면에서 문장을 잘라도 무리가 없다고 판단한 것이다. 반면 **1a**는 이 부분을 아무런 장벽도 설치하지 않고 문장 속에 연결해버림으로써 독자의 주목을 끌지 못한다. 놀라운 정보를 아무것도 아닌 일처럼 말하고 슬쩍 넘어가버린 것이다. 이렇게 발화의 형식과 청자의 인식 사이에 괴리가 발생하면, 청자는 화자가 뭘 말하고자 하는지 혼란을 느낀다.

O 원문에서 you will see는 문장에서 가장 초점을 받지 않는 문두에 오는 반면, 번역문에서는 문장 맨 끝에 와서 초점을 많이 받는다. 물론 한국어는 문장을 반드시 동사로 끝맺어야 하기 때문에 이 문제는 해결하기 어렵다. 이런 문제로 인해 한국어는 동사 바로 앞에 오는 항목에 가장 강한 초점이 오는 경우가 많다. 물론 동사 자체에 힘이 있으면 가장 좋다.

P '쭉쭉 뻗어나가는 모습'과 '펼쳐져있는 장관'을 소리 내 읽어보면 어디에 더 힘이 들어가는가? '쭉쭉'은 명제적인 의미와 더불어 강한 발음으로 인해 초점이 모인다. 하지만 부사어를 첨가하는 것은 인위적으로 강조하는 느낌이 들 뿐만 아니라 위치(맨 앞)가 좋지 않다. 반면 '장관'은 명제적으로 의미가 부각되며 위치도 아주 좋아 자연스럽게 강한 초점을 받는다.

Q a green carpet은 앞에서 진술한 것을 비유적으로 요약한 신정보다. 바로 앞에 접속사 역할을 하는 콜론이 찍혀있어서 앞선 정보와 자연스럽게 연결된다. 하지만 **1a**는 '녹색 양탄자'(낯선 정보)로 문장을 시작하는 바람에 독자들은 이것의 정체를 알지 못해 혼란을 느낄 확률이 높다. 문장을 끝까지 읽어야 이것이 정글을 비유한 것이라는 사실을 깨달을 수 있다.

R **1a**는 아무런 원칙 없이 콤마를 남발하는 바람에 콤마가 메시지의 초점을 표시하는 효과를 제대로 발휘하지 못한다. **Q**에는 콤마를 두 개나 찍고 이곳에는 콤마를 찍지 않고 연결해서 초점을 엉뚱한 곳에 모아준다. 반면 **1b**는 이곳에만 콤마를 찍어, 전달하고자 하는 바가 무엇인지 분명하게 알려준다.

S **1a**의 '—을 향해 달리고 있다.'는 행위 자체에 초점이 모아주는 반면, '—흘러가는 지천이다.'는 주어를 정의하는 명사구에 초점을 모아준다. 무엇이 말하고자 하는 바에 어울리는 선택일까?

1a는 5문장으로 이루어져있는 반면, **1b**는 9문장으로, 거의 두 배가 늘었다(원문은 네 문장으로 되어있다). 이렇게 문장을 잘게 잘라 번역해도 되는지 아직 의심하는 사람이 있을지 모르겠다. 하지만 저자가 글을 쓰면서 관심을 기울였던 것은 문장의 수였겠는가? 아니면 자신의 생각을 독자에게 정확하고 효율적으로 전달하는 것이었겠는가? 중요한 것은 문장이 아니라 메시지다.

독서는 나열된 정보들을 순차적으로 처리하고, 그것들을 하나의 실로 꿰어 통합된 의미표상을 만들어내는 작업이다. 하지만 초점이 맞지 않아 하나의 실로 꿰어지지 않는 '잉여'정보들이 존재한다면 어떨까? 아직 처리하지 못한 정보들이 머릿속에 떠다니는 상황에서 계속 쏟아져 들어오는 정보를 처리해야 하는 상황은 상당한 스트레스를 유발한다. 독자들이 이러한 고통을 겪지 않도록 글을 설계할 줄 알아야 한다.

❈ ❈ ❈

2a 여성의 육체적 매력과 관련된 재미있는 특징은 바로 허리와 엉덩이 비율이다. 젊은 남성에서 85세의 노인들까지 물었을 때 허리와 엉덩이 비율이 낮을수록 매력적이라고 대답했다(Singh, 1993). 낮은 허리와 엉덩이 비율은 가는 허리와 큰 엉덩이를 말하는데, 이같은 남성들의 비현실적인 희망사항 때문에 여성들이 코르셋을 입거나 성형수술을 하는 등 건강하지 않은 선택을 한다. 지난 30년에서 60년 동안 미스아메리카와 《플레이보이》 '이달의 바니걸'들을 살펴보면 허리와 엉덩이 비율은 거의 달라지지 않았다. 가는 허리와 큰 엉덩이는 여성의 섹스어필에 중요한 역할을 한다.

이 번역을 읽어보면 다소 엉뚱한 진술을 하고 있는 문장 하나가 눈에 띌 것이다. 어떤 문장인지 골라낼 수 있는가? 문장의 초점이 어디에 있는지 생각하면서 읽어보면 금방 찾을 수 있다.

	절	커뮤니케이션 기능
A	―바로 허리와 엉덩이의 비율이다.	새로운 주제(waist-to-hip ratio) 도입
B	―낮을수록 매력적이라고 대답했다.	waist-to-hip ratio를 언급하는 이유
C	―가는 허리와 큰 엉덩이를 말하는데,	waist-to-hip ratio의 정의
D	―건강하지 않은 선택을 한다.	여성들의 행동
E	―허리와 엉덩이 비율은 달라지지 않았다.	waist-to-hip ratio의 일관성
F	―섹스어필에 중요한 역할을 한다.	waist-to-hip ratio의 역할

분석결과, 나머지 문장은 모두 waist-to-hip ratio에 대해 진술하고 있는 반면 **D**만 여성들이 어떤 행동을 하는지 진술한다는 것을 알 수 있다. 많은 초보번역자들이 실수하는 부분이다. 왜 이런 번역이 나오는지 출발텍스트를 보자.

❷ An interesting feature, related to the physical attractiveness of women is the waist-to-hip ratio. It turns out that men, from young adults to 85-year-olds, find women with a low waist-to-hip ratio more attractive (Singh, 1993). A low waist-to-hip ratio means a narrow waist and wide hips, an impossible physical ideal that causes women to do unhealthy things, from wearing corsets to cosmetic surgery, to their bodies. An examination of the winners over the last thirty-to-sixty years of the Miss America contest and Playboy's "Bunny of the Month," shows very few changes in the waist-to-hip ratio of these declared beauties. Narrow waist and wide hips are important contributors to a woman's sex appeal.

문제의 부분은 앞선 진술을 요약하여 진술하는 동격구다. 이 부분을 문장으로 간주하고 번역하는 바람에 초점이 이탈한 것이다.

✔ 2b 여자의 신체적 매력과 관련하여 재미있는 특징은 허리-엉덩이 비율이다. 85살 미만의 성인남자들을 대상으로 조사한 결과, 허리-엉덩이 비율이 낮을수록 더 매력적이라고 대답했다(Singh, 1993). 허리-엉덩이 비율이 낮다는 말은 허리가 가늘고 엉덩이는 크다는 뜻이다. 이는 코르셋을 입거나 성형수술을 하는 등 몸에 나쁜 짓을 하지 않고서는 만들 수 없는 체형이다. 지난 30-60년 동안 미스아메리카나 《플레이보이》의 '이달의 바니걸'로 뽑힌 여자들을 조사해보면, 이러한 공인된 미인들의 허리-엉덩이 비율은 변하지 않았다는 것을 알 수 있다. 가는 허리와 큰 엉덩이는 남자들에게 성적 흥분을 유발하는 중요한 요인이다.

이탈한 초점을 바로잡기만 해도, 텍스트의 완결성과 가독성이 월등히 높아진다는 것을 알 수 있다.

	❷	2a	2b
A	An interesting feature, related to the physical attractiveness of women	여성의 육체적 매력과 관련된 재미있는 특징은	여자의 신체적 매력과 관련하여 재미있는 특징은
B	is the waist-to-hip ratio.	바로 허리와 엉덩이 비율이다.	허리-엉덩이 비율이다.
C	It turns out that		
D	men, from young adults to 85-year-olds,	젊은 남성에서 85세의 노인들까지	85살 미만의 성인남자들을 대상으로
	C	물었을 때	조사한 결과,
E	find women with a low waist-to-hip ratio more attractive.	허리와 엉덩이 비율이 낮을수록 매력적이라고 대답했다.	허리-엉덩이 비율이 낮을수록 더 매력적이라고 대답했다.

F	A low waist-to-hip ratio	낮은 허리와 엉덩이 비율은	허리-엉덩이 비율이 낮다는 말은
G	means		
H	a narrow waist and wide hips,	가는 허리와 큰 엉덩이를	허리가 가늘고 엉덩이는 크다는
	G	말하는데,	뜻이다.
		insert	이는
I	an impossible physical ideal	이같은 남성들의 비현실적인 희망사항 때문에	
J	that causes women to do unhealthy things, from wearing corsets to cosmetic surgery, to their bodies.	여성들이 코르셋을 입거나 성형수술을 하는 등 건강하지 않은 선택을 한다.	코르셋을 입거나 성형수술을 하는 등 몸에 나쁜 짓을 하지 않고서는
		I	만들 수 없는 체형이다.
K	An examination of the winners over the last thirty-to-sixty years of the Miss America contest and Playboy's "Bunny of the Month,"	지난 30년에서 60년 동안 미스아메리카와 《플레이보이》 '이달의 바니걸'들을 살펴보면	지난 30-60년 동안 미스아메리카나 《플레이보이》의 '이달의 바니걸'로 뽑힌 여자들을 조사해보면,
L	shows		
M	very few changes in the waist-to-hip ratio of these declared beauties.	허리와 엉덩이 비율은 거의 달라지지 않았다.	이러한 공인된 미인들의 허리-엉덩이 비율은 변하지 않았다는 것을
		L	알 수 있다.
N	Narrow waist and wide hips	가는 허리와 큰 엉덩이는	가는 허리와 큰 엉덩이는
O	are important contributors to a woman's sex appeal.	여성의 섹스어필에 중요한 역할을 한다.	남자들에게 성적 흥분을 유발하는 중요한 요인이다.

❀ ❀ ❀

원고에서 긴 문장이 나오면 기계적으로 자르는 편집자들이 많다. 다음은 내가 번역한 원고를 한 편집자가 수정한 것이다.

✔ 3a 하지만 이 사건은 결정적으로, 세상과 나 자신을 바라보는 희망적인 시선과 무수한 일상적인 실패의 경험에서 우러난 부정적인 시선이 겨우 균형을 이루고 있던 접시저울을 한쪽으로 기울게 만들었다. 이 사건을 계기로 나는 더 이상 노력하지 않겠다고 조용히 맹세했다.

3b 하지만 결정적으로 이 사건은 마음속 저울을 한쪽으로 기울게 만들었다. 이 사건이 있기 전, 내 안에서는 세상과 나 자신을 바라보는 희망적인 시선은 무수한 일상적인 실패의 경험에서 우러난 부정적인 시선은 겨우 균형을 이루고 있었다. 이 사건을 계기로 나는 더 이상 노력하지 않겠다고 조용히 맹세했다.

물론 첫 문장이 길기는 하지만, 문장의 형식을 잘 짜놓았을 뿐만 아니라 맥락 속에서 어렵지 않게 읽어나갈 수 있다고 판단하였다. 무엇보다도 초점을 유지하면서 문장을 자르기가 현실적으로 쉽지 않다. 그런데 편집자는 문장이 길다는 이유만으로 문장 속 종속절을 개별문장으로 분리시킨 것이다.

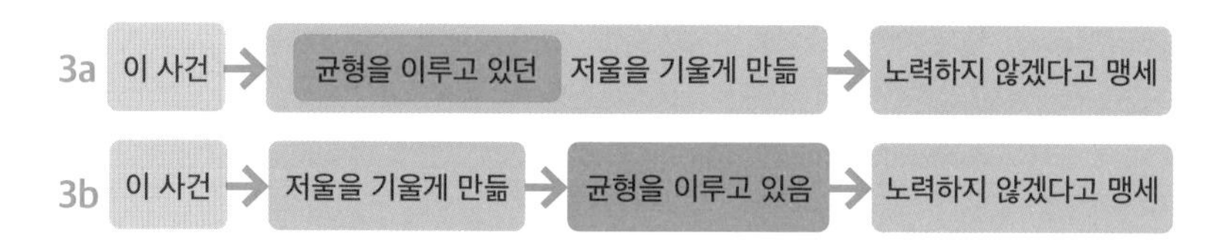

물론 문장이 짧아지니 문장 자체는 읽기 쉬워졌으나, 텍스트의 흐름에서 벗어나는 초점이 하나 생겨남으로써 이 글이 무엇을 이야기하고자 하는지 이해하기 어려워졌다. **3a**에서는 초점을 받지 않던 정보가 **3b**에서는 오히려 가장 많은 초점을 받는 정보가 되어버리면서 글이 산만해졌다.

무조건 짧게 쓴다고 가독성이 높아지는 것은 아니다. 메시지의 흐름에 맞게 진술의 초점이 일관성있게 나열되지 않으면 독자는 무엇이 이야기의 핵심정보이고 무엇이 부가적인 정보인지 파악하지 못할 수 있고, 그토록 신줏단지처럼 모시는 가독성은 오히려 떨어진다.

Chapter 21

"

의사소통적 역동성communicative dynamism(CD)는... 언어적 커뮤니케이션이 정적인 현상이 아닌 동적인 현상이라는 사실에 기초한다... 언어적 요소마다 가지고 있는 CD의 정도를 토대로 그 요소가 커뮤니케이션의 전개에 기여하는 정도, 다시 말해 커뮤니케이션을 앞으로 밀어붙이는 정도를 이해할 수 있다. "

Jan Firbas (1972) "On the interplay of prosodic and non-prosodic means of functional sentence perspective" in V. Fried (ed.) *Papers on Funtional Sentence Perspective.* The Hugue: Mouton, and Prague: Academia. p78

"

화제중심언어가 주어중심언어보다 CD를 훨씬 밀접하게 따르는 경향이 있다. "

Tim Johns (1992) "It is presented initially: linear dislocation & interlanguage strategies in Brazilian academic abstracts in English and Portuguese", *Ilha do Desterro* 27. p10-11

21

글쓰기는 독백일까, 대화일까?

정보성

정보구조에 관한 설명을 하는 과정에서 '정보성'의 수준이라는 개념을 언급했다. 정보성informative이란 쉽게 말해, 어떤 항목이 나타날 것이라고 독자가 예측할 수 있는 정도를 말한다. 메시지 전개과정에서 비교적 독자가 예측하기 어려운 정보는 '정보성이 높다'고 말하고 독자가 쉽게 예측할 수 있는 정보는 '정보성이 낮다'고 말한다. 예문을 보자.

❶ In Roman mythology, Venus is the goddess of both beauty *and* love.

이 문장에서 and를 기울여 놓은 것을 볼 수 있다. 이 문장을 말로 한다면 and 부분에 힘을 주어 크게 말했을 것이다. 저자는 어떤 의미로 and를 힘주어 말했을까(기울여 놓았을까)?

명사와 명사를 동등하게 연결해주는 기능을 하는 and는 대개 정보성이 낮은 항목이다. 그런데 저자는 여기서 and를 기울여 표시함으로써 정보성을 인위적으로 높여 놓았다. 우리가 익숙하게 예측할 수 있는 항목이 아니라고 표시해 놓은 것이다. 다음 번역을 보면 좀더 쉽게 이해할 수 있다.

1a 로마신화 속의 비너스는 미와 사랑의 여신이다.

이렇게 번역하면 '미와 사랑'은 너무 익숙한 조합이라서 독자들은 글을 읽을 때 주목하지 않고 넘어갈 확률이 높다. 어떻게 and를 강조할 수 있을까?

1b 로마신화 속의 비너스는 아름다움 *그리고* 사랑의 여신이다.

1b는 and를 독립적인 접속사 '그리고'로 번역하고, 원문을 흉내내어 기울여 놓았다. 연결방식이 **1a**에 비해서 훨씬 무거워졌을 뿐만 아니라 글자를 기울여 놓았으니 한국어독자들도 충분히 주목할 만하다. 하지만 기울여 쓰는 것은 한국어의 규범에도 맞지 않고, 한글의 기본적인 디자인과도 어울리지 않는다. 굳이 디자인으로 의미를 전달하고자 한다면, 획의 굵기를 조절하거나 폰트 자체를 바꾸는 편이 나을 것이다. 좀더 탁월한 번역가라면 이것을 폰트 디자인에 의존하지 않고도 의미를 전달할 수 있어야 한다.

✔ 1c 로마신화에 나오는 비너스는 아름다움의 여신인 동시에 사랑의 여신이다.

이 번역은 and에 해당하는 접속부를 길게 늘이고 앞뒤 병렬항목의 형태를 똑같이 만들어 반복효과를 주었다(—의 여신). 소리 내 읽어보면 연결부에 힘이 들어가 억양이 올라가는 것을 알 수 있다. 또한 같은 단어, 같은 문형이 반복될 때 정보성은 급상승한다. 인지적 측면에서 독자들은 앞에 나온 항목이 또다시 반복되면 그것을 중요한 정보라고 인식한다. 이처럼 독자가 어떤 지식을 익숙하게 여길지, 어떤 지식을 낯설거나 중요하다고 여길지 세심하게 고려하여 정보성을 배분해야 한다.

❀❀❀

앞 장에서 설명한 정보구조를 정보성 측면에서 설명하면 다음과 같다.

문장 앞부분에는 정보성이 낮은 항목(구정보)을 놓고 문장 뒷부분에는 정보성이 높은 항목(신정보)을 놓으면 정보를 손쉽게 전달할 수 있다.

정보구조에서 설명했듯이, 이러한 정보성의 차이는 문장 안에만 적용되는 것이 아니라, 절과 절, 문장과 문장 사이에도 적용할 수 있다. 예컨대 한 문단에서 핵심문장을 뽑아낼 수 있는 것도, 두꺼운 책을 짧게 요약할 수 있는 것도, 우리가 정보성을 인지할 수 있기에 가능한 작업이다.

좀더 미시적인 관점에서 접근하자면 정보성은 파도와 같다. 다시 말해 정보성이 높은 절이 나오면 그 다음에 정보성이 낮은 절이 따라나오고, 정보성이 낮은 절이 나오면 곧 정보성이 높은 절이 따라나온다.

2a 이러한 사소한 신체적 불편만 뒤로 하고 보면 아마존은 어떤 지역을 의미하는 단순한 이름이 아니다. 아마존 우림은 780만 제곱킬로미터에 달하는 어마어마한 땅 위에 펼쳐져 있다. 이는 남아메리카대륙의 40퍼센트를 차지하는 면적이며…

20.1b 예문을 다시 가지고 온 것이지만, 중간에 뭔가 빠진 느낌이 들 것이다. 이처럼 텍스트의 구성이 허술하다는 것을 어떻게 직관적으로 알 수 있는 것일까? 글을 읽는 것은 쓰여진 글을 일방적으로 수용하는 작업이 아니기 때문이다.

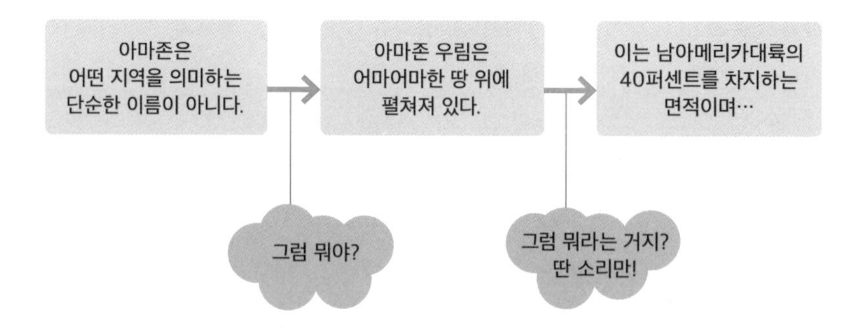

'단순한 이름이 아니다.'라는 문장 다음에 독자는 이 문장을 부연하는 또 다른 문장이 나올 것으로 기대하는데, 이 문장이 나오지 않는다. 이러한 기대는 우리가 이 예문을 읽어본 적이 있기 때문에 느끼는 것이 아니다. 기본적으로 이 문장에서 진술하는 명제의 정보성이 높기 때문에 이러한 정보성을 낮춰줄 다른 문장이 따라 나올 것이라고 예상하는 것이다. 생략된 문장들을 복원해보자.

21b 이러한 사소한 신체적 불편만 뒤로 하고 보면 아마존은 어떤 지역을 의미하는 단순한 이름이 아니다. 그 웅장함은 인간을 쉽사리 압도하고도 남는다. 아마존의 우림은 780만 제곱킬로미터에 달하는 어마어마한 땅 위에 펼쳐져 있다. 이는 남아메리카대륙의 40퍼센트를 차지하는 면적이며…

훨씬 자연스럽게 읽힌다. 이처럼 독자들은 무수한 독서경험을 통해 어떤 글이든 정보성이 나름대로 작동할 것이라고 기대한다. 정보성이 낮은 문장들이 이어지면, 곧 정보성이 높은 문장(반전이나 예상치 못한 도약)이 제시될 것이라고 기대하고 정보성이 높은 문장이 등장하면, 정보성이 낮은 문장(해설, 부연, 예시, 회상 등)이 뒤따라 나와 한껏 높아진 긴장을 완화시켜줄 것이라 기대한다.

❀❀❀

메시지를 완결하기 위해서 모든 절은 앞(오른쪽)을 향해 나아가야 한다, 그런 점에서, 정보성이 높은 절과 문장은 글을 빠르게 전개할 수 있도록 속도를 높여준다. 반면 정보성이 낮은 절과 문장은 글의 전개를 더디게 한다.

정보성이 높은 문장만으로 글을 구성하면 빠르게 메시지를 전달할 수 있겠지만 독자들은 상당한 정보부하를 느낄 것이다. 생각의 속도가 글의 속도를 따라가지 못할 수 있기 때문에 여러 번 반복해서 읽어야 하는 상황이 벌어질 것이다. 물론 대다수 독자는 한두 문장 읽고 나서 바로 포기할 확률이 높다.

반면, 정보성이 낮은 문장만으로 글을 구성한다면 독자들은 지루함을 느낄 것이다. 이미 아는 이야기, 충분히 예측할 수 있는 이야기만 계속되면 글은 흥미를 자극하지 못하고 계속 읽어야 할 동기도 주지 못한다.

결국 좋은 글을 쓰기 위해서는 정보성의 높낮이를 적절하게 조절하고 배분함으로써 독자가 긴장의 끈을 놓지 못하도록 해야 한다. 정보성이 높은 문장과 낮은 문장을 번갈아 제시하는 전략은 독자에게 계속 글을 읽어나갈 동기를 부여한다. 높은 정보성으로 흥미를 자극하고 낮은 정보성으로 충분히 이해할 수 있는 여유를 제공한다. 독자와 심리적으로 밀고 당길 줄 아는 글은 독자들의 호기심을 자극하고 몰입할 수 있게 한다.

결론적으로 글을 잘 쓰고 싶다면, 정보성과 정보구조의 메커니즘을—의식적으로나 무의식적으로나—잘 다룰 줄 알아야 한다.

❀❀❀

정보성과 정보구조는 독자의 인식(독자가 알고 있는 정보)을 기준으로 판단하는 것이다. 따라서 저자는 그러한 독자의 인식 속에 존재하는 항목을 예측할 줄 알아야 한다. 사실 이것은, 초보번역가들이 가장 힘들어하는 작업이다. 글을 많이 써보지 않은 사람들에게 다른 사람의 시선에서 자신의 글을 읽고 평가하고 수정하라는 요구는 말처럼 쉬운 일이 아니다. 그럼에도 번역을 하고 글을 쓰고자 한다면 반드시 이러한 기술을 습득해야 한다. 다시 말하지만 정보구조는 글쓰기, 번역하기의 핵심기술이다.

하지만 좌절할 필요는 없다. 우리는 이런 작업을 일상에서 끊임없이 수행하고 있으며, 또 매일 능숙하게 해내고 있기 때문이다. 그것은 바로 대화다. 우리는 누군가 대화할 때 정보를 제시한 뒤 그것에 대해 부연설명을 하기도 하고 뻔한 진술을 늘어놓다 그것을 뒤집어 재미를 주기도 한다. 대화를 이어나갈 수 있다는 것, 커뮤니케이션을 할 수 있다는 것은 곧 우리가 정보성을 조절하고 정보를 배치할 줄 안다는 뜻이다.

물론 우리가 이런 작업을 대화에서 능숙하게, 어려움을 전혀 느끼지 못하고 해낼 수 있는 것은 상대방의 즉각적인 피드백이 있기 때문이다. 문제는, 글에서는 그러한 피드백이 없다는 것이다. 그래서 많은 사람들이 글은 혼자 쓰는 것이라고 착각한다. 자기 생각을 늘어놓으면 저절로 글이 된다고 생각한다. 일기나 개인 블로그에 끄적이는 단편적인 감상 같은 것들은 물론 그렇게 써도 상관없을 것이다.

하지만 남에게 읽히기 위해 쓰는 글이라면, 즉 독자와 소통하기 위해 쓰는 글이라면 잠재적인 독자의 피드백을 홀로 상상해내고 그 피드백을 반영해 낼 줄 알아야 한다. 많은 사람들이 글쓰기를 배우려고 하지만 제대로 배우지 못하는 것은 잠재적인 독자들의 피드백을 상상해내지 못하기 때문이다.

특히 번역의 존재 이유이자 목적은 '커뮤니케이션'이다. 번역이란 저자의 의도를 파악하여 그것을, 저자가 원래 독자로 삼지 않았던 독자에게 전달하기 위해, 그 새로운 독자들이 이해할 수 있는 말로 다시 쓰는 것이다. 커뮤니케이션에 실패한 번역은 그야말로 존재가치가 없는 번역이다.

번역을 하고 싶다면 정보구조에 대한 감각을 익혀야 한다. 가장 유용한 훈련방법은 가상의 독자를 설정하고 혼자 대화를 진행해나가는 것이다. 자기 생각만 늘어놓는 것이 아니라 내 발화에 대한 독자의 반응을 예상하고 그것을 고려하여 글을 전개하는 것이다. 이러한 작업은 번역뿐만 아니라, 글쓰기의 가장 기본적인 기술이다. 익숙하지 않다면 끊임없이 훈련해 몸에 배게 해야 한다.

❀ ❀ ❀

정보성의 균형을 잡는 감각이 없으면 스스로 오역을 하고도 그것을 발견하지 못할 수 있다. 다음 예문은 실험의 결과를 설명하는 마지막 부분으로, 하나의 섹션을 끝맺는 부분이기도 하다.

2a 실험결과, 여자가 추하게 보인 경우에는 좋은 평가를 받든 나쁜 평가를 받든 남학생들은 조금도 신경 쓰지 않았다. 여자가 예쁜 모습으로 인터뷰한 경우, 긍정적인 평가를 받은 남학생들은 그녀를 아주 좋아한 반면, 부정적인 평가를 받은 남학생들은 그녀를 아주 싫어했다.

그러나 아름다운 외모의 여성으로부터 부정적인 평가를 받은 남자들은 다른 연구에서 다시 한번 그녀와 접촉할 기회를 갖기를 갈망하였다. 여자가 남자들에게 내린 평가는 너무 중요해서 그녀의 의견을 바꿀 수 있는 또 한번의 기회를 갖기를 갈망하였다.

마지막 두 문장이 모두 '—갈망하였다'로 끝난다. '다시 만날 기회를 갈망했다'는 진술이 특별히 복잡하거나 난해한 내용이 아니기 때문에 앞에서 한 말을 굳이 다시 한번 반복할 필요는 없어 보인다. 정보의 흐름에 대해 자세히 알지 못하는 사람도, 텍스트의 흐름이 뭔가 이상하다는 느낌을 받을 것이다. 이 부분이 왜 이상한지 좀더 분명하게 느끼고 싶다면 텍스트를 가상의 독자와 대화라고 상상해보면 된다.

Ideal Reader와 대화

여자가 추하게 보인 경우에는 좋은 평가를 받든
나쁜 평가를 받든 남학생들은 조금도 신경쓰지 않았다. a

당연히 그렇겠지. 예쁜 모습으로 인터뷰한 경우엔
좀 새로운 결과라도 있나?

여자가 예쁜 모습으로 인터뷰한 경우,
긍정적인 평가를 받은 남학생들은 그녀를 아주 좋아한… b

생각한 대로군. 그런데 예쁜 모습으로 인터뷰했을 때 반응을
두 가지로 나누어 설명하는군. 부정적인 평가를 받았을 때는?

…반면, 부정적인 평가를 받은 남학생들은 그녀를 아주 싫어했다. c

어, 그래? 뭐, 이 정도는 충분히 예상할 수 있는 결과인데.
그래서 뭘 이야기하려고 하는거지?

그러나 아름다운 여성으로부터 부정적인 평가를 받은 남자들은
다른 연구에서 다시 한번 그녀와 접촉할 기회를 갖기를 갈망하였다. d

오호, 재미있는 반전이군. 이걸 이야기를 하려고 했구만.
그런데 이유가 뭘까?

여자가 남자들에게 내린 평가는 너무 중요해서 그녀의
의견을 바꿀 수 있는 또 한번의 기회를 갖기를 갈망하였다. e

그래, 또 만나고 싶어했다는 건 알겠는데 이유를 말하라고.

Ideal Reader가 답답해서 퇴장하셨습니다.

이 대화모형을 보면 **d**에서 정보성이 가장 높아지는 것을 알 수 있다. 따라서 **e**는 이렇게 높아진 정보성을 낮춰주는 역할을 해야 하는데, 그 기능을 제대로 수행하지 못하고 있다. 독자들은 이 문장이 '남자들이 여자를 또 만나고 싶어하는 이유'를 구체적으로 해설해주기를 기대한다.

사실 마지막 문장 **e**를 자세히 읽어보면 독자의 질문에 대한 대답이 문장 앞부분에 숨어있다는 것을 알 수 있다('여자가 남자들에게 내린 평가는 너무 중요해서'). 질문에 대답할 때 우리는 발화의 목적을 문장에서 어떻게 구현할까?

너는 무슨 과일 좋아하니?

1. 맛있는 사과.
2. 사과는 맛있어.

이 질문에 2번처럼 대답하는 사람은 없을 것이다. 2번은 왜 어색할까? 메시지의 목적은 '사과'인데, 이것이 문장의 끝이 아닌 다른 자리에 있기 때문이다. 독자가 알고 싶어하는 정보(신정보), 즉 발화의 목적은 문장의 끝, 즉 초점 자리에 놓여야 한다.

텍스트 속 모든 문장은 독자의 질문에 답하는 것이며, 답변의 '의미'는 발화의 '의도'와 같다. 발화의 의도는 개별문장들이 존재하는 '목적'이며, 또 그러한 문장들이 텍스트 속에서 수행하는 커뮤니케이션의 '기능'과 같다. 복잡하다면 이것만 기억하면 된다.

독자는 지금 무엇을 궁금해 할까? 나는 지금 어떤 질문에 답해야 할까?

메시지의 초점을 맞추는 것은 이처럼 간단한 일이다. 그렇다면 **2a**는 무엇을 잘못 번역한 것일까? 출발텍스트를 보자.

❷ And yet, the men who received negative evaluations from the beautiful woman were anxious to be given another chance to interact with her in other studies. It seems that her evaluation of them was so important that they desperately wanted a chance to try and change her opinion of them.

원문을 보면 **d**와 **e**가 단순히 같은 내용의 반복이 아니라는 것을 알 수 있다.

d The men were anxious to be given another chance to interact…

e It seems that her evaluation of them was so important that…

d는 일단 사건을 객관적으로 진술하는 문장이다. 일반적인 문장 형태로 문장의 뒤쪽에 초점이 온다. 반면 **e**는 It seems that 절 속에 문장이 들어있을 뿐만 아니라 S be ***so*** adjective ***that***…으로 이루어진 강조구문이다(It—that cleft). 여기서 that 절은 강조되는 항목(***so*** adjective)의 정보성을 낮춰주는 역할을 한다.

결국 **d**는 관찰한 행동을 객관적으로 진술한 것인 반면, **e**는 남자들이 왜 그런 행동을 하는지 그들의 의도를 실험자가 해석하거나 추정한 것이다.

✔2b —그럼에도 아름다운 여성에게서 부정적 평가를 받은 남학생들은 다른 연구에서 다시 인터뷰할 수 있는 기회를 갖고 싶어했다. 그들에게 예쁜 여자의 평가는 너무나 중요한 듯 보였다. 남학생들은 그녀에게 다시 좋은 평가를 받을 수 있는 기회를 갖기를 진심으로 갈망했다.

2b는 **e**를 두 문장으로 나눠서 번역했는데, 이는 so—that 구문의 어순을 한국어로 구현해내기 위한 어쩔 수 없는 선택이라 할 수 있다. It—that 분열문은 흔히 다음과 같이 번역한다.

It is her opinion that the men want to change.

남학생들이 바꾸고 싶어하는 것은 바로 그녀의 의견이다.

번역문이 메시지의 초점을 맞추는 데는 성공했지만, 정보의 순서가 뒤바뀌었다. 초점을 살리면서 동시에 어순을 유지하는 것은 어렵다.

Her evaluation was so important that they want to change her opinion of them.

1 그녀의 평가는 자신들에 대한 그녀의 생각을 바꾸고 싶어할 만큼 중요했다.
2 그녀의 평가는 너무나 중요해서 자신들에 대한 그녀의 생각을 바꾸고 싶어했다.

1번 문장은 초점을 제대로 유지하고 있지만 어순이 어긋난다. 2번 문장은 어순은 유지하고 있지만, 아무래도 '중요해서'보다는 '바꾸고 싶어했다'에 초점이 꽂힌다.

결국 내가 찾아낸 해법은 문장을 나누어 초점을 유지하는 것이다. 물론 that 절 속에 들어있던 것을 문장으로 독립시키면서 효과가 미묘하게 달라지기는 했지만, 크게 문제가 되지는 않는다고 판단했다.

	②	2a	2b
A	And yet,	그러나	그럼에도
B	the men who received negative evaluations from the beautiful woman	아름다운 외모의 여성으로부터 부정적인 평가를 받은 남자들은	아름다운 여성에게서 부정적 평가를 받은 남학생들은
C	were anxious to be given		
D	another chance to interact with her in other studies.	다른 연구에서 다시 한번 그녀와 접촉할 기회를	다른 연구에서 다시 인터뷰할 수 있는 기회를
	C	갖기를 갈망하였다.	갖고 싶어했다.
E	It seems that		
F	her evaluation of them was	여자가 남자들에게 내린 평가는	그들에게 예쁜 여자의 평가는
G	so important	너무 중요해서	너무나 중요한
		E	듯 보였다.
H	that they desperately wanted a chance to try and change her opinion of them.	그녀의 의견을 바꿀 수 있는 또 한번의 기회를 갖기를 갈망하였다.	남학생들은 그녀에게 다시 좋은 평가를 받을 수 있는 기회를 갖기를 진심으로 갈망했다.

번역은 외줄타기다. 문법이 요구하는 형식을 깨지 않으면서 의미를 최대한 온전히 전달할 수 있는 방법을 찾아야 한다. 이 둘 사이에서 절묘한 지점을 찾아 균형을 잡으며 아슬아슬 한발씩 나아가야 한다. (하기야, 세상에 그렇지 않은 일이 어디 있겠는가?)

Chapter 22

“

의미함축에 관한 연구는 번역시 원문이 공유한 맥락 중 어떤 부분을 본문에 넣고 어떤 부분을 주석처럼 별도로 처리할 것인지 판단하는 데 실질적인 기준을 제시할 수 있다. 대화적 함축을 만들어내는 데 꼭 필요한 정보는 본문에 넣어야 한다. 그래야 심층결속적이고 의미가 통하는 번역물을 만들어낼 수 있다. 그러한 정보를 주석으로 빼는 것은 비현실적일 뿐만 아니라, 언어의 화용론적인 본질에 반하는 것이다.

”

Gregory Thomson (1982) “An introduction to implicature for translators” *Notes on Translation* 1 Number 87A. 30

22

괄호를 칠 것인가, 주석을 달 것인가?

정보의 흐름

많은 출판사의 편집자들이 원문의 괄호는 풀어서 번역해달라고 주문한다. 괄호는 가독성을 떨어뜨리는 효과를 발휘하기 때문이다.

1a 데카르트에 따르면, 사고의 역할을 담당하는 것은 바로 마음이다. 따라서 마음이 없는 존재는 생각을 할 수 없다. 문헌상 논란이 있어 데카르트 자신의 의견이 아닐지 몰라도, 데카르트 추종자들에 따르면 마음이 없는 존재는 느끼지 못한다.

5.14 예문의 또다른 학생의 번역이다. 중간에 끼어있는 '문헌상 논란이 있어 데카르트 자신의 의견이 아닐지 몰라도,'라는 두 개의 절이 메시지의 초점에서 벗어나 있다는 것을 알 수 있다. 이 두 절을 빼고 읽어보면 메시지는 훨씬 명확해지고 텍스트의 연결성은 단단해진다.

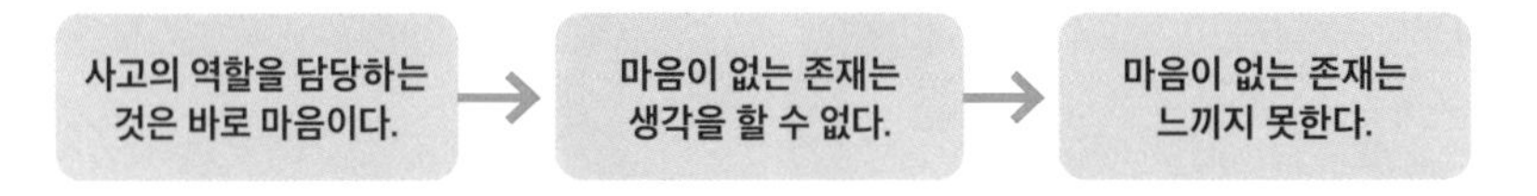

이러한 3단논법을 전개하는데, 문제가 되는 절이 중간에 끼어들어 정보의 흐름을 방해한다. 사실, 더 큰 문제는 이 끼어든 절이 논의를 전개하는 데 아무런 도움도 되지 않는 것처럼 보인다는 것이다. 다시 말해, 독자가 궁금해 하는 정보가 아니다. 이처럼 텍스트적 의미를 훼손하는 정보는 어디에서 나왔을까? 출발텍스트를 보자.

❶ Now, for Descartes, the mind is the part of us that does the thinking. So, anything that does not have a mind, by definition, cannot think. Nor, according to followers of Descartes (although perhaps not Descartes himself—the textual evidence is disputed), can it feel.

문제가 되는 절이 괄호 속에 있는 것을 알 수 있다. 괄호 속 정보는 독자들이 궁금해 하는 정보일까? 그렇다. 데카르트의 의견이 아닌 그의 추종자들의 의견을 굳이 이야기하는 이유에 대해서 사려깊은 독자들은 궁금해 할 것이고, 이에 대해 해명해야 한다. 이처럼 텍스트를 제대로 이해하는 데 필요하지만, 텍스트흐름에서 벗어나 있는 정보는 괄호 속에 넣어야 한다. 그렇지 않으면 정보의 흐름이 깨져 의미 자체가 모호해질 수 있다.

✔ 1b 데카르트에게 마음이란 인간의 일부분으로써 '사고'를 수행한다. 그렇기 때문에 마음을 갖지 못한 존재는 당연히, 생각하지 못한다. 또한 데카르트의 추종자들에 따르면 (어쩌면 데카르트 본인의 주장이 아닐지도 모른다. 문헌기록상 논란의 여지가 있다) 마음이 없는 존재는 느끼지 못한다.

❀❀❀

물론 원문의 괄호를 무조건 유지해야 하는 것은 아니다. 괄호 속에 있는 정보를 풀어도 정보의 흐름에 큰 영향을 미치지 않는다고 판단되는 경우에는 괄호를 풀어도 무방하다.

❷ At one time, this might have been a relatively idyllic time in your life. You might actually have been allowed to move around freely, perhaps even outdoors (in the belief that this would make you tougher, and better able to withstand the rigours of life in a cage). Now, in all likelihood, you will be put in a cage in a large shed.

닭을 풀어서 키우는 이유를 이곳에서 진술할 필요가 있지만, 텍스트의 흐름에서는 벗어난 정보라고 판단하여 저자는 괄호를 쳤을 것이다. 또한 텍스트 안의 문장들이 you(닭)를 주어로 삼아 전개되는 반면, 괄호 속 진술은 you를 주어로 삼기 어렵다.

2a 예전에는 여기서 비교적 목가적인 시간을 보낼 수 있었다. 자유롭게 움직이고 심지어 바깥에 나갈 수도 있었다. (이때의 생활이 닭장 속에 갇히게 되었을 때 겪을 혹독한 삶을 견딜 수 있도록 해준다고 생각했기 때문이다.) 하지만 지금은 대부분 커다란 우리 안에 있는 닭장에 갇힐 확률이 높다.

하지만 문장의 행위자를 인간으로 살짝 바꿔주면 괄호 속 진술을 풀어서 번역해도 별다른 문제가 없어 보인다.

✔ 2b 예전에는 이 시기에 상대적으로 한가로운 삶을 누릴 수 있었다. 자유롭게 돌

아다닐 수 있었으며 심지어 밖에 나가는 것이 허락되기도 했다. 이러한 경험을 하면 병아리들이 장차 닥칠 닭장 속 가혹한 삶을 더 잘 이겨내고, 더 튼튼해진다고 믿었기 때문이다. 하지만 지금은 커다란 오두막 안에 있는 닭장 속에 갇힐 확률이 높다.

❀ ❀ ❀

3a 1년에서 2년이 지난 뒤에도 아직 살아 있다면 (동료 중 35퍼센트는 이미 죽었겠지만) 생산력이 많이 떨어진다.

3b 1-2년 세월이 흐르고 나면 (35퍼센트의 닭은 죽지만 아직 살아있다면) 달걀생산능력은 현저하게 떨어진다.

3a는 조건절과 주절이 명제적으로 온전하게 호응하지 않는다. (이 조건이 유효하려면 '죽었다면 생산력이 유지된다'라는 명제도 가능해야 한다.) 반면 **3b**는 유효한 조건을 제시한다. 출발텍스트를 보자.

❸ After a year or two of this (if you are still alive—thirty-five per cent of your cage-mates will not be), your productivity will wane, making it unprofitable for the factory owner to feed or house you any longer.

괄호 속 진술은 대시를 삽입하여 극적인 어순효과를 만들어내고 있다. 대시는 대개 어떤 말을 하다가 마침 떠오른 중요한 정보를 제시할 때 사용한다. 말로 풀어보자면 아마도 이런 느낌이라 할 수 있다.

"당신이 살아 있다면 말이야… 아 잠깐! 35퍼센트는 이미 죽고 없지."
"데카르트 본인의 주장은 아닌 거 같은데… 어, 기록상 논란이 있어서."

3b는 괄호 속에서 이러한 어순을 살리지 못한 점이 아쉽다.

✔ 3c 이렇게 한두 해가 지나면 (아직 살아있다면—닭장을 같이 쓰던 동료 중 35퍼센트는 이미 죽고 없다) 기력이 쇠약해져 이제 달걀을 잘 낳지 못한다. 양계장 주인 입장에서 달걀을 낳지 못하는 이러한 닭들은 손해를 끼치는 존재다.

괄호를 풀고자 한다면, 어순에서 나오는 극적인 효과를 포기해야 한다.

✔ 3d 이렇게 한두 해가 지나가고 나면 닭장을 같이 쓰던 동료들 중 35퍼센트는 이미 죽고 없다. 물론 운 좋게 여전히 살아남았다 하더라도 기력이 쇠약해져 이제는 달걀을 잘 낳지 못한다. 당신이 먹는 사료와 차지하는 공간을 유지하기 위한 비용은 계속 들어가기 때문에 양계장 이윤은 떨어진다.

3d는 어순효과를 포기하는 대신 '운 좋게 여전히—하더라도'라는 표현적 의미요소를 첨가하여 '공포감'을 '안타까움'으로 대체하였다. 물론 글의 재미는 상당히 사라졌다. **3c**처럼 번역하는 것이 아무래도 가장 무난해 보인다.

	❸	3a	3d
A	After a year or two of this	이렇게 한두 해가 지나면	이렇게 한두 해가 지나가고 나면
B	(if you are still alive—	(아직 살아있다면—	
C	thirty-five per cent of your cage-mates will not be),	닭장을 같이 쓰던 동료들 중 35퍼센트는 이미 죽고 없다)	닭장을 같이 쓰던 동료들 중 35퍼센트는 이미 죽고 없다.
		B	물론 운 좋게 여전히 살아남았다 하더라도
D	your productivity will wane,	기력이 쇠약해져 이제는 달걀을 잘 낳지 못한다.	기력이 쇠약해져 이제는 달걀을 잘 낳지 못한다.
E	making it unprofitable		
F	for the factory owner	양계장 주인 입장에는	

G	to feed or house you any longer.	달걀을 제대로 낳지 못하는 이러한 닭들은		당신이 먹는 사료와 차지하는 공간을 유지하기 위한 비용은 계속 들어가기 때문에
			F	양계장
		E 손해를 끼치는 존재다.		이윤은 떨어진다.

⁂

출발텍스트에 없는 괄호를, 번역과정에서 삽입해야 하는 경우도 있다.

4a 50X30센티미터 크기의 일반적인 닭장을 네 마리와 함께 쓸 경우 당신이 차지할 수 있는 공간은 300제곱센티미터이다. 이것이 전부다. 이 면적을 쉽게 떠올릴 수 있게 설명하자면, 500제곱센티미터는 A4 용지 크기와 비슷하다. 운이 좋아서 세 마리와 함께 쓴다면 375제곱센티미터의 면적을 차지할 수 있다. 어찌 됐든, 펼치면 75센티미터에 달하는 양 날개를 펼칠 생각은 꿈도 꾸지 말아야 한다.

4a를 읽어보면 다소 성질이 달라 보이는 메시지가 눈에 띈다. 독자들이 너비를 좀더 쉽게 체감할 수 있도록 독자에게 직접 말을 거는 문장이다. 물론 저자는 이 문장이 굳이 괄호처리를 하지 않아도 텍스트흐름상 문제가 되지 않는다고 판단했지만, 텍스트의 일관성을 높이는 후반작업과정에서 나는 이것을 괄호 속에 넣는 편이 훨씬 낫다고 판단했다.

또한, 어순의 차이로 인해 괄호 속에 넣지 않으면 텍스트흐름에 문제가 발생하는 요소도 있다. 바로 맨 마지막 문장이다. 이 문장은 '펼치면 75센티미터에 달하는 양 날개를 펼칠 생각은'이라는 매우 긴 절을 화제어로 삼고 있는데, '양 날개를 펼치면 75센티미터에 달한다'는 아무리 봐도 구정보로 처리하기에는 무리가 있다. 출발텍스트를 보면 이것이 신정보로 제시되고 있다는 사실을 알 수 있다.

❹ The standard twelve by twenty inch cage, shared with four others, gives you about 300 square centimeters. Total. Just to be clear on the sort of dimensions we're talking about here, 500 square centimeters is about the size of a sheet of A4 paper. If you're a very lucky bird, and share your cage with only three others, then you have 375 square centimeters. Either way, you can forget about stretching your thirty-inch (75cm) wingspan.

한국어에서 '75센티미터'라는 정보를 문장 뒷부분에 두는 일은 쉽지 않다. 그래서 많은 번역자들이 정보구조를 무시하고 이 부분을 문장의 화제어 속에 넣어 번역함으로써 불안한 정보구조를 만들어낸다.

4b —75센티미터에 달하는 날개를 쭉 펼쳐 홰치던 습관은 잊는 편이 낫다.
4c —어쨌든 75센티미터나 되는 날개를 쭉 뻗을 수는 없다.

이 문제를 해결하기 위해 나는 괄호를 사용했다. 실제로 괄호를 이용해 정보의 흐름을 통제했을 때 글이 어떻게 나아지는지 보면, 앞에서 본 번역들의 문제가 무엇인지 분명하게 느껴질 것이다.

✔ 4d 30X50센티미터의 표준닭장을 다른 동료 넷과 함께 사용한다면 당신에게 주어지는 공간은 약 300제곱센티미터다. 구석구석 모두 통틀어도 이 정도밖에 되지 않는다. (참고로 A4 종이 한 장이 500제곱센티미터 조금 넘는다.) 만약 아주 운이 좋아서 세 동료와 닭장을 함께 쓴다고 해도, 375제곱센티미터의 공간밖에 주어지지 않는다. 어떤 경우든, 자신이 날개를 펼 수 있다는 사실은 잊어야 할 것이다. (닭이 날개를 펼쳤을 때 폭은 약 75센티미터가 된다.)

괄호가 다소 길기는 하지만 정보구조 측면에서 매우 잘 짜여있기 때문에 쉽게 읽힌다. (물론 괄호를 쓰지 않는 더 나은 해법이 존재할지도 모른다.)

❀ ❀ ❀

5a 이쯤 되면 당신과 동료들은 완전히 신경질적으로 변하고 제정신이 아닌 상태가 되어 서로 잡아먹는 지경에 이른다.

5b 이쯤 되면 닭장 속 닭들은 누가 보아도 매우 신경질적이고 정신이 온전하지 못한 상태가 되어, 점차 동족을 잡아먹는 카니발리즘 성향을 보일 것이다.

❺ By now, you and your cage-mates are demonstrably hysterical, almost certainly insane, and are very probably developing a penchant for cannibalism.

5a과 **5b**를 비교해보면 출발텍스트에 등장하는 cannibalism이라는 용어를 처리하는 방식이 다르다는 것을 알 수 있다. **5a**는 의미를 풀어서 번역한 반면, **5b**는 의미를 추정할 수 있는 힌트(동족을 잡아먹는)를 삽입한 뒤 '카니발리즘'이라는 용어를 도착텍스트에 그대로 사용했다. 실제로 '카니발리즘'은 축산업에서 사용되는 용어이기 때문에 **5b**와 같은 선택은 타당할 수 있다.

물론 **5a**처럼 '카니발리즘'이라는 용어를 삭제해버리면 텍스트의 흐름은 손쉽게 유지할 수 있지만, '서로 잡아먹는 지경'은 단순한 비유적 표현으로 해석될 위험이 있다. 또한 이 용어가 실제로 축산업에서 사용되고 있다는 사실을 알려주는 것은, 이것이 특수한 사례가 아니라 보편적인 현상이라는 것을 일깨워 줌으로써 독자들에게 상당한 충격을 줄 수 있다. 결국 이 단어를 풀어서 번역하는 것은 지나친 의미손실로 이어지는 듯 보인다.

정보의 흐름은 살리면서도 정보성이 높은 단어를 소개하려면 어떻게 해야 할까? 나는 괄호를 이용하여 적절한 해법을 찾아냈다.

✓ 5c 이쯤 되면 같은 방을 쓰는 동료들은 서로 지나치게 신경이 곤두서 거의 미친 상태에 다다른다. 결국 서로 동족을 죽이는 성향을 보이기 시작한다. (이러한 동물의 습성을 축산업에서는 카니발리즘cannibalism이라고 부른다.)

* * *

번역을 하다 보면 정보를 추가해야 할 수도 있고 생략해야 할 수도 있다. 어떤 정보를 텍스트 속에 넣어도 되는지, 또는 괄호 속에 넣어야 하는지 또는 주석으로 처리해야 하는지 판단하는 기준은 바로 정보의 흐름이다. 정보의 흐름을 더 일관성 있게 모아줄 수 있다면 본문 속에 추가하고, 흐름을 깨뜨릴 수 있다면 본문에서 빼야 한다. 본문에서 빼야 하는 정보는 괄호나 주석으로 처리할 수 있다.

정보의 흐름, 텍스트의 물줄기가 자연스러운지 어색한지 판단하기 위해서는 다음 두 가지 능력이 필요하다.

- **목표독자의 지식과 기대의 수준을 예측할 수 있어야 한다.**
- **독자의 기대를 충족시킴으로써 이해할 수 있는 텍스트를 만드는 동시에, 독자의 기대를 깸으로서 흥미로운 텍스트를 만들 줄 알아야 한다.**

결국 텍스트의 흐름을 판단하는 기준은 도착텍스트의 독자들이 세상을 이해하는 방식에 의해 결정된다. 다시 말해, 출발텍스트가 선택해놓은 텍스트의 흐름이 도착텍스트에서 최선의 선택이 아닐 수 있으며, 번역과정에서 바뀔 수 있다는 말이다.

번역 실전 노하우!

책에도 하이퍼링크가 필요해

6a 얼굴뿐만 아니라 아름다운 신체조건 역시 사람의 매력을 돋보이게 하는 중요한 요소다. 사실 얼굴은 예쁜데 몸매가 별로인 여자보다는 얼굴은 평범하지만 몸매가 좋은 여자를 더 매력적으로 생각하는 사람들이 많다. 또 깡마르거나 뚱뚱한 것보다는 평균체중의 여자 몸매가 이상적이다. 매력적인 여자 몸매는 특히 가슴사이즈에서 결정된다. 가슴도 너무 크거나 작은 것보다는 보통 사이즈를 사람들은 가장 매력적으로 느낀다.

6b 얼굴 외에 몸매도 남성과 여성의 전반적인 매력에 매우 중요한 영향을 미친다. 실제로 얼굴은 예쁘지만 몸매가 좋지 않은 여성은 얼굴은 예쁘지 않지만 몸매가 좋은 여성보다 낮은 평가를 받는다(엘리커 등, 1986). 여성의 아름다운 체형은 마르거나 뚱뚱하지 않은 보통 체형이며, 여성의 몸매의 중요한 기준은 가슴크기이다(싱, 1994). 너무 크지도 않고 작지도 않은 중간 크기의 가슴이 아름답다(클라인케와 스타네스키, 1980).

6a는 어떤 분야의 글처럼 읽히는가? 에세이다. 사람의 몸매에 대한 저자 개인의 미적 감각을 진술하는 글이다. '평균체중의 몸매가 이상적'인 것도, '가슴사이즈'가 중요한 것도 모두 저자 개인의 주관적 판단이다.

이러한 주관적 진술을 용인할 것인가 말 것인가? 이것은 독자들이 책을 고를 때 그것이 어떤 장르에 속하는지 눈여겨보는 이유 중 하나다. 문학이 아닌 책에서 이런 글이 등장한다면, 논증에 대한 신뢰성은 여지없이 무너질 것이고, 저자의 자질은 의심받을 것이다.

6b는 각각의 주장마다 사람이름(처럼 보이는 항목)과 년도가 괄호 속에 표시되어 있다. 이것은 개인의 주관적 진술이 아니라 실제 발표된 연구의 객관적인 결과라는 것을 알려준다. '보통 체형이 아름답고 가슴크기가 중요하다'는 주장은 싱이 1994년 발표한 논문에서 입증한 결과이며, 중간 크기의 가슴이 아름다운 것은 클라인케와 스타네스키가 1980년 발표한 논문에서 입증한 결과라는 뜻이다. 이렇게 객관적으로 검증된 진술을 바탕으로 저자는 자기 나름의 새로운 주장을 쌓아나간 것이다.

하지만 논증이라는 것은 본질적으로 검증가능성, 또는 반박가능성을 토대로 성립한다. 그래서 좀더 치밀한 독자들 중에는 이러한 근거조차 의심하는 사람도 있다. 예컨대 '중간 크기의 가슴이 아름답다'는 주장에 동의하지 않는 사람도 있을 것이다. 그런 사람들은 이러한 결론이 어떻게 나온 것인 궁금해 하며 싱, 클라인케, 스타네스키의 논문을 찾아볼 것이다.

그런데, '싱' '클라인케와 스타네스키'를 구글에서 검색하여 논문을 찾아낼 수 있을까? 출처표기는 저자가 인용한 논문을 찾아 볼 수 있도록 하는 '지시적 기능'을 해야 한다. 따라서 출처인용은 국제적으로 약속된 표기방식에 따라 정확하게 표시해야 할 뿐만 아니라 원문을 그대로 표시해야 한다.

인용출처는 웹사이트의 주소와 같다. 예컨대 '페이스북.컴'이라고 써 놓으면 이것이 facebook.com인지, pacebook.com인지 어떻게 구분할 수 있겠는가? 출발텍스트를 보자.

❻ Besides a beautiful face, a beautiful body is obviously very important for the general attractiveness of men and women. Actually, a woman with a very pretty face and an unattractive body gets a lower attractiveness score than a woman with a very attractive body and an unattractive face (Alicke et al., 1986). The most attractive body type for women is of normal weight, rather than skinny or fat (Singh, 1994). An important contributor to the attractiveness of a woman's body is her bust size. The most attractive bust is medium size, not too big and not too small (Kleinke & Staneski, 1980)

원문을 보면 Singh의 발견은 '평균 체중의 여자가 가장 아름답다'는 것이고 '가슴크기가 중요하다'는 것은 Kleinke & Staneski의 발견이라는 것을 알 수 있다. **6b**는 절을 부주의하게 연결하여, 이러한 두 가지 주장을 싱이 하나의 논문에서 모두 발표한 것처럼 번역하는 치명적인 실수를 저질렀다. 번역과정에서 인용출처표기 위치가 달라지지 않도록 주의해야 한다.

텍스트 속에 한글과 알파벳이 섞여 있는 경우, 한국어독자들은 아무래도 한글에 주목하는 반면 알파벳은 쉽게 뛰어넘는다. 따라서 인용출처표기를 원문(알파벳) 그대로 처리하는 것은 독자들의 시선도 뺏지 않으면서, 출처도 훨씬 빠르고 정확하게 찾을 수 있도록 도움을 준다. 번역하지 않는 것이 훨씬 바람직한 번역결과물을 낳는 것이다.

✔ 6c 얼굴뿐만 아니라 몸매도 남자와 여자의 전반적인 호감도에 매우 중요한 영향을 미친다. 실제로 얼굴이 아무리 예쁘더라도 몸매가 예쁘지 않은 여자는 얼굴이 예쁘지 않아도 몸매가 예쁜 여자보다 낮은 평가를 받았다(Alicke et al., 1986). 여기서 아름다운 몸매란 너무 마르지도 않고 뚱뚱하지도 않은 보통 체구를 말한다(Singh, 1994). 또한 여자 몸매에 있어 가장 중요한 요소는 가슴크기다. 아름다운 가슴은 너무 크지도 않고 너무 작지도 않은 중간 크기의 가슴이다(Kleinke &Staneski, 1980)

Chapter 23

“

주제어theme는 문장(절)이 무엇에 관한 것인지 알려주는 기능을 한다면, 화제어topic는 문장이 구성되는 틀framework을 알려주는 기능을 한다. 문장의 진술이 적용되는 시간, 장소, 사람 등 이야기의 실제 조건, 상황, 틀을 설정하는 기능을 한다. ”

Wallace Chafe (1976) “Givenness, contrastiveness, definiteness, subjects, topics, and points of view” in C. L. Li (ed.) *Subject and Topic*, London: Academic Press. 51

“

중국어가 [화제어를 활용하여] 정보를 표현하는 방식과 일치하는 영어구조는 존재하지 않는다. 영어에는 중국어식 화제어를 전달하는 장치가 없다는 말은, 원전을 충실하게 번역하는 것은 불가능하다는 뜻이다. ”

Wallace Chafe (1976) “Givenness, contrastiveness, definiteness, subjects, topics, and points of view” in C. L. Li (ed.) *Subject and Topic*, London: Academic Press. p50

23

세상을 바라보는 관점의 충돌

화제어 '–은·는'

지금까지는 영어의 정보구조를 살펴보았다. 그렇다면 한국어에서는 구정보-신정보를 어떻게 표시할까? 어순에 의존하여 정보구조를 짜는 영어와 달리, 한국어는 문장의 끝부분을 활용하기 어렵기 때문에 (문장은 반드시 동사로 끝나야 한다) 문미초점의 원리를 온전하게 활용하기 어렵다. 이러한 제약을 극복하기 위해 한국어는 '화제어'라는 독특한 문법요소를 활용하여 정보의 흐름을 조율한다.

1a 낯선 집 앞에 가서 무작정 손뼉을 쳤더니, 한 여자는 창문을 열고 내다봤다. 나는 이곳이 산타루치아냐고 물었다. 여자는 대답했다. "그런 곳은 들어본 적 없는데요." "우릴 좀 도와줄 수 있는 사람 없을까요?" 거의 사정하다시피 말했다. 그녀는 상류 쪽을 가리키며 말했다. "저 위로 올라가면 댁이 찾는 곳을 아는 사람들이 있을지 몰라요." 그녀는 좀더 분명하게 말했다.

이 글을 읽어보면 첫 문장에 등장하는 '한 여자는'이 뭔가 이상하다는 느낌을 받을 것이다. '여자는'이라고 말하는 것은 우리(독자)가 이미 알고 있는 사람이라는 뜻인데, 이 '여자'는 이 문장에서 처음 등장하는 인물이다.

1b 무작정 손뼉을 쳤더니, 한 여자가 창문을 열고 내다봤다. 나는 이곳이 산타루치아냐고 물었다. 여자가 대답했다. "그런 곳은 들어본 적 없는데요." "우릴 좀 도와줄 수 있는 사람 없을까요?" 거의 사정하다시피 말했다. 그녀가 상류쪽을 가리키며 말했다. "저 위로 올라가면 댁이 찾는 곳을 아는 사람들이 있을지 몰라요." 그녀가 좀더 분명하게 말했다.

1a에서 느꼈던 기괴함은 사라졌다. 하지만 '여자가'가 계속 반복되는 것이 신경을 거스른다. 왜 그럴까? 여자가 처음 등장할 때는 '여자가'라고 말하는 것이 자연스럽지만, 그 다음부터 이 여자를 가리키려면 '여자는'이라고 말하는 것이 자연스럽기 때문이다. 영어문법에 빗대어 설명하자면, '여자가'는 a lady, '여자는'은 the lady에 해당한다. 정보구조 측면에서 설명하자면, '–은·는'은 구정보, '–이·가'는 신정보를 표시하는 꼬리표다. 정보의 흐름에 맞게 수정하면 다음과 같다.

✔ 1c 무작정 손뼉을 쳤더니, 한 여자가 창문을 열고 내다봤다. 나는 이곳이 산타루치아냐고 물었다. 여자는 대답했다. "그런 곳은 들어본 적 없는데요." "우릴 좀 도와줄 수 있는 사람 없을까요?" 거의 사정하다시피 말했다. 그녀는 상류쪽을 가리키며 말했다. "저 위로 올라가면 댁이 찾는 곳을 아는 사람들이 있을지 몰라요." 그녀는 좀더 분명하게 말했다.

보조사 '–은·는'을 붙인 항목을 한국어에서는 문장의 '화제어topic'라고 분류한다. 화제어는 한국어, 중국어, 일본어 등에만 존재하는 문법요소로 영어에는 존재하지 않는다. 우리가 영어를 처음 배울 때 명사 앞에 a-the 중에 무엇을 붙여야 하는지 혼란을 겪었던 것을 떠올려보면, 한국어를 배우는 외국인들도 '은·는-이·가'를 선택하는 과정에서 상당한 혼란을 느낄 것이다.

한국어화자들은 구체적인 이유를 설명하지 못하더라도, 어느 항목에 '—은·는'을 붙여야 하는지, 또 '—은·는'을 붙이면 의미가 어떻게 달라지는지 직관적으로 안다. 우리는 말을 하거나 글을 쓸 때 별다른 의식을 하지 않고도 적절한 위치에 '—은·는'을 붙이는 작업을—놀랍게도—전혀 어렵지 않게 해낸다.

문제는 단일어 환경을 벗어나 '번역'이라는 다중언어 환경에 놓일 때 혼란이 발생한다. 모국어환경에서는 전혀 의식하지 않고도 자유재재로 활용하던 문법지식이 이중언어 환경에서는 매우 낯설고 어려운 과업이 된다.

일단 영어와 한국어는 문장을 짜는 틀이 다르다는 것부터 명확하게 이해해야 한다.

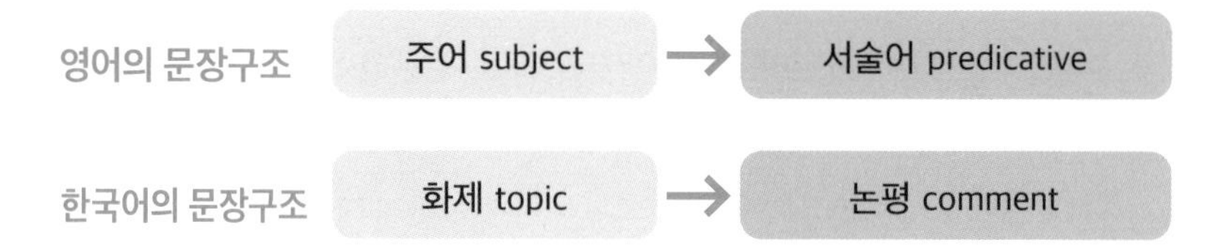

영어는 주어와 동사를 먼저 진술한 다음 나머지 의미를 채워주는 항목(이것을 보어complement라고 한다)을 덧붙이는 방식으로 문장을 설계하는 반면, 한국어는 화제를 먼저 제시하고 거기에 대한 이야기comment를 덧붙이는 방식으로 문장을 설계한다. 이러한 문장구조의 차이로 인해, '은·는-이·가'를 조절하는 것만으로는 자연스러운 번역문이 나오지 않는 경우도 발생한다. 때로는 원문에서 다른 위치에 등장하는 항목을 끌어와 화제어로 삼거나, 더 심각한 경우 원문에 나오지 않는 항목을 화제어로 삼아야 하는 경우도 있다.

물론 나는 언어학자가 아니기 때문에 한국어의 화제어에 대해서 깊이있게 설명하지는 못한다. 하지만 지금까지 내가 공부하고 습득한 것을 토대로, 번역문을 개선하는 데 실질적으로 도움이 되는 화제어에 관한 몇 가지 특성만 여기서 설명하고자 한다.

화제어란 무엇인가?

1. 화제어는 '—은·는'으로 표시한다.
2. 화제어가 될 수 있는 항목은 주어, 목적어, 부사, 절이다.
3. 화제어는 독자의 기억 속에 존재한다고 여겨지는 항목(구정보)에 붙는다. 문장을 파일file에 비유한다면 화제어는 파일주소file address와 같다. 논평에 해당하는 부분(신정보)을 어느 파일함에 넣어 정리해야 하는지 알려준다.
4. 화제어는 문장 단위에서 결정되는 것이 아니라 담화, 즉 맥락 단위에서 결정된다. 앞으로 할 이야기가 '이것'에 대한 것이라고 알려준다.
5. 따라서 화제어는 문장의 경계를 넘어 영향을 미친다. 한번 제시되면 생략할 수 있으며, 생략하는 것이 무표적인(자연스러운) 경우가 많다.
6. 화제어는 대개 문장의 맨 앞에 등장하지만, 문장 중간에도 등장할 수도 있다. 중간에 등장하는 경우에는 대조의 의미가 강하게 나타난다. (화제어는 기존 항목 중에서 하나를 선택하는 것이기 때문에 대조의 의미도 발생한다. 화제의 '은·는'과 대조의 '은·는'을 별개의 항목이라고 보는 견해도 있다.)

여기서 번역자가 특히 명심해야 하는 중요한 사실은 화제어는 문장단위에서 결정되는 요소가 아니라 '담화단위'에서 결정되는 요소라는 점이다. 다시 말해 한국어화자는 앞으로 이야기하고자 하는 내용과 방향성을 고려하여 가장 효율적인 항목을 화제어로 선정하고 그 화제어를 중심으로 정보를 나열하고 문장을 구성한다.

예문을 통해 화제어를 어떻게 선정하는지 살펴보자.

❷ The bulk of the Amazon rain forest, river basin, and river lie in Brazil. Brazil is the world's fifth-largest country in landmass, larger than the forty-eight contiguous United States. Its population of nearly 190 million people is diverse, containing large groups of Portuguese, Germans, Italians, other Europeans, and Asians, including the largest population of Japanese outside of Japan. To the majority of Brazil's urban-dwelling inhabitants, the Amazon sounds as distant and fantastic as it does to Europeans or North Americans.

2a 대부분의 아마존강과 그 주변지역 및 열대우림은 브라질에 속한다. 브라질은 면적이 세계에서 다섯 번째로 큰 나라로, 알래스카와 하와이를 제외한 미국 48개 주보다 더 크다. 거의 1억 9,000만 명에 이르는 인구는 다양한 인종으로 이루어져있다. 포르투갈, 독일, 이태리 및 다른 유럽국가와 아시아에서 온 사람들이 많으며, 그 중에서도 일본인은 일본 영토 밖에서는 브라질에서 가장 많이 살고 있다. 도시에 거주하는 대부분의 브라질 사람들에게는 유럽이나 북미 사람들이 느끼는 것과 마찬가지로 아마존강은 멀리 떨어져 있고 신비로운 곳이다.

✔ 2b 아마존강을 중심으로 펼쳐진 광활한 퇴적분지와 이를 덮고 있는 열대우림은 대부분 브라질영토에 속한다. 브라질은 세계에서 5번째로 땅이 넓은 나라다. 하와이와 알래스카를 뺀 미국본토보다 넓다. 인구는 1억 9,000만 명 정도이고 매우 다양한 민족으로 구성되어 있다. 물론 포르투갈에서 온 사람들이 가장 많지만 독일, 이탈리아, 그 밖의 유럽에서 온 사람들과 아시아에서 온 사람들도 많다. 특히 일본의 해외거주민들이 가장 많이 모여 있는 곳이 바로 브라질이다. 사람들은 대부분 도시에 거주하기 때문에 다른 나라 사람들이 아마존에 대해 느끼는 것과 마찬가지로, 브라질사람들에게도 아마존은 멀고도 경이로운 땅이다.

직관에 따라 읽었을 때 아무래도 **2b**가 훨씬 자연스럽게 읽히는 느낌을 줄 것이다. 두 번역 사이에는 어떤 차이가 있을까? 먼저 화제어에 밑줄을 쳐보자. 어떤 항목을 화제어로 선정했는지 비교해보자. (화제어를 색으로 표시했다.)

	❷	2a	2b
A	The bulk of the Amazon rain forest, river basin, and river	대부분의 아마존강과 그 주변지역 및 열대우림은	아마존강을 중심으로 펼쳐진 광활한 퇴적분지와 이를 덮고 있는 열대우림은
B	lie in Brazil.	브라질에 속한다.	대부분 브라질영토에 속한다.
C	Brazil	브라질은	브라질은
D	is the world's fifth-largest country in landmass,	면적이 세계에서 다섯 번째로 큰 나라로,	세계에서 5번째로 땅이 넓은 나라다.
E	larger than the forty-eight contiguous United States.	알래스카와 하와이를 제외한 미국 48개 주보다 더 크다.	하와이와 알래스카를 뺀 미국본토보다 넓다.
F	Its population		인구는
G	of nearly 190 million people	거의 1억 9,000만 명에 이르는	1억 9,000만 명 정도이고
	F	인구는	
H	is diverse,	다양한 인종으로 이루어져있다.	매우 다양한 민족으로 구성되어 있다.
I	containing large groups of Portuguese,	포르투갈,	물론 포르투갈에서 온 사람들이 가장 많지만
J	Germans, Italians, other Europeans, and Asians,	독일, 이태리 및 다른 유럽국가와 아시아에서 온 사람들이 많으며,	독일, 이탈리아, 그 밖의 유럽에서 온 사람들과 아시아에서 온 사람들도 많다.
K	including	그 중에서도	특히
L	the largest population		
M	of Japanese	일본인은	일본의
O	outside of Japan.	일본 영토 밖에서는	해외거주민들이
	L	브라질에서 가장 많이 살고 있다.	가장 많이 모여 있는 곳이 바로 브라질이다.
	insert		사람들은

P	To the majority of		대부분
Q	Brazil's		
R	urban-dwelling inhabitants,	도시에 거주하는	도시에 거주하기 때문에
	P	대부분의	
	Q	브라질 사람들에게는	
S	the Amazon		
T	sounds as distant and fantastic		
U	as it does to Europeans or North Americans.	유럽이나 북미 사람들이 느끼는 것과 마찬가지로	다른 나라 사람들이 아마존에 대해 느끼는 것과 마찬가지로,
		Q	브라질사람들에게도
	S	아마존강은	아마존은
	T	멀리 떨어져 있고 신비로운 곳이다.	멀고도 경이로운 땅이다.

앞서 설명한 화제어의 6가지 특성을 기준으로 두 번역문의 화제어를 평가해보자.

1. **화제어는 '—은·는'으로 표시한다** '—은·는'이 붙은 항목은 **2a**는 7개, **2b**는 5개다.
2. **화제어가 될 수 있는 항목** 대부분 주어가 화제어로 선정되었지만, **2a**에는 부사구도 두 개 화제어로 선정되었다. (O 와 R-P-Q)
3. **화제어는 구정보에 붙는다** 전반적으로 긴 **2a**의 화제어들은 문제를 유발할 가능성이 높다. 길고 복잡한 정보를 독자가 미리 기억하고 있을 가능성은 낮기 때문이다. 특히 숫자(예컨대 **G:** 1억 9,000만)나 목록은 신정보일 확률이 매우 높다. **A**는 **2b**가 **2a**보다 길지만 의미 측면에서는 훨씬 간결하다. '대부분'이라는 정보를 **2b**에서는 술부로 넘겨줌으로써 화제어의 정보성을 최대한 낮추고 있다. 또한 '대부분의 브라질 사람들이 도시에 거주한다'는 절을 안고 있

는 **R-P-Q** 역시 정보구조를 위배할 확률이 높다. 일반적인 한국어독자의 지식 수준에서 이 정보는 신정보에 가깝기 때문에 이것을 화제어로 처리하는 것은 인지적으로 부담을 준다.

4. 화제어는 맥락 단위에서 결정된다 화제어는 담화의 주제를 제시하는 기능을 한다는 점을 고려해 화제어만 쭉 읽어보라. **2b**는 화제어만 읽어도 글이 어떻게 전개되는지 한눈에 알 수 있다. 반면 **2a**는 화제어 사이에 일관성이 없다.
5. 화제어는 생략될 수 있다 화제어가 두 개 적은 **2b**에 화제어가 생략되어있을 확률이 높다. 화제어가 생략할 수 있다는 것은 담화가 그만큼 일관성있게 전개된다는 뜻이다.
6. 화제어는 문장의 맨 앞에 써야 한다 구정보이자 앞으로 무엇에 대해 이야기할 것인지 알려주는 역할을 제대로 수행하려면 문장 앞에 나와야 한다. 반면 **2a**의 **O**(일본영토 밖에서는)는 대조의 의미가 강하게 느껴진다.

전체적으로 **2a**는 영어의 주어를 그대로 화제어로 옮겨왔다는 것을 알 수 있다. 반면 **2b**는 영어의 주어를 청킹하여 화제어를 짧게 잡았다. 화제어가 길어지면 신정보로 처리되어야 할 내용이 화제어 속에 들어가 정보구조를 망가뜨리고 가독성을 훼손할 확률이 높다.

❀ ❀ ❀

3a 인간이 얼마나 많은 기질적 특성을 유전으로 물려받는지 정확히 아는 사람은 없다. 그러나 일란성 쌍둥이를 연구한 결과에 따르면 많은 기질적 특성이 유전된다고 한다. 1970년대 미네소타 쌍둥이 연구에 참여한 연구원들이 "웃음이 끊이질 않는 쌍둥이"라고 불렀던 자매를 보라. 이 쌍둥이는 누군가 조금이라도 웃긴 표현을 하거나 농담을 하기만 해도 큰 웃음을 터트려서 이런 별명을 얻었다.

> 대프니와 바바라는 1939년 영국에서 유학하던 핀란드 미혼여성에게서 태어났다. 쌍둥이 자매 중 바바라는 영국인 공원관리인에게 입양된 반면, 대프니는 부유한 금속공학자에게 양육되었다. 각자 다른 곳에서 자란 일란성 쌍둥이에 초점을 맞춘 미네소타 쌍둥이 연구의 일환으로 39세가 된 대프니와 바바라가 다시 만났을 때 알게 된 사실은 둘 다 악의없는 장난을 좋아하고 웃음이 끊이지 않는 삶을 살았다는 것이다.

이 글 역시 문장 단위에서는 크게 이상한 점은 없지만, 내용전개상 왠지 모르게 어색한 느낌을 주는 부분이 있다. 어느 부분이 이상한지 밑줄을 쳐보라. 지금까지 설명한 정보구조와 화제어의 기능을 고려할 때 다음 두 부분을 찾아낼 수 있다.

- **1970년대 미네소타 쌍둥이 연구에 참여한 연구원들이 "웃음이 끊이질 않는 쌍둥이"라고 불렀던 자매를 보라:**
- **각자 다른 곳에서 자란 일란성 쌍둥이에 초점을 맞춘 미네소타 쌍둥이 연구의 일환으로…**

'자매'와 '미네소타 쌍둥이 연구'를 수식하는 내용 속에 우리가 알지 못하는 신정보가 포함되어 있다. 출발텍스트에서는 이 부분을 어떻게 진술하고 있을까?

❸ No one knows precisely how many traits of temperament we human beings inherit. But studies of identical twins suggest we inherit many. Take the "giggle twins," as they were called by staff members of the Minnesota Twin Study in the 1970s because these women would erupt with peals of laughter at the slightest jest or odd turn of phrase.

> Daphne and Barbara were born to an unmarried Finnish student living in England in 1939. Barbara was adopted by an English groundskeeper who worked in a public park, while Daphne grew up in the home of a wealthy metallurgist. Yet when they first came together again at age thirty-nine as part of the Minnesota Twin Study, which focused on identical twins reared apart, both loved good pranks and both had giggled all their lives.

우리가 예측했던 대로 원문에서는 어순이 뒤바뀌어있다. 또한 명사핵 뒤에 모두 콤마가 찍혀있는데, 이는 앞의 대상에 대해 새로운 정보를 덧붙여준다는 뜻이다(**19.5** 참조). 이러한 정보구조를 살리려면 어순을 유지해서 번역해야 한다.

3b 인간이 얼마나 많은 기질적 특성을 유전으로 물려받는지 정확히 아는 사람은 없다. 그러나 일란성 쌍둥이를 연구한 결과에 따르면 많은 기질적 특성이 유전된다고 한다. "웃음이 끊이질 않는 쌍둥이"를 보자. 1970년대 미네소타 쌍둥이 연구에 참여한 연구원들이, 조금이라도 웃긴 표현을 하거나 농담을 하기만 해도 큰 웃음을 터트리는 쌍둥이에게 붙여준 별명이다.

대프니와 바바라는 1939년 영국에서 유학하던 핀란드 미혼여성에게서 태어났다. 쌍둥이 자매 중 바바라는 영국인 공원관리인에게 입양된 반면, 대프니는 부유한 금속공학자에게 양육되었다. 미네소타 쌍둥이 연구의 일환으로 39세가 되어 대프니와 바바라가 다시 만났다. 이 연구는 각자 다른 곳에서 자란 일란성 쌍둥이에 초점을 맞춘 실험이다. 그들은 둘 다 악의없는 장난을 좋아하고 웃음이 끊이지 않는 삶을 살았다.

정보구조를 유지하여 번역했지만 여전히 글이 어색하다. 정확히 말해서,

텍스트의 흐름이 망가졌다. 우리가 세상을 인지하는 순서와 다르게 진술한다.

⁂

한국어와 영어는 세상을 바라보는 방식이 다르다. 한국어는 어떤 대상을 묘사할 때 넓은 맥락에서 대상을 향해 좁혀 들어가는 반면, 영어는 대상에서 점차 바깥으로 넓혀간다. 가장 쉬운 예는, 주소를 쓰는 방식에서 볼 수 있다.

- Google Inc. 1600 Amphitheatre Parkway, Mountain View, CA, USA
- 대한민국 서울시 강남구 테헤란로 152, 파이낸스센터 22층 구글코리아

이러한 세계관은 주소를 쓰는 것처럼 특별한 경우에만 드러나는 것이 아니라, 세상을 인식하는 근본적인 사고방식을 통제한다. 우리는 일상생활에서 말을 할 때마다 이러한 세계관을 매우 구체적으로 구현한다.

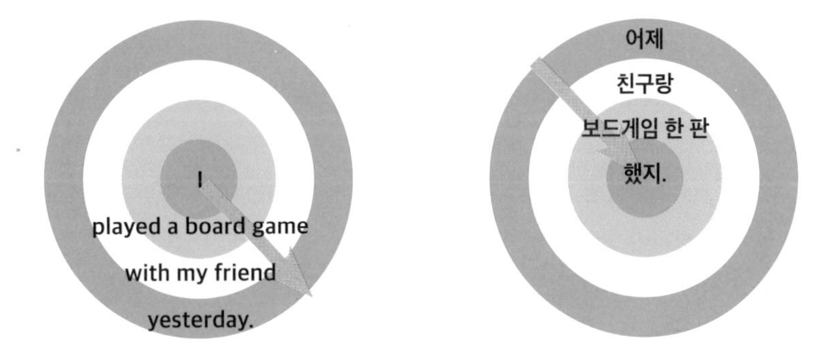

발화자 '나'는 너무나 당연한 존재이기에 한국어에서는 말로 표시할 필요가 없다.

한국어가 세상을 인식하는 방식과 영어가 세상을 인식하는 방식은 이처럼 완전히 다르다. 이러한 세계관을 구체적으로 구현해내고, 개개인의 사고방식을 지배하고, 또 그것을 수천 년에 걸쳐 대대로 물려주는 매개체 역할을 하는 것이 바로 '말'이다. 그래서 언어는 공동체를 유지하는 가장 핵심적인 문화이자 정체성이다.

이러한 한국어의 세계관에 맞춰 앞에서 본 텍스트의 명제들을 다시 정리해 보자. 한국어의 세계관 속에서는 가장 큰 맥락인 시간과 공간을 먼저 제시한 다음, 맥락을 설명하고 그 속에 참여한 사람이나 사물로 들어가는 것이 가장 자연스럽다. (**19.6** 토머스 모어 예문의 번역을 다시 펼쳐 보라.) 이렇게 정리한 명제를 한국어로 쓰면 된다.

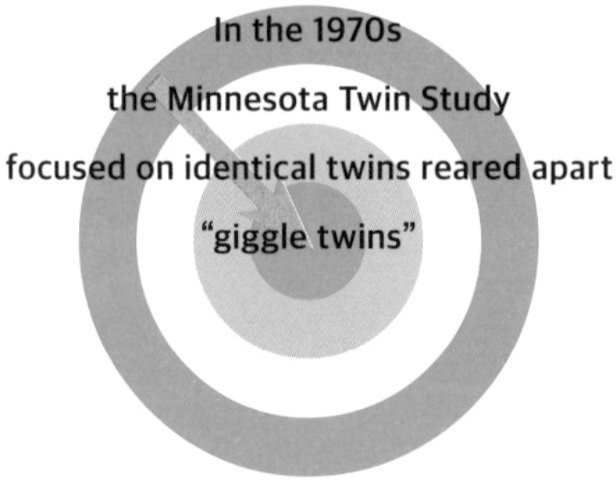

In the 1970s

the Minnesota Twin Study

focused on identical twins reared apart

"giggle twins"

* * *

3c 우리 인간의 성격 중 무엇을 유전적으로 물려받는지는 아직 완전히 밝혀지지 않았다. 하지만 일란성 쌍둥이에 대한 연구를 보면 우리가 상당히 많은 기질을 물려받는다는 사실을 알 수 있다. 그 대표적인 연구가 1970년 실시된 미네소타쌍둥이연구다. 이 연구는 따로 자란 일란성 쌍둥이들이 서로 어떻게 달라지는지, 또 어떤 점이 여전히 같은지 밝혀내는 데 초점을 맞췄다.

이 연구에서 보고한 가장 흥미로운 사례 중에 대프니와 바바라라는 여자 쌍둥이가 있다. 이들은 별로 웃기지도 않는 농담을 하거나 말을 조금만 비틀어도 크게 웃음을 터뜨렸다. 이런 모습을 보고 연구원들은 이들에게 '깔깔 쌍둥이giggle twins'라는 별명을 붙여줬다. 그들은 1983년 영국에 살던 핀란드 유학생 미혼모에게서 태어나 곧바로 입양되었다. 바바라는 공원관리인으로 일하는 사람에게 입양되었고 대프니는 부유한 야금기술자에게 입양되었다. 그들이 다시, 아니 처음 만난 것은 39살이 되던 해 이 연구의 피실험자로 선택되면서였다. 둘 다 장난치는 것을 좋아했고 시도 때도 없이 깔깔거리며 웃었다.

텍스트의 흐름(담화의 전개)이 매우 자연스러울 뿐만 아니라, 글에서 이야기하는 상황이 머릿속에 쏙쏙 들어온다. 개별적인 정보들이 무작위로 제시되는 혼란스러운 세상이 일관성 있는 세상으로 탈바꿈하였다. 실제로 정보의 배열순서가 어떻게 달라졌는지 분석해보자.

	③		3a	3c
A	No one			
B	knows precisely			
C	how many traits of temperament we human beings inherit.		인간이 얼마나 많은 기질적 특성을 유전으로 물려받는지	우리 인간의 성격 중 무엇을 유전적으로 물려받는지는
		B	정확히 아는 사람은	아직 완전히
		A	없다.	밝혀지지 않았다.
D	But studies of identical twins		그러나 일란성 쌍둥이를 연구한 결과에 따르면	하지만 일란성 쌍둥이에 대한 연구를 보면
E	suggest			
F	we inherit many.		많은 기질적 특성이 유전된다고	우리가 상당히 많은 기질을 물려받는다는
		E	한다.	사실을 알 수 있다.
			insert	그 대표적인 연구가

G	Take the "giggle twins,"				
H	by staff members				
I	of the Minnesota Twin Study in the 1970s		1970년대 미네소타 쌍둥이 연구에		1970년 실시된 미네소타쌍둥이연구다.
		H	참여한 연구원들이		
		G	"웃음이 끊이질 않는 쌍둥이"라고 불렀던 자매를 보라.		
				insert	이 연구는
				X	따로 자란 일란성 쌍둥이들이 서로 어떻게 달라지는지, 또 어떤 점이 여전히 같은지 밝혀내는 데 초점을 맞췄다.
				insert	이 연구에서 보고한 가장 흥미로운 사례 중에
				M+J+G	대프니와 바바라라는 여자 쌍둥이가 있다.
J	because these women		이 쌍둥이는		이들은
K	would erupt with peals of laughter				
L	at the slightest jest or odd turn of phrase.		누군가 조금이라도 웃긴 표현을 하거나 농담을 하기만 해도		별로 웃기지도 않는 농담을 하거나 말을 조금만 비틀어도
		K	큰 웃음을 터트려서 이런 별명을 얻었다.		크게 웃음을 터뜨렸다.
				insert	이런 모습을 보고
				H	연구원들은
				G	그들에게 '깔깔쌍둥이'라는 별명을 붙여줬다.
M	Daphne and Barbara were		대프니와 바바라는		그들은
N	born to an unmarried Finnish student				
O	living in England in 1939.		1939년 영국에서 유학하던		1983년 영국에 살던
		N	핀란드 미혼여성에게서 태어났다.		핀란드 유학생 미혼모에게서 태어나
				insert	곧바로 입양되었다.
P	Barbara was		쌍둥이 자매 중 바바라는		바바라는

Q	adopted by an English groundskeeper who worked in a public park,	영국인 공원관리인에게 입양된 반면,	공원관리인으로 일하는 사람에게 입양되었고
R	while Daphne grew up	대프니는	대프니는
S	in the home of a wealthy metallurgist.	부유한 금속공학자에게 양육되었다.	부유한 야금기술자에게 입양되었다.
T	Yet when they first came together again		그들이 다시, 아니 처음 만난 것은
U	at age thirty-nine		39살이 되던 해
V	as part of the Minnesota Twin Study,		이 연구의 피실험자로 선택되면서였다.
X	which focused on identical twins reared apart,	각자 다른 곳에서 자란 일란성 쌍둥이에 초점을 맞춘	
	V	미네소타 쌍둥이 연구의 일환으로	
	U	39세가 된	
	T	대프니와 바바라가 다시 만났을 때 알게 된 사실은	
Y	both loved good pranks	둘 다 악의없는 장난을 좋아하고	둘 다 장난치는 것을 좋아했고
Z	and both had giggled all their lives.	웃음이 끊이지 않는 삶을 살았다는 것이다.	시도 때도 없이 깔깔거리며 웃었다.

우선 **3b**는 정보의 순서를 정리하면서 이들을 자연스럽게 연결해주는 역할을 하는 항목을 세 군데 삽입하였다(**insert**). 물론 **3b**가 어순을 과도하게 바꾼 것처럼 보이지만, **T-U-V**를 보면 **3a**보다 **3b**가 오히려 원문의 어순을 그대로 유지하는 것을 볼 수 있다. 앞부분에서 이야기의 프레임을 미리 짜놓은 덕분에 이러한 번역이 가능한 것이다.

화제어를 세부적으로 비교해 보면 **3a**는 6개, **3b**는 8개로 화제어수는 **3b**가 많지만 훨씬 간결하다. **3b**는 화제어만 봐도 이야기가 어떻게 전개되는지 쉽게 예측할 수 있다. 처음에 맥락을 제시하는 화제어만 다소 무거울 뿐, 이후 등장하는 화제어들은 간결하다.

❀ ❀ ❀

번역가에게 '한국어다움'은 매우 중요한 화두다. 외국어를 '우리말'로 옮기는 작업을 하다 보면 어느 선을 기준으로 '우리말다운지' 또 '우리말답지 않은지' 판단해야 하는 순간을 맞닥뜨리기 마련이다. 많은 사람들이 이러한 기준을 말초적인 단어 차원에서 찾는다. 될 수 있으면 외래어보다 '순우리말' '토박이말'을 써야 한다는 것이다.

하지만 단어는 끊임없이 생겨났다 사라지기 마련이다. 또 사회가 발전하고 복잡해짐에 따라 무수한 개념어, 기술어, 일상표현들을 외국에서 수입해서 써야 할 때도 많다. 또한 이 책에서 처음부터 줄곧 강조했듯이 단어는 문장에 맞게 선택되어야 하고, 문장은 담화에 맞게 선택되어야 한다.

결론적으로 말해서, 눈에 보이는 단어 몇 가지를 고른다고 해서 한국어다운 글이 되는 것이 아니다. 진정으로 '한국어다운' 글이란, 단어나 표현에서 나오는 것이 아니라, 세상에 존재하는 무수한 명제들을 한국어가 인식하는 세상의 질서 속에 구현해낼 때 나오는 것이다.

❀ ❀ ❀

영어는 정보구조를 충실히 구현해낼 수 있는 어순을 문법적으로 구현해냈기 때문에, 화제어 같은 문법요소는 필요하지 않았을 것이다. 이러한 문법적 특성으로 인해 영어로 된 글에는 문장마다 클라이맥스가 있고, 이러한 클라이맥스들이 모여 전체 메시지를 치밀하게 구성하는 느낌을 선사한다.

반면 한국어는 어순의 제약으로 인해 문장 차원에서 정보구조를 짜는데 한계가 있으며, 이로써 영어문장에 비해 임팩트가 다소 약하게 느껴진다. 대신 화제어를 먼저 제시하여 이야기를 어떻게 펼쳐 나가고자 하는지 전체 구조를 설정하도록 요구한다.

비유하자면 영어는 세부적인 요소들을 쌓아가다가 더 넓은 맥락을 우연히 '발견'해내는 귀납적인 방식으로 세상을 바라보는 반면, 한국어는 전체적인 조감도를 먼저 그리고 나서 세부적인 요소들을 하나씩 채워나가는 연역적 방식으로 세상을 바라본다. 이러한 언어적 특징은 물론, 그 언어를 사용하는 사람들의 세상을 보는 방식에도 알게 모르게 영향을 미칠 것이다. 세상을 이해하기 위해 잘게 쪼개고 그것들 간의 관계를 밝히는 데 집착하는 히말라야 서쪽 지역의 전통과 세상이 움직이는 거대한 이치를 깨닫고 거기에 맞게 살아가는 방법을 연구한 히말라야 동쪽지역의 전통은 아마도 이러한 언어적 특성과 긴밀하게 연관되어 있을 것이다.

물론 이러한 상반된 접근법 중 어느 것이 좋다고 단정할 수는 없다. 두 관점은 우리 삶을 살아가는 데 서로 보완적인 역할을 할 뿐이다. 대의와 목적이 없다면 어디로 가야 하는지 알 수 없을 뿐만 아니라 삶에 의욕을 느끼기 힘들 것이다. 하지만 대의만 붙잡고 세부적인 일을 제대로 처리하지 못하면 아무런 성과도 이룰 수 없을 것이다.

이것은 번역에서도 진리다. 저자가 전달하고자 하는 메시지, 더 나아가 번역을 통해 도착언어 공동체에 전달하고자 하는 사회적 메시지는 번역의 대의이고 번역행위의 목적이지만, 그것을 우리말로 옮기기 위해서는 단어와 문장을 하나하나 꼼꼼히 따져야 한다. 단어와 문장을 붙잡고, 지루하고 고독하고 힘든 싸움을 견뎌내지 못한다면 훌륭한 번역은 탄생할 수 없을 것이다.

번역 실전 노하우!

화제어를 바로잡아 글을 고쳐보자

아래 예문은 실제로 출간된 번역서에서 발췌한 것이다. 이 책의 출발텍스트는 영어가 아니라 일본어다.

4a 세계 각국에 심대한 영향을 끼친 근대화라는 거친 파도의 원류는 그리스 로마에서 생겨나 중세에서 긴 휴식을 거친 뒤 르네상스와 종교개혁을 거쳐 노도와 같이 세계를 거칩니다. 그렇다면 왜 근대화는 르네상스 이후 급격하게 확산되었을까요? 그 수수께끼를 푸는 열쇠는 '종교개혁'에 있습니다. 16세기 유럽에서 종교개혁이 일어난 배경에는 기존 교회에 대한 불만과 비판의식이 있었습니다. 즉 교회라는 방해자가 버티고 있기 때문에 우리는 진정한 신에게 다가가고 싶지만 그럴 수 없다, 하는 인식입니다. 당시의 교회는 '신의 대리인'이라는 입장을 내세워 신을 독점하고 있었던 것입니다.

이상하거나 이해하기 어려운 부분을 구체적으로 짚기는 힘들지만, 글을 읽고 나서도 뭔가 정리되지 않은 느낌은 지울 수 없을 것이다. 사실, 이 글에서 전달하고자 하는 내용은 그다지 어렵지 않기 때문에 이 정도 혼란은 번역자도, 편집자도, 독자도 그다지 신경쓰지 않고 넘어갈지 모른다. 하지만 낯선 개념에 대한 이해나 논리적인 사고를 요구하는 철학이나 사회과학 분야의 글이 이렇게 쓰였다면 글을 계속 읽어나가기 힘들 수 있다. 왠지 모르게 글이 어색하게 느껴진다면 먼저 화제어부터 체크해보기 바란다.

A. 세계 각국에 심대한 영향을 끼친 근대화라는 거친 파도의 원류는
B. 그렇다면 왜 근대화는
C. 그 수수께끼를 푸는 열쇠는
D. 16세기 유럽에서 종교개혁이 일어난 배경에는
E. 우리는
F. 당시의 교회는

총 6개 문장에서 화제어가 6개 나왔다. 화제어는 문장이 아닌 담화차원에서 설정된다는 것을 고려할 때, 화제어 선정에 문제가 있을 것으로 여겨진다. 또한 **A**과 **D**에는 수식구가 들어있어 구정보가 아닌 정보가 들어있을 가능성이 높아보인다. 실제로 **A**에는 명제(절)가 세 개나 들어있다.

근대화는 세계 각국에 심대한 영향을 끼쳤다.
근대화는 거친 파도다.
이 파도에는 원류가 있다.
} 이 원류에 대해 이야기하자면

번역자는 이 세 명제를 독자가 이미 알고 있을 것이라고, 또는 충분히 예측할 수 있는 것이라고 판단했지만 이야기를 시작하는 화제로 내세우기에는 너무 무겁고 복잡하다. 모든 파도에 원류(근원?)가 있다는 명제는 논리적으로는 타당할 수 있어도 일상적으로 우리가 인지하는 사실이 아니기 때문에 정보성이 결코 낮지 않다. (사실 '원류'라는 말의 의미도 상당히 모호하다.) 이처럼 모호한 명제 세 개를 묶어서 이야기의 출발점으로 제시하면, 독자들의 머릿속에는 완전히 해소하지 못한 정보들이 독서하는 내내 계속 맴돌 것이고, 따라서 독서가 버거워지고 집중하기 어려워진다.

D에는 두 개의 절이 들어 있다.

종교개혁은 16세기 유럽에서 일어났다.
종교개혁이 일어난 배경이 있다. } 이 배경에 대해서 이야기하자면

두 명제 역시 명백한 사실이지만, '우리는', '교회는' 같은 화제어와 비교할 때 너무 복잡하고 많은 정보를 독자 스스로 준비하라고 요구한다.

C 역시 문제가 있다. 이 글의 저자는 바로 앞에서 한 질문을 '수수께끼'라는 말로 포장하고 이것을 풀 열쇠에 대해 이야기하겠다고 한다. 그런데 앞의 질문을 '수수께끼'라는 말로 부를 수 있는지 다소 의심스럽다. 이러한 정보포장information packaging에도 하나의 절이 숨어 있다고 볼 수 있다. 이 경우에는 다음과 같은 명제가 숨어있다.

'왜 근대화는 르네상스 이후 급격하게 확산되었을까요?'라는 질문은 수수께끼다.

따라서 독자가 자연스럽게 수용할 수 있는 개념(명사)으로 정보를 포장하는 것도 정보구조를 짜는 데 매우 중요하다. 상식적인 범위를 넘어서는 어휘로 정보를 포장하는 것은 정보구조를 망가뜨릴 수 있다.

그렇다면 이 글의 메시지를 가장 효율적으로 전달하기 위해서는 무엇을 화제어로 삼는 것이 좋을까? 고친 글을 보기 전에 직접 종이를 꺼내 화제어를 선정하고 글을 고쳐 써보라.

✔ 4b 근대화는 그리스 로마에서 발원하여 중세 시기 오래도록 휴식하다 르네상스와 종교개혁을 거치면서 노도처럼 전세계를 휩씁니다. 그렇다면 근대화는 왜 르네상스 이후 급격히 확산되었을까요? 해답의 열쇠는 '종교개혁'에 있습니다. 종교개혁은 16세기 유럽에 만연한 기존 교회에 대한 불만과 불신에서 비롯된 것입니다. 그 당시 교회는 사람들이 진정한 신에게 다가가는 것을 가

로막고 있었습니다. '신의 대리인'을 자처하면서 신에 다가서는 통로를 독점하고 있었던 것이지요.

4b가 **4a**보다 훨씬 쉽게 읽힌다는 것을 느낄 수 있을 것이다. 화제어가 어떻게 달라졌는지 살펴보자.

	4a	4b
A	세계 각국에 심대한 영향을 끼친 근대화라는 거친 파도의 원류는	근대화는
	그리스 로마에서 생겨나 중세에서 긴 휴식을 거친 뒤 르네상스와 종교개혁을 거쳐 노도와 같이 세계를 거칩니다.	그리스 로마에서 발원하여 중세 시기 오래도록 휴식하다 르네상스와 종교개혁을 거치면서 노도처럼 전세계를 휩씁니다.
B	그렇다면 왜 근대화는	그렇다면 근대화는
	르네상스 이후 급격하게 확산되었을까요?	왜 르네상스 이후 급격히 확산되었을까요?
C	그 수수께끼를 푸는 열쇠는	해답의 열쇠는
	'종교개혁'에 있습니다.	'종교개혁'에 있습니다.
D	16세기 유럽에서 종교개혁이 일어난 배경에는	종교개혁은
	기존 교회에 대한 불만과 비판의식이 있었습니다.	16세기 유럽에 만연한 기존 교회에 대한 불만과 불신에서 비롯된 것입니다.
	즉 교회라는 방해자가 버티고 있기 때문에	그 당시 교회는
E	우리는	
	진정한 신에게 다가가고 싶지만 그럴 수 없다, 하는 인식입니다.	사람들이 진정한 신에게 다가가는 것을 가로막고 있었습니다.
F	당시의 교회는	
	'신의 대리인'이라는 입장을 내세워 신을 독점하고 있었던 것입니다.	'신의 대리인'을 자처하면서 신에 다가서는 통로를 독점하고 있었던 것이지요.

4b는 화제어가 다섯 개로 줄어들었을 뿐만 아니라, 화제어로 선정된 항목은 네 개에 불과하다('근대화'가 **A**와 **B**, 두 번 등장한다). 또한 길고 난잡한 **4a**의 화제어에 비해 매우 단순하고 간단한 개념들이 화제어로 제시된다.

화제어가 간결하니 문장도 훨씬 쉽고 명확하게 정리되어 있다는 것을 알 수 있다. 첫 문장에 연달아 나오던 '거친-거친-거쳐-거칩니다'라는 '거친' 표현의 행렬이 사라졌다. 맨 앞은 '거칠다'라는 의미이고 나머지 셋은 '거치다'라는 의미로 여겨지지만 같은 형태의 어휘가 이렇게 반복되는 것은 모호성을 높이고 가독성을 떨어뜨린다. '원류'라고 하는 모호하고 추상적인 개념을 화제어로 잡으니 '—세계를 거친다.'처럼 기이한 동사가 나올 수밖에 없는 것이다.

또한 '종교개혁의 배경에는'과 같은 부사구를 화제어로 선정하면 '—의식이 있다'와 같은 추상적인 서술어로 문장을 종결할 수밖에 없는데, 이 역시 퇴출되었다.

E '우리는'은 정말 난데없는 화제어라고 할 수 있다. 사실 이 화제어는 '—그럴 수 없다'라는 안긴 절의 화제어로, 담화의 맥락과는 상당히 거리가 있는 항목이다.

여기서 알 수 있는 중요한 사실은, 화제어를 선택하는 것은 곧 서술어를 선택하는 작업이라는 것이다. 한국어문장의 핵심은 서술부 동사에 있다. 동사는 문법적 측면에서 보자면 문장을 구성하는 뼈대이고, 정보구조 측면에서 보자면 메시지의 목표다. 서술부에 힘을 몰아주기 위해서는 앞부분에서 최대한 힘을 빼야 한다. 화제어를 최대한 쉽고 간결하고 가벼운 것으로 잡아야 한다는 뜻이다.

무엇에 대해서 말할 것인가? 어디서 이야기를 시작할 것인가? 메시지의 시작점을 잘 잡으면 튼튼한 문장이 나온다. 정보를 쉽게 확장해나갈 수 있다. 물론 독자들도 쉽게 읽어나가며 이해할 수 있다. 화제어는 서술어를 결정하고 문장의 뼈대를 잡아주는 '기둥'과도 같은 역할을 한다.

Chapter 24

"

번역가는 개별적인 현상이나 개별적인 항목을 깊이 있게 파고들기보다는 '관계의 그물망'을 추적하는 데 더 깊이 관심을 두어야 한다. 개별항목은 제각각 텍스트 안에서 작용하는 기능과 다른 항목과 맺는 관련성에 따라 중요도가 결정된다.

"

Mary Snell-Hornby (1988) *Translation Studies: An Integrated Approach*. Amsterdam: John Benjamins. p69

"

우리가 인식하지 못한다고 해도, 그 어떤 어휘항목도 절대 우연하게 발생하는 일은 없다. 모든 어휘항목은 자신만의 텍스트적 역사를 가지고 등장한다. 텍스트적 역사textual history란 텍스트를 만들어내는 과정에서 구축한 특별한 연어적 환경으로, 그 항목이 이 특별한 상황에서 구체화되어야만 하는 맥락을 제공한다.

"

M. A. K. Halliday & Ruqaiya Hasan (1976) *Cohesion in English*. London: Routledge. 289

24

사람을 낚는 그물을 짜는 기술

표층결속성

"잠깐만! 네가 아니라 걔가 오늘 아침에 거기서 그렇게 말했다고?!"

대화를 하다 보면 이런 말을 하는 상황이 발생하기도 한다. 이 질문에 대답하기 위해서는 이 질문에 나오는 몇몇 단어들이 무엇을 가리키는지 알아야 한다.

너—걔—오늘 아침—거기—그렇게

여기서 '그'로 시작하는 세 항목(걔, 거기, 그렇게)은 앞선 대화에서 제시된 정보를 가리킬 것이다. 반면 '너'와 '오늘 아침'은 대화에 참여한 사람과 대화가 발생한 시점을 알아야 무엇을 가리키는지 알 수 있다. 이처럼 텍스트 안에서 언급한 정보와 텍스트 바깥에 있는 정보를 엮어서 우리는 의미를 구축해나간다.

이처럼 메시지를 만들어내기 위해서는 텍스트 안팎에 산재해 있는 정보들을 연결해주는 장치가 필요하다. 이러한 장치 덕분에 개별적인 문장들이 모여 하나의 일관된 메시지를 만들어낼 수 있는 것이다. 이처럼 정보를 연결해주는 역할을 하는 항목들을 텍스트이론에서는 표층결속장치cohesive device라고 부르고, 표층결속이 잘 되어있는지 따질 때 이러한 특성을 '표층결속성cohesion'이라고 부른다.

먼저 표층결속장치에는 어떤 것이 있는지 살펴보자. 기본적으로 다섯 가지 유형의 표층결속장치가 있다.

표층결속장치의 종류

1. 지시 reference

먼저 언급한 대상, 또는 나중에 언급할 대상을 가리키는 어휘(지시사)를 사용하여 텍스트를 결속한다.

- Michael went to the bank. He was annoyed because it was closed.
  마이클은 은행에 갔는데, 은행 문이 닫혀있어 화가 났다.
- Although I phone her every week, my mother still complains that I don't keep in touch often enough.
  매주 전화를 하는데도, 엄마는 내가 자주 전화하지 않는다고 불평한다.

지시결속은 영어에서 가장 보편적일 뿐만 아니라 거의 의무적으로 사용된다. 지시사를 쓸 수 있는 곳에서 지시사를 쓰지 않으면 어색한 문장이 될 만큼 영어에서는 반드시 사용해야 한다. 예컨대 첫 문장을 다음과 같이 쓰면 영어화자가 봤을 때 다소 이상한 문장으로 보인다.

- Michael went to the bank. Michael was annoyed because the bank was closed.

이처럼 영어가 대명사를 선호하는 이유는 남·녀, 단수·복수, 사람·사물을 구분할 수 있는 대명사 체계가 발달해 있는 덕분이기도 할 것이다. (**9장 10장** 참조) 지시결속장치에는 대명사 말고도 다른 유형의 어휘들이 존재한다.

- 대명사: I, me, mine, you, she, her, they, it, its···
- 지시어: the, this, these, that, here, there, now, then···
- 비교지시어: some, other, different, more, less, further, so, such, as, better, darker, worse···

참고로 I, my, you, this, now, here 같은 지시어들은 텍스트 바깥에 있는 정보를 가리키며(exophoric reference), 나머지 지시어들은 텍스트 안에 있는 정보를 가리킨다(endophoric reference). 무언가와 비교하는 형용사들도 비교대상을 가리키는 지시어라는 것을 잊어서는 안 된다.

2. 대체 substitute

앞에서 언급한 대상을 다른 어휘로 대체하여 결속한다.

- My axe is too blunt. I must get a sharper one.
  도끼가 너무 무디다. 날카로운 것으로 바꿔야겠다.
- I'll have two eggs on toast, please.—I'll have the same.
  토스트에 달걀 두개 올려주세요.—저도 같은 걸로 주세요.
- He was a total disgrace and I told him so.
  그는 정말 수치스러웠고, 나는 그에게 그렇게 이야기했다.

- Although the management keeps promising to change their ways, they never do.
  경영진은 경영방식을 바꾸겠다고 줄곧 말만 할 뿐, 그렇게 하지 않았다.

3. 생략 ellipsis

앞에서 언급한 대상을 생략함으로써 연결한다.

- Here are thirteen cards. Take any.
  여기 카드 열세 장이 있습니다. 아무거나 가져가세요. (any 뒤에 card 생략)
- Have you been abroad?—Yes, I have.
  외국에 가본 적 있어?—있어요. (have 뒤에 been abroad 생략)
- John bought some carrots, and Catherine some sweet peas.
  존은 당근을 좀 샀고, 캐서린은 콩을 좀 샀다. (Catherine 뒤에 bought 생략)

4. 접속 conjunction

다른 표층결속장치들은 개별항목들을 서로 연결해줌으로써 텍스트를 결속하는 반면, 접속은 앞에서 이야기한 내용과 앞으로 이야기할 내용을 어떻게 연관지어 해석해야 하는지 알려주는 방식으로 텍스트를 결속한다. 다시 말해 자신의 발화를 독자가 어떻게 연결해 해석해야 하는지, 또는 해석해주기를 바라는지 알려주는 이정표와도 같은 역할을 하는 것이다. 접속은 인간이 생각해낼 수 있는 모든 논리적 연결방식을 구현한다. (**17.3** 참조)

덧붙이기	and, or, also, furthermore, similarly, in other words, likewise, by contrast, incidentally, for example
뒤집기	but, yet, however, instead, on the other hand, at any rate, in any case, as a matter of fact

인과	so, consequently, it follows, to that end, otherwise, in that case, under the circumstances, therefore
시간	previously, finally, as, at once, meanwhile, hitherto, from now on, to sum up, in short, to resume
연속 등 기타	now, of course, well anyway, surely, after all

하지만과 그러나

하지만은 '(앞에 나온 동사)+ 하지만'에서 나온 말로 생략을 바탕으로 만들어진 접속사인 반면, 그러나는 '그렇기는 하나'를 줄인말로 지시를 바탕으로 만들어진 접속사다. 따라서 뒤집고자 하는 내용이 간단하고 짧은 경우에는 '하지만'이 잘 어울리고, 복잡하고 긴 경우—굳이 뒤를 돌아봐야 하는 경우—에는 '그러나'가 잘 어울린다.

5. 어휘를 활용한 표층결속 lexical cohesion

앞에서 살펴본 표층결속장치들은 모두 문법적 요소를 기반으로 텍스트를 결속하였으나, 어휘를 사용하여 표층결속을 할 수 있다. 어휘적 결속성을 만들어내는 방식은 두 가지로 구분할 수 있다.

반복 reiteration

물론 같은 어휘를 반복할 수도 있겠지만, 동의어, 상위어, 일반어 등을 활용하여 대상을 지시할 수도 있다.

There's a boy climbing that tree.	The boy is going to fall··· (소년: 동어반복)
	The lad is going to fall··· (사내아이: 동의어)
	The child is going to fall··· (아이: 상위어)
	The idiot is going to fall··· (멍청이: 일반어)

어휘적 표층결속은 단순히 언어적 지식에만 의존하지 않는 경우도 있다. 예

컨대 한 신문기사에서 마가렛 대처 영국 총리를 다음과 같은 단어들로 지칭한다면, 여러분은 이것이 같은 사람이라는 것을 쉽게 파악할 수 있겠는가?

Mrs Theacher—The Prime Minister—The Iron Lady —Maggie

이러한 표층결속망은 언어적 지식만 가지고는 쉽게 파악하기 어렵다. 정치적 레토릭과 사회적 맥락을 잘 이해하지 못하면 이것이 같은 사람을 지칭한다는 것을 알지 못하고 번역할 수 있다.

더 나아가 이러한 표층결속망을 정확하게 파악하였다고 하더라도, 이것을 그대로 번역하는 것은 문제가 될 수 있다. 예컨대 '매기'라고 번역을 하면 이것이 마가렛 대처를 가리킨다는 것을 인지하는 한국사람은 몇 명이나 될까? 외국인들의 성과 이름 체계는 여전히 한국인들에게 낯설기 때문에 이러한 표층결속장치는 오히려 텍스트를 이해하기 어렵게 만들 수 있다.

연어 collocation

어떤 텍스트에서든 쉽게 연상되거나 함께 발생하는 확률이 높은 어휘들이 모여서 나오는 것을 볼 수 있다. 예컨대 '비'라는 어휘가 나오면 '날씨'(전체), '햇빛'(대비항목), '물방울'(부분), '우산'(연관항목), '축축한·화창한'(관련된 형용사) '내리다·젖다'(관련된 동사) 같은 항목들이 따라 나올 확률이 높다. 이처럼 명제적, 개념적으로 연관된 단어들은 텍스트를 하나의 그물망으로 연결해 준다는 측면에서 표층결속장치라고 볼 수 있다.

In the past I've paid little attention to world oil shortages and the consequent increases in oil prices because they tend to end naturally, when supply catches up with demand. But in the current instance no such rectification by the market has taken place, so more fundamental remedies must be studied.

과거 나는 세계의 석유부족과 그로 인한 유가상승에 별 관심이 없었다. 공급이 수요를 따라잡으면 문제는 자연스럽게 해결되기 때문이다. 그러나 현 상황에서 시장에 의한 조정은 전혀 이뤄지지 않고 있기에, 좀더 근본적인 해법이 강구되어야 한다.

이 짧은 예문에서도 '시장'과 연관된 어휘들이 곳곳에 나오면서 텍스트를 하나의 그물망으로 결속시켜주고 있다는 것을 알 수 있다.

❀ ❀ ❀

1a 결국, 본능적인 인상은 이미지로 머릿속에 떠오른다. 전설에 따르면 화학자 프리드리히 폰스트라도니츠는 자신의 꼬리를 먹는 뱀의 꿈이 벤젠의 고리모양 구조를 추론해내도록 이끌었다. 아인슈타인은 세상을 3차원적 조건으로 상상하였고, 자신이 본 것을 수학으로 발전시켰다. 모든 세상의 종교들은 지금 이곳에서 우리 행동을 이끌어줄 더 높은 현실을 보는 것에 대해 이야기한다. 시인들은 머릿속에서 이미지를 보고 그것을 단어로 표현한다. 소설가들은 머릿속에서 상황을 꾸며내고 그것이 희미해지기 전에 서둘러 글로 쓴다. 미켈란젤로는 대리석 안에서 이미지를 보고 나머지 부분은 모두 깎아내 버린다는 유명한 말을 남겼다. 기업가들도 마찬가지로 미래를 상상할 수 있다.

이 글은 무엇을 말하고자 하는 것일까? 어렴풋이 글의 주제를 추정할 수는 있겠지만, 개별문장들이 거대한 하나의 주제를 완성해나가기 위해 꽉 짜여져 있는 느낌을 주지는 않는다. 예컨대 어린아이가 하는 말을 듣고, 내가 다시 정리하고 추정해야 하는 상황과 비슷하다. 하지만 고차원적인 주제에 대해서 이야기할 때에도 독자가 알아서 정리하고 이해해줄까? 또한 아이를 대할 때처럼 선의로 해석해줄까? 논증구조에 대한 지식이 있다면, 각 문장의 커뮤니케이션 기능을 좀더 쉽게 파악할 수 있을 것이다.

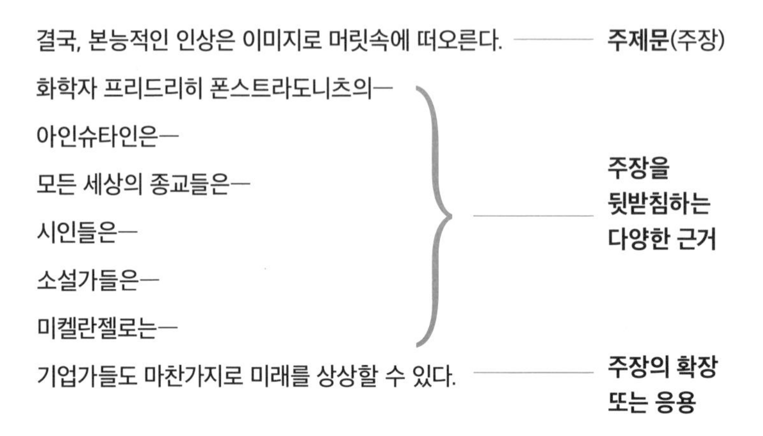

하지만 **1a**를 다시 읽어보면 각각의 문장이 이러한 커뮤니케이션 기능을 수행하는 것처럼 보이지 않는다. 출발텍스트를 보자.

❶ Eventually, instinctual impressions do emerge in the mind as images. According to legend, the chemist Friedrich von Stradonitz's dream of a snake eating its own tail led him to deduce the ring-like structure of benzene. Einstein imagined the universe in three-dimensional terms, and then developed the mathematics to describe what he saw. All world religions speak of seeing a higher reality that guides our behavior in the here and now. Poets see images in their minds and put words to them. Novelists play out scenes in their heads and hasten to write them out before hey fade. Michelangelo famously spoke of seeing the image within the marble and carving away everything else. Entrepreneurs similarly can imagine the future.

원문을 보면 image—see—imagine 같은 단어들이 문장마다 등장하면서 전체 텍스트를 하나로 묶어준다는 것을 알 수 있다. 이러한 결속구조와 커뮤니케이션 기능이 최대한 부각되도록 번역해보면 어떨까?

✔1b 결국, 본능적인 인상은 마음속에서 눈에 보이는 이미지처럼 솟아난다. 일화에 따르면 화학자 케쿨레는 꿈속에서 자기 꼬리를 먹는 뱀을 보고 벤젠의 동그란 고리구조를 발견했다고 한다. 아인슈타인은 우주를 3차원의 공간으로 머릿속에 그렸고 이렇게 상상한 공간에서 본 것을 설명하는 수학식을 만들었다. 세계종교는 모두 이 세상에 속한 우리 인간의 행동을 인도하는 고차원적인 실체를 보라고 말한다. 시인들은 자기 마음 속 이미지를 보고 그것을 말로 표현한다. 소설가들은 자기 마음속에 보이는 장면들이 흩어지기 전에 말로 풀어낸다. 대리석 덩어리 속에서 이미지를 보고 나머지 부분을 깎아 내버렸을 뿐이라는 미켈란젤로의 말 역시 너무나도 유명하다. 기업경영자들도 이와 마찬가지로 미래를 볼 수 있다.

좀더 세부적으로 텍스트를 비교해보자.

	❶	1a	1b
A	Eventually, instinctual impressions do emerge in the mind as images.	결국, 본능적인 인상은 이미지로 머릿속에 떠오른다.	결국, 본능적인 인상은 마음속에서 눈에 보이는 이미지처럼 솟아난다.
B	According to legend, the chemist Friedrich von Stradonitz's dream of a snake eating its own tail led him to deduce the ring-like structure of benzene.	전설에 따르면 화학자 프리드리히 폰스트라도니츠의 자신의 꼬리를 먹는 뱀의 꿈이 벤젠의 고리모양 구조를 추론해내도록 이끌었다.	일화에 따르면 화학자 케쿨레는 꿈속에서 자기 꼬리를 먹는 뱀을 보고 벤젠의 동그란 고리구조를 발견했다고 한다.

C	Einstein imagined the universe in three-dimensional terms, and then developed the mathematics to describe what he saw.	아인슈타인은 세상을 3차원적 조건으로 상상하였고, 자신이 본 것을 수학으로 발전시켰다.	아인슈타인은 우주를 3차원의 공간으로 머릿속에 그렸고 이렇게 상상한 공간에서 본 것을 설명하는 수학식을 만들었다.
D	All world religions speak of seeing a higher reality that guides our behavior in the here and now.	모든 세상의 종교들은 지금 이곳에서 우리 행동을 이끌어줄 더 높은 현실을 보는 것에 대해 이야기한다.	세계종교는 모두 이 세상에 속한 우리 인간의 행동을 인도하는 고차원적인 실체를 보라고 말한다.
E	Poets see images in their minds and put words to them.	시인들은 머릿속에서 이미지를 보고 그것을 단어로 표현한다.	시인들은 자기 마음 속 이미지를 보고 그것을 말로 표현한다.
F	Novelists play out scenes in their heads and hasten to write them out before hey fade.	소설가들은 머릿속에서 상황을 꾸며내고 그것이 희미해지기 전에 서둘러 글로 쓴다.	소설가들은 자기 마음속에 보이는 장면들이 흩어지기 전에 말로 풀어낸다.
G	Michelangelo famously spoke of seeing the image within the marble and carving away everything else.	미켈란젤로는 대리석 안에서 이미지를 보고 나머지 부분은 모두 깎아내 버린다는 유명한 말을 남겼다.	대리석 덩어리 속에서 이미지를 보고 나머지 부분을 깎아 내버렸을 뿐이라는 미켈란젤로의 말 역시 너무나도 유명하다.
H	Entrepreneurs similarly can imagine the future.	기업가들도 마찬가지로 미래를 상상할 수 있다.	기업경영자들도 이와 마찬가지로 미래를 볼 수 있다.

1b는 모든 문장에 '보다'라는 동사를 삽입하여 개별문장들을 하나의 주제로 강하게 묶어준다. 원문은 콜로케이션을 활용한 반면, **1b**는 같은 단어를 반복하여 표층결속을 더욱 강화했다.

반면 **1a**는 이러한 텍스트의 그물망을 고려하지 않고 문장 단위로 정확한 번역을 하는 데에만 신경쓴 느낌이다. 실제로 문장 단위로 비교해보면 **1a**는 나무랄 곳 없는 완벽한 번역이다. 하지만 이렇게 문장을 모아놓는다고 해서 저절로 텍스트가 되는 것은 아니라는 것을 **1a**는 보여준다.

지금까지 설명한 많은 개념들을 적용하여 **1a**와 **1b**를 꼼꼼히 비교해보길 바란다. 눈에 띄는 차이들이 무엇을 의미하는지, 그러한 차이로 인해 의미나 효과가 어떻게 달라지는지 음미해보라. 특히 문장의 초첨부분(동사 주변부) 비교해보면 초점이 미묘하게 달라져있는 것을 알 수 있다. 예컨대 **G**는 문장의 초점이 크게 바뀌었다.

여기서 한 가지 착각해서는 안 되는 중요한 사실은, 아무리 탁월한 번역가라고 해도 **1b** 같은 번역문을 단박에 만들어내지는 못한다는 것이다. 이 책 서문에서도 말했듯이, 이 책에서 제시하는 추천번역들은 원문을 보고 즉석에서 만들어낸 것이 아니다. 처음에는 **1a**처럼 문장단위로 즉자적으로 번역한 다음, 그렇게 완성된 번역문을 다시 읽어가면서 텍스트적 의미를 고려하여 다듬고 고친 것이다.

1a처럼 번역하는 것은 번역을 완성하기 위한 재료를 만드는 작업으로 드래프팅drafting이라고 한다. 우리는 어쨌든 문장 단위로 글을 읽고 번역할 수밖에 없지 않은가? 그렇게 만들어진 문장들을 모아서 다시 읽어가면서, 텍스트적 의미가 무엇인지 파악하고 그러한 의미가 문장 속에 구현되도록 다시 고쳐야 하는데, 이러한 작업을 리바이징revising이라고 한다. 리바이징이 마무리되면 마지막으로 맞춤법이나 띄어쓰기를 고치는 작업을 하는데, 이를 에디팅editing이라고 한다. 이 모든 과정을 거쳐 나온 번역이 **1b**다.

쓰는 것과 마찬가지로 번역도 끊임없이 고치고 다듬는 과정을 거치지 않으면 결코 좋은 결과물을 만들어낼 수 없다. 훌륭한 번역가는 단 한 번에 완벽한 번역을 해내는 사람이 아니라, 끝까지 고민하고 의심하고 탐구하며 될 때까지 고치는 사람이다. 텍스트적 의미textual meaning는 단어나 문장 차원에서만 의미가 생성되는 것이 아니기 때문에, 처음부터 텍스트적 의미가 구현된 단어를 선택하고 문장을 만들어내는 것은 거의 불가능하다.

또 하나 기억해야 할 사실은, 어휘적 의미나 문법적 의미보다 텍스트적 의미가 저자가 글을 쓴 '의도meaning'에 훨씬 가깝다는 것이다. 전체적인 텍스트의 결속성을 만들어내는 작업은 단어나 문장을 개별적으로 정확하게 번역하는 것보다 훨씬 중요한 문제다.

❀ ❀ ❀

표층결속망을 제대로 파악하지 못하거나 재현하지 못하여 이해할 수 없는 텍스트를 만들어내는 경우도 있다.

2a 월튼은 가정과 분석을 반복하고, 경쟁자들을 계속해서 평가하고, 매장을 정기적으로 검사하는 철저한 리더였다. 하지만 의사결정을 해야 할 때는 많은 양의 정보와 경험들을 구체적으로 분석하기보다는 자신의 '직감'을 따랐다. 월튼과 그와 같은 비전 있는 리더들은 자기 자신의 상상력에 자극을 받고, 결국 엄청난 무언가를 해내게 된다.

그 무언가는 지식, 경험, 정보의 지속적인 축적이 결합하여 만들어진 직감이 만들어낸 결실이다. 직감을 뜻하는 영어단어 intuition은 본래 '보다'와 '고려하다'라는 두 의미에서 유래했다. 직감은 의식적으로 고려하지 않는 지식 같은 것이다.

'하지만'으로 시작하는 두 번째 문장과 '월튼과'로 시작하는 세 번째 문장이 어떻게 연결되는지 불분명해 보인다. 이처럼 문장 사이에 명제적으로, 논리적으로 연관성이 없어 보이거나, 임의적으로 문장이 나열되어 있는 것처럼 보인다면 오역이 틀림없다.

어쨌든 월튼은 '직감'을 따라 '엄청난 무언가'를 해낸다고 말한다. 그런데 두 번째 문단에서 '그 무언가'에 대해서 설명하는데, 이것은 또 다시 직감이 만들어낸 결실이라고 말하며 직감에 대해 설명한다. 뭔가 뒤죽박죽 뒤섞여있는 느낌이 든다. 여기서 '그 무언가'는 도대체 뭘까? 대단한 아이디어나 성공을 의미하는 것일까? 그렇다면 그것을 저자는 왜 굳이 '무언가'라고 말한 것일까? (이러한 의심은 오역을 찾아내 수정할 수 있는 기회를 제공한다.)

원문을 확인해보자.

❷ He played what-if games and analysis, constantly evaluated competitors, and regularly inspected stores, but he relied on his "gut" to sort through the mass of data and experience to make decisions. He and other visionaries are over stimulated by their own imagination—and boom, something happens.

The something combines knowledge, experience, and a constant scouring of information to create intuition. The root of the word intuition means both look on and to consider, to understand something without having to consciously think about it.

원문을 보니 gut과 intuition을 모두 '직감'이라고 번역하는 실수를 저질렀다. 물론 사전적으로는 둘 다 '직감'이라고 번역할 수 있겠지만, 엄연히 이 텍스트에서는 두 단어를 구분해서 사용했다. 저자가 이 글을 통해 설명하고자 하는 개념의 구조를 그림으로 그리면 다음과 같다.

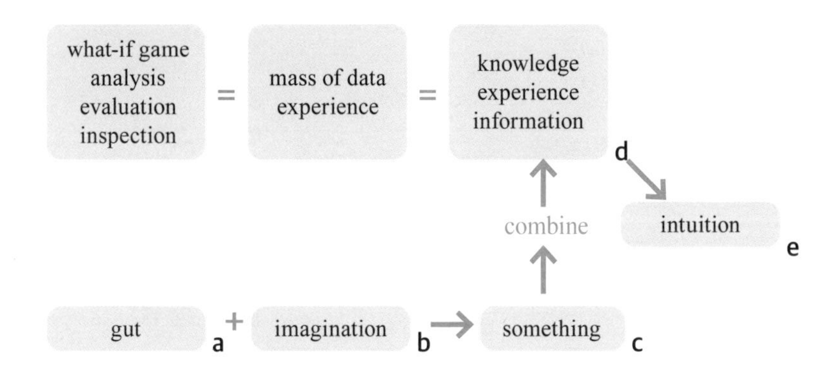

이 도식을 보면 **a**가 **b**와 결합하여 **c**가 되고 **c**는 **d**를 결합하여 **e**를 만들어낸다. 그런데 **a**와 **e**를 같은 단어로 번역해 버리면 도식이 어떻게 성립하겠는

가? 복잡한 개념적 연산을 고려하지 않고 단어를 선정함으로써 무슨 말을 하는 것인지 이해할 수 없는 글이 되었다. 이렇게 논리적인 명제를 담고 있는 글에서는 그물코 하나만 잘못되어도 그물망이 망가진다.

✔ 2b '만약에—하면 어떨까?'라는 추론게임을 즐기고, 분석을 즐기며, 끊임없이 경쟁자를 평가하고 점포를 예고 없이 방문해서 시찰하는 일을 즐겼지만, 그러한 엄청난 데이터와 경험을 취합하여 의사결정을 하는 일은 '본능'에 의존했다. 그와 같은 비저너리들은 자신만의 상상에 과도하게 충만한 상태에서, 어느 순간 쾅! 무언가가 찾아온다.

그 '무언가'는 지식과 경험, 끊임없이 갈고 닦은 정보들을 하나로 뭉쳐 직관을 만들어낸다. '직관直觀intuition'이라는 말은 어떤 것을 보고 생각한다는 뜻이다. 의식적으로 생각하는 것이 아니라, '보는 순간 이해하는 것'이다.

	②	2a	2b
A	He played what-if games and analysis,	월튼은 가정과 분석을 반복하고,	월튼은 '만약에—하면 어떨까?'라는 추론게임을 즐기고, 분석을 즐기며,
B	constantly evaluated competitors,	경쟁자들을 계속해서 평가하고,	끊임없이 경쟁자를 평가하고
C	and regularly inspected stores, but	매장을 정기적으로 검사하는 철저한 리더였다. 하지만	점포를 예고 없이 방문해서 시찰하는 일을 즐겼지만,
D	he relied on his "gut" to sort through the mass of data and experience to make decisions.	의사결정을 해야 할 때는 많은 양의 정보와 경험들을 구체적으로 분석하기보다는 자신의 '직감'을 따랐다.	그러한 엄청난 데이터와 경험을 취합하여 의사결정을 하는 일은 '본능'에 의존했다.
E	He and other visionaries are over stimulated by their own imagination	월튼과 그와 같은 비전 있는 리더들은 자기 자신의 상상력에 자극을 받고,	그와 같은 비저너리들은 자신만의 상상에 과도하게 충만한 상태에서,
F	—and boom, something happens.	결국 엄청난 무언가를 해내게 된다.	어느 순간 쾅! 무언가가 찾아온다.

G	The something combines knowledge, experience, and a constant scouring of information to create intuition.	그 무언가는 지식, 경험, 정보의 지속적인 축적이 결합하여 만들어진 직감이 만들어낸 결실이다.	그 '무언가'는 지식과 경험, 끊임없이 갈고 닦은 정보들을 하나로 뭉쳐 직관을 만들어낸다.
H	The root of the word intuition means both look on and to consider,	직감을 뜻하는 영어단어 intuition은 본래 '보다'와 '고려하다'라는 두 의미에서 유래했다.	'직관直觀intuition'이라는 말은 어떤 것을 보고 생각한다는 뜻이다.
I	to understand something without having to consciously think about it.	직감은 의식적으로 고려하지 않는 지식 같은 것이다.	의식적으로 생각하는 것이 아니라, '보는 순간 이해하는 것'이다.

❀ ❀ ❀

3a 기업경영의 역사를 보면 사업환경이 예상가능하고 직원들이 자신이 하는 일에 확신을 가질 때, 다시 말해 '안정상태'에 안착할 때 가장 번창한다는 사실을 알 수 있다. 복잡계에서 어떻게 조직성이 자연스럽게 나타나는지 연구하는 카오스이론의 일부인 '자기조직이론'은 '안정상태'를 '어트랙터'라 칭한다. 기업은 계속 성장함에 따라 가위, 바위, 보 세 가지 상태 중 하나의 상태로 이끌린다.

이 번역에서는 마지막 문장이 이전 문장과 어떤 연관성이 있는지 직관적으로 이해되지 않는다. 문장구조로 미루어 볼 때 두 번째 문장의 '어트랙터'라는 신정보(초점요소)가 마지막 문장과 어떤 중요한 연결고리로 작용한다는 것을 짐작할 수 있다. 그리고 '어트랙터'는 attractor를 한글로 표기한 것이며, 이는 '끌어당기는 것'을 의미한다는 외국어 지식까지 참조하고 나면 이것이 그 다음 문장의 초점 '이끌린다'와 연관된다는 것을 추론할 수 있다. 물론 이런 것을 추론할 수 있다면, 이 글은 원래 이 정도 수고를 들여서 읽을 만한 어려운 글이 아니라는 것도 충분히 이해할 수 있을 것이다.

이러한 연결이 불안해지면 그것을 통해 달성하고자 하는 더 큰 연결, 즉 '안정상태=가위바위보 세 가지 상태'라는 개념적 그물망이 약해질 수밖에 없다. 이러한 고리를 탄탄하게 매듭지어놓지 않으면 독자들은 이후 글을 읽어가면서 계속 혼란을 겪을 수 있다.

번역과정에서 어떤 표층결속이 깨졌는지 출발텍스트를 살펴보자.

❸ Business history suggests that companies thrive best when they settle into "stable states," conditions in which the business environment is fairly predictable and employees have confidence in what they're doing. In self-organization theory—the part of chaos theory that studies how order seems to arise spontaneously in complex systems—these stable states are called "attractors" As a company grows, it's attracted toward one of three main states, which we can call scissors, paper, and rock.

출발텍스트는 다음과 같이 표층적으로 결속되어있다.

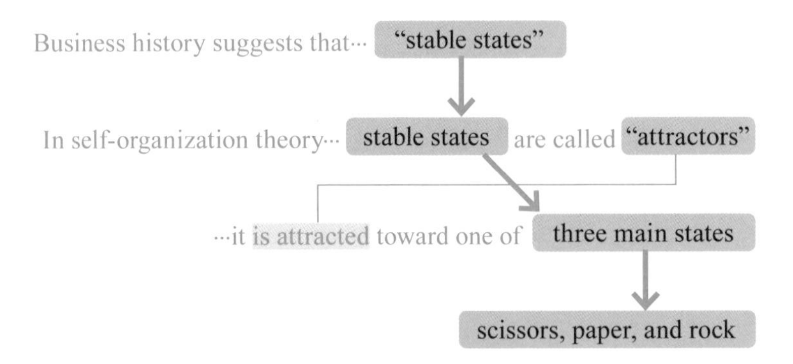

텍스트 속에 선정된 단어는 그 텍스트가 전달하고자 하는 의미의 그물망을 형성하는 데 반드시 기여해야 한다. 그러한 기능을 수행하지 못하는 단어나 표현은 잘못 선택된 것이다.

✔ 3b 기업의 역사를 돌아보면 주변환경을 충분히 예측할 수 있으며 직원들 또한 자신이 무엇을 해야 하는지 명확하게 아는 '안정상태'에 들어섰을 때 기업들이 가장 번성한다는 것을 알 수 있다. 복잡계에서 어떻게 질서가 자연발생적으로 나타나는지 연구하는 카오스이론 중 하나인 자기조직이론에서는 이런 안정상태를 '끌개attractor'라고 부른다. 기업은 성장하면서 세 가지 주요 상태 중 어느 한 쪽으로 끌린다. 이 세 상태를 우리는 가위, 바위, 보에 비유한다.

	❸		3a	3b
A	Business history suggests that		기업경영의 역사를 보면	기업의 역사를 돌아보면
B	companies thrive best			
C	when they settle into "stable states," conditions			
D	in which the business environment is fairly predictable		사업환경이 예상가능하고	주변환경을 충분히 예측할 수 있으며
E	and employees have confidence in what they're doing.		직원들이 자신이 하는 일에 확신을 가질 때,	직원들 또한 자신이 무엇을 해야 하는지 명확하게 아는
		C	다시 말해 '안정상태'에 안착할 때	'안정상태'에 들어섰을 때
		B	가장 번창한다는 사실을 알 수 있다.	기업들이 가장 번성한다는 것을 알 수 있다.
F	In self-organization theory—			
G	the part of chaos theory			
H	that studies how order seems to arise spontaneously in complex systems—		복잡계에서 어떻게 조직성이 자연스럽게 나타나는지 연구하는	복잡계에서 어떻게 질서가 자연발생적으로 나타나는지 연구하는
		G	카오스이론의 일부인	카오스이론 중 하나인
		F	'자기조직이론'은	자기조직이론에서는

I	these stable states are called "attractors"	'안정상태'를 '어트랙터'라 칭한다.	이런 안정상태를 '끌개attractor'라고 부른다.
J	As a company grows,	기업은 계속 성장함에 따라	기업은 성장하면서
K	it's attracted toward one of three main states,		세 가지 주요 상태 중 어느 한 쪽으로 끌린다.
L	which we can call scissors, paper, and rock.	가위, 바위, 보	이 세 상태를 우리는 가위, 바위, 보에 비유한다.
	K	세 가지 상태 중 하나의 상태로 이끌린다.	

원문을 보면 문단을 끝마치는 맨 마지막 단어가 '가위, 바위, 보'다. 한 마디로 이 전체 문단이 '가위, 바위, 보'라는 비유를 도입하기 위해 가열차게 밀고 나가는 것이다. 한국어는 물론 어순의 한계로 인해 이러한 클라이맥스를 완벽히 재현해낼 수 없지만 그래도 **3b**는 마지막 동사 바로 앞에 '가위, 바위, 보'를 놓아 최대한 클라이맥스를 재현하고 있다. **3b는** '가위, 바위, 보' 뒤에 5 글자가 나오지만 **3a**는 16 글자나 늘어서있다. 메시지의 초점이 아닌 엉뚱한 곳이 강조를 받고 있다는 뜻이다.

영어와 한국어의 어순 차이로 인해 미시적인 정보구조는 살리기 어려울 수 있지만, 텍스트 차원의 정보구조는 충분히 살릴 수 있으며, 살리기 위해 노력해야 한다. **3a**와 **3b**를 비교해 읽어보면 이 문단이 이야기하고자 하는 메시지의 힘이 분명히 다르다는 것을 느낄 수 있을 것이다.

❀ ❀ ❀

물론 언어적인 특성, 구조, 활용방식 등의 차이와 더불어 문화적 차이로 인해 표층결속 그물망을 완벽하게 재현해내기 어려운 경우도 있다. 중요한 사실은, 출발텍스트의 표층결속망을 재현하지 못하더라도 도착텍스트는 그 나름대로 완벽한 텍스트 결속성을 구축해야 한다는 것이다. 어쨌든 텍스트

결속성이 결여된 글은 메시지(의미)를 전달하지 못하는 무의미한 어휘의 나열이 될 수 있기 때문이다.

❹ Your friend says she doesn't want to eat Japanese because she had Korean last night, but you want vegetarian. So you talk it over and compromise on Indian.

4a 친구가 어젯밤 한식을 먹어서 일식을 먹고 싶지 않다고 한다. 하지만 나는 채식을 먹고 싶다. 그래서 무엇을 먹을지 이야기한 끝에 인도음식을 먹기로 했다.

이 글은 우리가 일상에서도 토론하고 논쟁하여 해법을 찾아낸다는 것을 일깨워주기 위해 제시한 간단한 예시다. 물론 이 글이 무엇을 이야기하고자 하는지 이해는 되지만 다소 맥락이 생소하다. 한국독자에게는 메시지보다 예시로 제시된 음식이 더 부각되어 의미전달이 다소 불안해질 위험이 있다. 이 문제를 어떻게 해결할 것인가?

✔ 4b 나는 배가 고파서 맛있는 한식을 먹고 싶다. 하지만 친구는 채식을 좋아한다. 그래서 무엇을 먹을지 이야기한 끝에 우리는 비빔밥을 먹기로 했다.

✔ 4c 아내는 승차감 좋은 세단을 사고 싶어하지만, 나는 짐을 싣기 좋은 SUV를 사고 싶다. 그래서 무엇을 살 것인지 이야기한 끝에 승차감도 좋고 짐도 싣기 좋은 해치백을 사기로 했다.

이렇게 단어 자체를 갈아서 새로운 표층결속망을 짜면 독자들이 메시지에 더 집중할 수 있다. 저자가 전달하고자 하는 메시지는 '한식-일식-인도음식'이 아니라, '토론하고 협상하여 해법을 찾는다'는 행위에 있다. 원문의 단어를 그대로 유지하여 낯선 맥락을 만들어내 메시지를 불안하게 만들기보다 어휘적 표층결속망을 바꿔 메시지를 온전히 전달하는 것이 훨씬 바람직한 선택이다. (물론 이러한 수정작업이 텍스트의 의미를 바꾸거나, 더 포괄적인 표층결속에도 영향을 미칠 경우에는 선택하기 어려운 전략이다.)

다시 말하지만, 출발텍스트의 표층결속망을 도착텍스트에서 구현해내기 어렵다고 판단될 때에는, 표층결속망을 재조정해서라도 텍스트성을 만들어내야 한다. 텍스트적 의미를 만들어내지 못하는 글은 의미없는 단어들의 나열에 불과하다.

Chapter 25

"

표층결속성은 객관적이며 원칙적으로 기계적으로 인식할 수 있는 반면, 심층결속성은 주관적이며 독자에 다라 다르게 판단할 수 있다. "

Susanne De Lotbinère-Harwood (1989) in "Translator's Preface" for Lise Gauvin's *Letters from an Other,* Toronto: Women's Press. p9

"

번역과정에서 마주치는 어려움은 출발텍스트 그 자체에 있기보다는, 독자들이 자신들만의 지식과 판단과 인식의 집합체를 구축한 어떤 문화집단, 또는 하위문화집단에 속한다는 사실에서 나온다. "

Albrecht Neubert & Gregory M. Shreve (1992) *Translation as Text.* Kent: Kent State University Press. p75

25

언어가 다르면, 세상이 다르다

심층결속성

앞에서 표층결속성, 즉 텍스트 상의 기표들을 통해 형성되는 그물망에 대해 설명하였다. 하지만 우리는 텍스트를 인식하고 이해할 때 이러한 표층결속만 활용하는 것이 아니라, 눈에 보이지 않는 또 다른 의미의 그물망, 즉 심층결속도 활용한다. '심층결속성'이란 텍스트 아래sub-text 흐르는 '관념'으로 이루어진 그물망이다.

표층결속성 cohesion	심층결속성 coherence
텍스트 상에 표시된 단어나 문법항목들의 그물망. 표층결속망은 기계적으로 연결할 수 있다.	텍스트 아래에 흐르는 관념적인 의미의 연속체. 심층결속성은 언어사용자(독자)의 이해와 인식을 통해 성립된다.

여기서 명심해야 할 사실은, 표층결속성은 심층결속성의 존재를 눈앞에 명확하게 보여주는 언어적 표지에 불과하다는 것이다. 예컨대 심층결속성을 지표면 밑에서 떠받치고 있는 마그마에 비유한다면, 표층결속은 그러한 흐름이 지표면으로 솟아난 화산에 비유할 수 있다. 다시 말하자면, 자신이 번역하는 텍스트가 무슨 의미인지, 저자의 의도가 무엇인지 정확하게 파악하지 못하면—다시 말해, 심층결속을 만들어내지 못하면—표층결속구조도 만들어낼 수 없다.

다음 예문을 읽어보면서, 어색한 부분이 있는지 찾아보라.

1a 글래드스턴은《일리아드》와《오디세이아》를 집요하게 파헤치다가 호메로스가 색을 설명하는 대목에서 뭔가 이상한 점을 발견하고 그 내용을 바탕으로 결론을 내렸는데, 그 결론이 너무 파격적이고 황당해서 당시 사람들은 온전히 받아들일 수 없었고 많은 사람들이 거들떠보지 않았다. 글래드스턴이 던진 수수께끼는 수많은 학문이 일어나는 계기가 되었고 적어도 세 가지 학문 과목이 발전하는 데 깊은 영향을 미쳤다. 그리고 150년 동안 '자연과 문화 사이를 지배하는 언어'에 대한 멈출 기미를 보이지 않는 논쟁의 불씨를 당겼다.

우선 첫 번째 문장과 두 번째 문장이 서로 상반된 의미를 갖고 있다. 이 두 문장에 담긴 명제가 '역접관계'라는 사실은 우리(독자)의 마음속에 있는 지식을 바탕으로 파악해낸 것이다. 이것이 바로 심층결속성이 작동하는 원리다. 역접관계는 표층결속장치로 눈에 보이게 표시해줘야 독자들이 글을 읽어가면서 의미를 좀더 쉽게 파악하고 정리할 수 있다.

또 하나 이 글에서 문제가 되는 것은 '자연과 문화 사이를 지배하는 언어'라는 명제다. 자연과 문화 '사이'에는 무엇이 있기에 언어가 지배한다는 말일까? 이것이 '150년 동안 멈출 기미를 보이지 않는 논쟁'이었다고 힌트를 주지만, 우리(독자)는 도무지 감을 잡을 수 없다. 출발텍스트를 보자.

❶ Gladstone's scrutiny of the *Iliad* and the *Odyssey* revealed that there is something awry about Homer's descriptions of colour, and the conclusions Gladstone draws from his discovery are so radical and so bewildering that his contemporaries are entirely unable to digest them and largely dismiss them out of hand. But before long, Gladstone's conundrum will launch a thousand ships of learning, have a profound effect on the development of at least three academic disciplines, and trigger a war over the control of language between nature and culture that after 150 years shows no sign of abating.

우선 두 번째 문장에서 but before long을 빼고 번역했다는 것을 알 수 있다. 반면 '자연과 문화 사이를 지배하는 언어'는 원문을 그대로 옮긴 것인데, 이 텍스트만으로는 이것이 무엇을 의미하는지 다소 이해하기 어렵다. 지면의 제약으로 여기서는 더 많은 텍스트를 보여줄 수 없지만, 번역자는 텍스트의 전반적인 맥락을 이해하고 이러한 모호한 기표의 의미를 정교하게 번역하기 위해 노력해야 한다. 독자가 알아서 이해할 것이라고, 원문이 원래 그렇게 생겨먹었다고 말하는 것은 핑계가 되지 않는다. 번역자의 게으름을 입증하는 증거일 뿐이다.

✔ 1b 《일리아드》와 《오디세이》에 대한 글래드스턴의 깊은 탐구는 호메로스의 색깔 묘사 방식이 다소 기괴하다는 사실을 찾아냈으며, 이러한 발견에서 그가 끄집어낸 결론은 동시대인들이 소화하기 어려울 정도로 매우 급진적이며 당황스러운 것이었다. 사람들은 대부분 그의 주장을 무시했다. 하지만 오래지 않아 글래드스톤이 제시한 이 수수께끼는 수많은 연구의 시발점이 되었다. 최소한 세 가지 학문분야가 발전할 수 있도록 상당한 영향을 미쳤을 뿐만 아니라, 150년 이후에도 수그러들 기세가 전혀 보이지 않는 '언어를 자연이 지배하느냐 문화가 지배하느냐' 하는 논쟁을 촉발하였다.

	①	1a		1b
A	Gladstone's scrutiny of the *Iliad* and the *Odyssey* revealed	글래드스턴은 《일리아드》와 《오디세이아》를 집요하게 **파헤치다가**		《일리아드》와 《오디세이》에 대한 글래드스턴의 깊은 탐구는
B	that there is something awry about Homer's descriptions of colour,	호메로스가 색을 설명하는 대목에서 뭔가 이상한 점을 **발견하고**		호메로스의 색깔 묘사 방식이 다소 기괴하다는 사실을 **찾아냈으며,**
C	and the conclusions Gladstone draws from his discovery	그 내용을 바탕으로 결론을 **내렸는데,**		이러한 발견에서 그가 끄집어낸 결론은
D	are so radical and so bewildering	그 결론이 너무 파격적이고 **황당해서**		
E	that his contemporaries are entirely unable to digest them	당시 사람들은 온전히 받아들일 수 없었고		동시대인들이 소화하기 어려울 정도로
			D	매우 급진적이며 당황스러운 것이었다.
F	and largely dismiss them out of hand.	많은 사람들이 거들떠보지 않았다.		사람들은 대부분 그의 주장을 무시했다.
G	But before long,			**하지만** 오래지 않아
H	Gladstone's conundrum	글래드스턴이 던진 수수께끼는		글래드스톤이 제시한 이 수수께끼는
I	will launch a thousand ships of learning,	수많은 학문이 일어나는 계기가 **되었고**		수많은 연구의 시발점이 되었다.
J	have a profound effect on the development of at least three academic disciplines, and	적어도 세 가지 학문 과목이 발전하는 데 깊은 영향을 미쳤다. **그리고**		최소한 세 가지 학문분야가 발전할 수 있도록 상당한 영향을 미쳤을 **뿐만 아니라,**
K	trigger a war			
L	over the control of language between nature and culture			
M	that after 150 years	150년 동안		150년 이후에도
N	shows no sign of abating.			수그러들 기세가 전혀 보이지 않는
	L	'자연과 문화 사이를 지배하는 언어'에 대한		'언어를 자연이 지배하느냐 문화가 지배하느냐' 하는
	N	멈출 기미를 보이지 않는		
	K	논쟁의 불씨를 당겼다.		논쟁을 촉발하였다.

1b는 문장을 분절하고 연결하는 방식을 미묘하게 변경하여 번역했다. 이는 개별 절을 발화하는 의도를 다르게 해석했다는 뜻이다. 발화의 의도를 읽어내는 것은 서브텍스트(심층결속성)를 읽어내는 것과 같다. 출발텍스트와 **1b**의 문장 분절방식을 비교해보자.

1b는 두 번째 세 번째 여파를 첫 번째 여파의 구체적인 두 가지 사례로 바꿔 진술한다. 발화의 의도와 맥락, 메시지의 기능을 수정함으로써 **1a**보다 훨씬 자연스러운 텍스트의 흐름을 만들어냈다. 심층결속성이 수정되니 절을 연결해주는 표층결속장치도 달라진 것을 확인할 수 있다.

물론 이러한 변형이 저자의 의도를 왜곡하는 것은 아닐까 의심하는 사람도 있을 것이다. 타당한 의심이다. 하지만 글이란 고칠수록 나아지는 법이다. 어떤 글이든 예외는 없다. 번역의 대상이 되는 출발텍스트도 마찬가지다. 저자의 의도를 좀더 효과적으로 드러낼 수 있는 방법을 번역자가 번역과정에서 찾아낼 수도 있다. 그래서 어떤 언어쌍에서나 번역을 거치면서 글이 더 명확해지고 정교해지는 현상이 보편적으로 나타나는 것이다.

또한 언어가 단어-문장-텍스트 등 여러 차원으로 이루어져있듯이 우리 인간의 선택도 여러 차원에서 이루어진다. 그러한 선택의 차원마다 의도가 작동하겠지만, 그 중에 더 중요한 의도도 있고, 덜 중요한 의도도 있을 것이다. 의도가 반영된 선택이라고 해서 무조건 같은 크기의 비중으로 대해야 한다면 세상은 혼란에 빠질 것이다.

이러한 비중을 고려하여 번역자는 텍스트를 개선할 수 있다. 물론, 그러한 개선이 정당한 선택인지 스스로 엄밀하게 검증해야 할 것이다. 어쨌든 모든 선택에는 책임이 따른다는 것을 잊어서는 안 된다. 번역자는 자신의 선택이 왜 정당한지 입증하고 설명할 수 있어야 한다.

❀ ❀ ❀

2a 마지막 권 끝에 감춰진 겸손함이 묻어나는 한 장에는 호기심을 끌지만 별로 중요해 보이지 않는 주제인 '호메로스의 색에 대한 인식과 사용'이란 내용이 담겨있다.

책의 마지막 장이 '겸손함이 묻어'난다는 것은 어떤 의미일까? 또한 마지막 장이 '감춰져' 있다는 진술도 이상하기는 마찬가지다. 우리가 아는 세상, 자연법칙이 작동하는 세상에서는 상상하기 어려운 명제를 진술한다.

❷ One unassuming chapter, tucked away at the end of the last volume, is devoted to a curious and seemingly marginal theme, 'Homer's perception and use of colour.'

우선 unassuming이라는 단어의 번역이 수상하다. 영한사전을 펼쳐 보면 이 단어는 다음과 같은 말로 번역되어 있다.

unassuming

잘난 체하지 않는, 건방지지 않은, 얌전한, 겸손한

하지만 **13장**에서 설명했듯이 유생성이 작동하는 한국어의 특성을 고려해야 한다. 이러한 발화가 상징하는 명제는 과연 무엇일까?

✔ 2b 이 책의 마지막 권 맨 끝에 별다른 의미가 없는 것처럼 붙어있는 장은 약간은 신기하기도 하고 다소 중요하지 않은 것처럼 보이는 주제를 다루고 있다. 바로 '호메로스의 색깔에 대한 인식과 활용'이다.

심층결속성에 대한 관심은 번역결과물의 질을 높여줄 뿐만 아니라, 번역가 스스로 번역기술을 습득하고 계발할 수 있는 기회를 제공한다. 거칠게 말하자면, 심층결속성에 민감한 사람은 글쓰기나 번역에 관한 무수한 기술들을 굳이 배우지 않아도 금방 터득할 수 있다. 심층결속성은 자신의 글을 평균적인 독자의 눈으로 의심할 수 있는 힘에서 나온다.

	❷		2a	2b
A	One unassuming chapter,			
B	tucked away at the end of the last volume,		마지막 권 끝에 감춰진	이 책의 마지막 권 맨 끝에
		A	겸손함이 묻어나는 한 장에는	별다른 의미가 없는 듯 붙어있는 장은
C	is devoted to a			
D	curious and		호기심을 끌지만	약간은 신기하기도 하고
E	seemingly marginal theme,		별로 중요해 보이지 않는 주제인	다소 중요하지 않은 것처럼 보이는 주제를
			C	다루고 있다.
F	'Homer's perception and use of colour.'		'호메로스의 색에 대한 인식과 사용'이란 내용이	바로 '호메로스의 색깔에 대한 인식과 활용'이다.
		C	담겨있다.	

2b가 어떻게 **F**에 초점을 모아주고 있는지 눈여겨보라.

❄ ❄ ❄

3a 적절한 복장을 갖춰 입으면 인체는 섭씨 32도에서 43도까지 견딜 수 있다.

미국인 백인 선교사가 아마존의 기후를 설명하는 대목에서 등장하는 문장이다. 그런데 섭씨 3-40도라면 매우 더운 기온인데, 이러한 더위를 견디기 위해 어떤 옷을 갖춰 입어야 한다는 말일까? 출발텍스트를 보자.

❸ The human body, when clothed properly, can handle the 90° to 110°F temperatures well,

출발텍스트를 보니 when clothed properly는 삽입된 절이다. 이 문장이 전달하고자 하는 핵심명제는 '3-40도에서도 우리 몸은 무리없이 견딜 수 있다'는 것이다. 저자는 이 절은 무엇 때문에 삽입한 것일까?

우리 상식에 비춰보면 아마존 원주민들은 거의 옷을 입지 않고 산다. 하지만 미국인 저자는 원주민처럼 옷을 완전히 벗고 지내지 않았을 것으로 여겨진다. 또한 이 글을 읽는 독자들은 옷을 입는 문화(미국)에서 살아간다. 따라서 '옷을 제대로 입었을 때'라는 삽입절은 옷을 언제나 입어야 한다는 독자의 통념을 배려하여 텍스트 속에 삽입한 것이다. 좀더 의도를 과장해서 말하자면 이 삽입절은 '원주민처럼 홀딱 벗지 않고서도'라는 의미다.

✔ 3b 한낮의 기온은 섭씨30도, 가끔은 40도까지 올라가지만 이 정도는 옷을 제대로 갖춰 입고도 무리없이 견딜 수 있다.

이처럼 간단한 문장 하나를 번역하는 데에도 우리는 문장에 표시되어 있지 않은 수많은 정보와 의미를 추론해내야 한다. 이러한 작업은 어떻게 시작된 것일까? 이것은 언어기표가 아닌 우리(독자)가 가진 세상에 대한 지식에서 촉발된 것이다. **3a**를 읽고 이상하다고 느낀 것은, 이러한 언어기표들이 우리가 아는 세상에 관한 지식과 들어맞지 않았기 때문이다. 이러한 지식을 바탕으로 조건절을 양보절로 바꿔 번역할 수 있었던 것이다.

❀ ❀ ❀

❷ She'd reliably call and chew them out after any incidents like the time my fashion-impaired Sunday school teacher made fun of me for wearing a black linen jacket with the sleeves pushed up(à la Crockett, the super-cool Miami Vice TV detective) to church.

4a 패션이 형편없는 주일학교 선생들이 (TV드라마 《마이애미 바이스》의 멋진 형사 크로켓을 따라) 검은 아마포 겉옷의 소매를 걷어 올리고 교회에 온 나를 놀린 사건이 있은 뒤, 엄마는 믿음직하게 그들을 불러내 물어뜯었다.

이 예문에는 TV드라마 제목과 인물이 구체적으로 등장한다. 물론 상황에 따라 다르고 독자에 따라 다르겠지만, 너무 생소한 정보는 텍스트의 흐름을 방해하거나 초점을 분산시킬 수 있다. 그런 위험이 있다고 느껴진다면 한국어독자의 배경지식수준에 맞게 각색해야 한다. 물론 그에 따라 표층결속망도 수정되어야 할 것이다.

✔ 4b 패션감각이라고는 찾아볼 수 없는 주일학교 선생들이 한번은 검은 린넨 재킷을 입고 소매를 걷어 올린 채 교회에 왔다고 나를 웃음거리로 만든 적이 있는데 (그 당시 인기 있는 TV드라마 주인공의 옷차림을 따라 한 것이었다), 엄마는 어김없이 그들을 불러내 호되게 꾸짖었다.

구체적 항목을 일반화하면 환기적 의미가 사라진다. 실제로 **4b**가 의미를 좀 더 자연스럽게 전달하지만, **4a**보다 글의 재미가 떨어진 것은 사실이다. 그럼에도 환기적 효과를 약간 희생하여 의미를 명확하게 전달하는 선택을 했다. 번역은 손실과 보상 사이에서 끊임없이 선택을 해나가는 작업이다.

❀ ❀ ❀

심층결속성은 텍스트(저자)가 제시하는 지식과 세상에 대한 독자의 지식이 상호작용하여 만들어내는 결과라 할 수 있다. 텍스트에서 제시하는 정보를 독자·청자는 실제든 허구든 자신이 알고 있는 세상모형에 통합할 수 있어야 한다. 이러한 협력의 산물이 바로 '이해'이자 '의미'다.

텍스트		독자일반의 지식		심층결속성
저자가 제시하는 지식	+	세상에 대한 경험과 지식: 사건이나 상황을 구성하는·연관짓는 방식	=	의미 이해

어떠한 텍스트든 의미를 갖기 위해서는 청자·독자의 지식과 경험과 기대에 의존할 수밖에 없다. 독자의 인식체계와 협력하기를 거부하는 텍스트는 실패할 수밖에 없다.

문제는, 독자의 지식은 사람마다 다르고 집단마다 다르다는 것이다. 문화의 경계를 넘어서면 더욱 심각하게 달라진다. 세계관의 유효성이나 합리성을 따지기에 앞서, 독자의 세계관에 부합하지 않는 텍스트는 의미 자체를 전달할 수 없는 가장 원초적인 문제에 빠진다.

따라서 번역가는 목표독자가 어떤 배경지식을 가지고 있는지 이해하고, 출발텍스트에서 제시하는 세상의 모형과 목표독자에게 친숙한 세상의 모형 사이의 괴리를 최소화해야 할 줄 알아야 한다.

Chapter 26

"

텍스트를 하나의 고정된 언어표본으로 간주해서는 안 된다. 텍스트는 본질적으로 저자의 의도를 말로 표현한 것에 불과하다. 번역가는 독자의 자리에서 저자의 의도를 이해한 다음 그것을 다른 문화에 속한 다른 목표독자를 위해 텍스트 전체를 다시 창조해야 한다. "

Mary Snell-Hornby (1988) *Translation Studies: An Integrated Approach.* Amsterdam: John Benjamins. p2

"

텍스트를 하나의 고정된 언어표본으로 간주해서는 안 된다. 텍스트는 본질적으로 저자의 의도를 말로 표현한 것에 불과하다. 번역가는 독자의 자리에서 저자의 의도를 이해한 후에 그것을 다른 문화에 속한 다른 목표독자를 위해 텍스트 전체를 다시 창조해야 한다. "

Mary Snell-Hornby (1988) *Translation Studies: An Integrated Approach.* Amsterdam: John Benjamins. p2

26

원작의 존재이유와 번역의 존재이유

중재로서 번역

앞 장에서 **3b**를 읽고 몇몇 독자들은 오타를 의심했을지도 모른다. **3a**에서는 32도 43도라고 했는데, **3b**에서는 30도 40도로 바뀌었다.

한 번 가정해보자. 어떤 사람과 대화를 하던 중에 '아마존의 기온은 어느 정도 됩니까?'고 물었다.

"보통 32도 정도 되고 더울 때는 43도까지 올라갑니다."

이런 대답을 들었다면, 여러분은 어떤 생각이 먼저 드는가? 이 대답이 맞는지 틀린지를 떠나 32도, 43도와 같은 매우 구체적인 수치를 어떻게 얻었는지, 또 그 수치를 어떻게 기억하는지 궁금하지 않겠는가? 앞에서 설명한 '정보성'이라는 개념에 비춰본다면, 이러한 구체적인 수치는 정보성이 매우 높다. 그 수치를 어떻게 얻었는지 설명하는 구절이 뒤따라 나와야 할 것 같다.

하지만 실제 세상에서 이렇게 대답하는 사람은 찾기 힘들다. 이 숫자는 화씨를 섭씨로 환산한 결과에 불과하다. 텍스트 속에 파묻혀 번역을 하다 보면 이러한 숫자가 어색하다는 것을 깨닫지 못하고 넘어갈 때가 많다. 인간은 대개 숫자를 10단위로, 좀더 세부적으로 따진다면 5단위로 어림잡아 셈을 한다. 실제로 출발텍스트에서는 90° to 110°F라는 10진법으로 수치를 이야기하고 있다. 이것은 바로 어림잡은 수치라는 뜻이다. 따라서 **3b**처럼 30도 40도로 바꿔서 번역하는 것이 바람직하다.

* * *

❶ It covers two acres of bottomland near Tinker Creek with six inches of water and six thousand lily pads. There's a fifty-five mph highway at one end of the pond, and a nesting pair of wood ducks at the other.

1a 홀린스 연못은 팅커계곡 근처 8,000제곱미터 저지대를 덮고 있으며 수심은 15센티미터이고 6,000개의 수련 잎이 물 위에 떠 있다. 연못 한 쪽 끝에는 시속 88킬로미터로 달릴 수 있는 고속도로가 지나가고 다른 한 쪽에는 둥지를 튼 아메리카 원앙 한 쌍이 살고 있다.

1b 연못은 팅커계곡 낮은 지대에 위치해 있으며, 크기는 2,400평 정도에, 수심은 15센티미터 가량 되고, 6,000장의 수련 잎이 떠있다. 연못 한쪽 끝에는 제한속도 시속 55마일의 고속도로가 있고, 다른 쪽 끝에는 아메리카 원앙 한 쌍이 둥지를 틀고 있다.

1a는 미터법을 활용하여 수치를 모두 변환했다. 여기서도 앞에서 이야기한 문제를 똑같이 지적할 수 있다. 어떤 도로든 제한속도를 '88킬로미터'처럼

설정하는 나라는 상식적으로 없을 것이다.

1b의 경우 넓이는 한국에서만 사용하는 '평'으로 환산한 반면 길이는 '센티미터', 속도는 '마일'로 표기한다. 이는 텍스트에 대한 신뢰성을 떨어뜨리는 치명적인 실수라고 할 수 있다. 측정단위를 활용하는 관습은 나라마다 다르지만, 여러 단위를 혼용해서 쓰는 경우는 거의 없다. 측정단위 체계를 구분해서 써야 한다.

	미터법	야드파운드법	척근법
길이	미터	인치, 피트, 야드, 체인, 펄롱, 마일, 리그	모, 홀, 사, 리, 푼, 치, 자, 척, 장, 간, 정, 리
넓이	제곱미터	루드, 에이커	평, 보, 묘, 단, 정, 마지기
무게	리터, 그램, 톤	그레인, 드램, 온스, 파운드, 스톤, 쿼터, 톤	작, 홉, 되, 말, 섬, 곡, 푼, 모, 돈, 냥, 근, 관

여기서 측정단위나 화폐단위를 한국독자에게 친숙한 단위로 옮겨야 하는가 그냥 놔두어야 하는가 하는 문제에 대해 생각해볼 수 있다. 물론 정답이 있는 것은 아니다.

일단, 야드파운드법을 선택하면 미터법을 사용했을 때보다 한국의 독자들이 수치를 가늠하기 어려울 것이다. 따라서 야드파운드법을 선택한 텍스트는 독자에게 다소 어렴풋하고 몽환적인 세상을 선사할 것이고, 미터법을 선택한 텍스트는 좀더 독자에게 현실과 비슷한 세상을 선사할 것이다.

결국 이 문제에 대한 선택은 자신의 번역결과물이 독자에게 어떤 효과를 선사하길 바라는지, 다시 말해 어떤 번역결과물을 만들어내고자 하는지, 더 나아가 이 텍스트를 왜 번역하는지에 따라 달라질 것이다. 자신이 생산해낸 텍스트가 목표문화에서 어떤 기능을 수행하기를 바라느냐에 따라 번역은 두 가지 전략 중 하나를 선택할 수 있다.

자국화domestication **전략**

독자의 명확한 이해를 도모하기 위한 텍스트를 만들어내는 것이 목표일 경우, 텍스트를 계몽이나 설득의 도구로 사용하고자 하는 경우, 도착어 화자가 도착문화에서 쓴 글처럼 번역한다.

이국화forignization **전략**

특정한 이국적 취향을 자극하거나 이국적 풍경에 대한 낭만적 동경심을 자극하는 텍스트를 구축하는 것이 목표일 경우, 또는 특별한 이유에서 독자들이 명제적 사실에 쉽게 접근하지 못하도록 가로막고 싶을 경우, 신성한 것으로 간주되는 예외적인 텍스트(성경, 꾸란 등)일 경우, 외국인이 쓴 생경한 글처럼 번역한다.

물론 이것은 번역자 혼자서 판단할 수 있는 선택이 아니다. 번역을 기획하고 의뢰한 사람이 이 번역행위를 통해 무엇을 얻고자 하는지, 왜 '돈을 주고 번역을 맡겼는지' 묻고 의논하여 판단해야 한다.

여기서 분명하게 짚고 넘어갈 것은, 우리가 번역을 하는 이유는 단순히 원문이 존재하기 때문이 아니다. 원저자의 의도가 번역행위의 목적을 온전히 결정하는 것도 아니다. 원저자의 의도는 번역을 수행할 때 참고해야 하는 여러 요소 중 하나에 지나지 않는다.

특별히 예외적인 경우가 아니라면, 번역이라는 행위는 대부분 도착문화의 요구에서 촉발되는 것이다. 무엇을 번역할 것인지, 그것을 왜 번역하는지는 도착문화가 결정한다. 결국 번역의 목적은 원문의 목적과 일치하지 않을 수 있다. 좋은 번역을 제대로 해내기 위해서는 이러한 번역행위의 목적을 스스로 인식할 줄 알아야 한다. 이러한 목적의식을 깨닫지 못한 채 번역하는 사람은 실제로 형편없는 번역을 만들어낼 확률이 높다.

✔ 1c 팅커계곡 근처 저지대 8,000 제곱미터에 걸쳐 있는 이 연못은 15센티미터 정도 수심에 6,000개의 수련이 떠 있다. 이 연못의 끝에는 시속 90킬로미터로 자동차들이 달리는 고속도로가 있고 그 반대편에는 원앙 한 쌍이 둥지를 틀고 있다.

✔ 1d 팅커크릭 근처 저지대 2에이커에 걸쳐 있는 이 연못은 6인치 정도 물이 차있고 그 위에 6,000개의 수련이 떠 있다. 이 연못의 끝에는 시속 55마일까지 달릴 수 있는 고속도로가 있고 그 반대편에는 아메리카 원앙 한 쌍이 둥지를 틀고 있다.

1c는 자국화전략을 적용한 번역이고 **1b**는 이국화전략을 적용한 번역이다.

❀ ❀ ❀

2a 투아렉: 어떻게 발음하는지(TWAR-EG) 안다고 하더라도 기이하게 들린다.

이 글을 읽고 독자는 잠시 혼란에 빠질 것이다. 한국어로 표기된 '투아렉'을 어떻게 발음하는지 모르는 사람이 있을까? 또 이 단어가 '기이하게' 들리는 이유는 무엇일까? 외래어가 범람하는 오늘날 이보다 훨씬 기이하게 들리는 단어들도 많지 않은가? 이것은 무엇을 번역한 것일까?

❷ Touareg: Even when you know how to pronounce it (TWAR-EG), it sounds weird.

여기서 you는 출발텍스트의 독자를 가리킨다. 즉, 영어를 사용하는 미국의 독자들이다. 영어사용자들에게 Touareg이라는 단어가 생소하다는 뜻이며, 이 단어를 발음할 줄 안다고 해도 여전히 낯설게 들린다는 뜻이다.

언어가 가리키는 대상이나 사건을 식별하는 '독자'의 능력은 텍스트의 심층결속을 유지하기 위해 반드시 파악해야 하는 중요한 요소다. 다시 말하지만 심층결속성, 즉 보이지 않는 의미의 그물망을 만들어내는 것은 저자나 번역자가 아닌, 독자다. **2a**는 독자가 달라진다는 것을 전혀 고려하지 않고 번역한 것이다. 출발텍스트의 목표독자target reader는 영어를 사용하는 미국인이지만, 도착텍스트의 목표독자는 한국어를 사용하는 한국인이다.

번역은 언어를 바꾸는 작업이 아니라 목표독자를 바꾸는 작업이다. 다시 말해 목표독자를 바꿔 글을 다시 쓰는 작업이 번역이다. 번역과정에서 언어가 달라지는 것은 가장 눈에 띄는 현상이지만 그것은 우리 눈을 현혹하는 껍데기일 뿐, 번역이라는 행위가 존재하는 근본적인 이유가 아니다. 우리가 어떤 언어로 되어 있는 것을 굳이 다른 언어로 바꾸는 이유는, 그것이 전달하고자 하는 메시지를 저자가 애초에 의도하지 않았던 다른 독자들에게도 전달할 만한 가치를 지니고 있다고 판단했기 때문이다. 결국 목표독자를 고려하지 않고 언어적 지식만을 적용해 원문을 그대로 옮기다 보면, 번역의 근본적인 기능조차 수행하지 못하는 결과물을 낳을 수 있다.

그렇다면 이런 텍스트는 어떻게 옮겨야 할까? 이 순간 번역자는 '번역의 목적'을 되새겨야 한다. 나는 무엇 때문에 이 글을 번역하는가? 번역자는 출발텍스트를 도착텍스트로 아무런 목적없이 옮기는 투명한 전달자invisible messenger가 아니다. 투명한 번역은 제대로 된 의미를 만들어낼 수 없다. 그런 번역은 구글번역이 훨씬 잘 한다.

번역은 그 자체로 사회에 특정한 의미를 추가하고자 하는 적극적인 사회참여행위이고, 번역자는 그러한 목적지향적 행위를 수행하는 적극적인 행위자다. 번역자는 사회적 기능과 목적을 고려하는 중재자mediator 역할을 해야 한다. 그래야만 번역의 가능성은 열린다. 이것을 번역하면, 번역된 글은 도착문화(한국)에서 어떤 기능을 할 수 있는가? 아니, 어떤 기능을 해야 하는가? 이 글은 무엇 때문에 번역하는가? 나는 무엇 때문에 번역을 하는가?

번역가는 숙명적으로 도착문화와 도착텍스트에서 존재의 의미를 찾아야 하는 사람이다. 출발텍스트에서 존재가치를 찾는 번역자는 실패할 수밖에 없다. 물론 출발텍스트는 원래의 의미를 얼마나 재현했는지, 어떻게 재현했는지 따져보고 번역의 질을 평가할 때 유용한 지침을 제공하지만, 그것이 번역을 평가하는 유일한 기준은 될 수 없다.

출발텍스트가 번역의 유일한 존재이유라면 어떠한 번역도 성공할 수 없다. 그렇다면 모든 번역은 오역에 불과하다. '원작'을 아무리 훌륭하게 재현한다 한들 그것은 원작의 그림자, 또는 아류작에 불과하다. 번역은 실패할 수밖에 없는 의미없는 작업이 된다.

2000년 이상 지속되어온 인류의 번역행위는, 단순한 문화전파 수단 이상의 가치를 입증한다. 실제로 끊임없이 외래문화를 번역하여 수입하는 작업을 해온 언어와 문화들은 오늘날 주요한 언어와 문화로 자리잡았다. 번역이라는 행위 자체가 도착문화를 풍요롭게 만들어 주기도 하지만, 급격한 문화적 혼란이 닥쳤을 때 그것을 견뎌내고 다시 도약할 수 있도록 버텨주는 백신 역할을 한다. 남의 것을 번역해서 자기 것으로 만드는 일을 게을리한 언어와 문화는 모두 사멸했으며, 앞으로도 계속 사멸할 것이다. 한때 중원을 호령하던 여진, 말갈, 거란, 돌궐 등 우리 주변의 무수한 민족들이 언어와 문화를 지키지 못하고 역사 속으로 사라질 수밖에 없었던 것도 이런 이유 때문일 것이다.

결국, 도착문화에서 어떠한 기능도 수행하지 못하는 번역은 처음부터 존재할 필요가 없다. 번역은 그 자체로서 목적이 있는 사회적 행위라는 것을 명심해야 한다.

이 모든 주장은 '텍스트는 독자와 상호작용을 통해서만 의미를 만들어낼 수 있다'는 명제와도 상통한다. 번역자는 의미를 산출하기 위해 원저자, 또는 원작의 독자와도 상호작용을 해야 하겠지만, 의미있는 번역결과물을 만들어내기 위해서는 목표문화의 독자와도 상호작용해야 한다.

이런 맥락을 고려하여, 앞에서 본 예문을 번역하는 목적을 찾아보자. 가장 쉽게 떠올릴 수 있는 이 글을 번역하는 목적은, 이 글을 번역함으로써 선진적인 브랜드네이밍 기법과 비평을 한국에 소개할 수 있다는 것이다. 이것이 바로 번역의 '본연적인' 기능이다.

✔ 2b 투아렉: 미국인들에게 Touareg이라는 단어는 너무나 생소해, 어떻게 발음해야 하는지 모르는 사람도 많고, 제대로 발음한다고 해도 미국사람들 귀에는 여전히 기이하게 들린다.

미국에서 '투아렉'이라는 브랜드가 어떤 인상을 주었는지 설명하는 문장으로 바꿈으로써 한국독자들에게 의미 있는 텍스트를 만들어냈다.

텍스트의 의미는 화자·저자의 지식과 경험과 기대에 의해 만들어지는 것이 아니라 청자·독자의 지식과 경험과 기대에 의해 만들어진다는 것을 명심하라. 그러한 지식과 경험과 기대는 사람마다 다르고 집단마다 다르다. 하물며 '문화'가 달라지면 지식과 경험과 기대는 극적으로 달라질 것이다. 번역가는 이러한 차이를 중재하는 작업을 수행할 줄 알아야 한다.

❀ ❀ ❀

경영분야에서 널리 사용되는 일본말을 소개하는 글이다.

3a 카이젠kaisen: 현재 진행 중인 과정의 '지속적 개선continuous improvement'을 뜻하는 일본어. '변화'를 뜻하는 '카이'와 '좋은' 또는 '더 좋은'을 뜻하는 젠'에서 유래한 말이다. 이 개념은 삶의 어느 영역에서나 적용될 수 있지만 특히 도요다 자동차 회사의 발전의 원동력이 된 것으로 유명하며, '총체적 품질 관리 total quality management' 철학의 밑거름이 되었다.

한자 지식이 조금이라도 있는 독자라면 '카이젠'이 무엇을 의미하는지 이미 눈치챘을 것이다. 카이젠은 다름 아닌 '개선改善'이다. 이 글은 한자에 대한 이해가 전혀 없는 영어권 독자들의 지식수준에 맞춘 용어풀이를 그대로 옮겨놓은 것이다. 목표독자의 지식수준을 전혀 고려하지 않고 출발텍스트를 그대로 번역한 결과, 우리가 쉽게 알 수 있는 개념을 더 어렵고 복잡하게 풀어놓았다. 독자의 배경지식의 차이—이 경우 출발텍스트 독자의 배경지식보다 도착텍스트 독자의 배경지식이 훨씬 크다—를 무시하고 글자 그대로 번역한 결과다.

❸ kaisen: the Japanese term for the continuous improvement of current processes. Kaizen is derived from the words 'kai', meaning 'change', and 'zen', meaning 'good' or 'for the better.' It is a philosophy that can be applied to any area of life, but its application has been most famously developed at the Toyota Motor Company, and it underlies the philosophy of total quality management.

✔ 3b 카이젠kaisen: 개선改善의 일본어발음. '더 좋게 고친다'는 뜻으로 삶의 어느 영역에나 적용할 수 있는 철학이지만, 가장 유명한 적용사례로는 토요타자동차를 들 수 있다. 카이젠은 '통합품질관리total quality management' 철학의 밑거름이 되었다.

텍스트에서 제시하는 정보를 이해하기 위해서 독자·청자는 그 정보를—그것이 실제든 허구든—자신이 알고 있는 어떤 세상모형에 통합할 수 있어야 한다. 따라서 글을 쓰는 사람은, 독자가 어떤 배경지식을 가지고 있는지 충분히 예측할 수 있어야 한다.

※ ※ ※

번역가는 좀더 미묘하면서도 논쟁적일 수 있는 결정을 내려야 하는 상황에 처하기도 한다. 앞에서 말했듯이 독자의 지식과 경험과 기대는 연령, 성별, 인종, 국적, 교육수준, 직업, 정치관, 종교 등 다양한 요인에서 영향을 받을 수 있다. 세상에 대한 경험과, 사건이나 상황을 구성하고 연관 짓는 관점도 달라진다. 이러한 차이는 세계관의 유효성이나 합리성을 따지기에 앞서 메시지를 이해할 수 있느냐 없느냐 하는 원초적인 문제를 유발할 수 있다.

다음은 리더십과 경영전략에 관한 책의 한 대목이다. 저자는 기업에서 높은 자리에 올라서는 것, 즉 조직 내에서 누릴 수 있는 권력이 커지는 것은 그 자체만으로도 두려움을 안겨준다는 주장을 하면서 이를 뒷받침하기 위한 근거로 다음과 같은 사례를 제시한다.

❹ Russia's Stalin, Iraq's Hussein, and North Korea's Kim Il Jong are just three dictators who emptied their country's treasury to create a police state that would keep them in power rather than building roads and bridges or feeding the poor. North Korean's family dictatorship has built one of the world's most powerful armies on the backs of one of the most impoverished peoples, all ostensibly against the fear of attack from South Korea and the United States. In actuality, the fear is that the North Korean people will compare their meager existence to the high standard of living in the democracy just to the south. An increase in power corrupts more and more because it increases the level of fear. The more you have, the more you have to lose. That's fear reinforcing itself in terms of scarcity.

먼저 독재자 세 명을 언급하고 나서 북한의 세습정권의 상황을 구체적인 사례로 다시 언급한다. 요약하자면 북한정권이 실제로 두려워하는 것은 남한이나 미국의 공격이 아니라, 북한주민들이 남한에 비해 보잘것없는 자신들의 생활수준을 깨닫는 것이라고 말한다. 물론 이것이 잘못된 주장은 아니다. 하지만 바다 건너 자신들과 전혀 상관없는 나라인 북한을 바라보는 관점에 비해 우리가 북한을 바라보는 관점은 좀더 복잡할 수 있다(이는 Kim Il Jong이라는 잘못된 표기만 봐도 충분히 짐작할 수 있다). 한국사회에서 북한에 대한 시각은 민감한 주제이며 상당한 논란을 불러일으킬 수 있다.

원문을 그대로 옮기는 것은 바람직한 결정일까? 이 책은 국제정세를 다루는 책이 아니라 경제경영서다. 또한 이 대목은 논증구조에서 비중이 높지 않은 '근거(사례)'에 해당할 뿐이다. 이것을 그대로 번역하는 것은 자칫 저자가 진짜 말하고자 하는 핵심주장보다도 주장과 그다지 상관없는 북한에 대한 언급만 눈에 띄게 만드는, 의도하지 않은 결과로 이어질 수 있다. 저자는 그런 결과를 원했을까?

✔ 4a 러시아의 스탈린, 이라크의 후세인, 북한의 김정일은 도로를 내고 다리를 건설하고 가난한 사람들을 먹이는 일보다 자신들의 권력을 유지하기 위한 경찰국가를 세우느라 자기 나라의 금고를 바닥냈다. 국민들은 가난하지만 군대만은 최상의 전력을 자랑한다. 이들이 두려워하는 것은 표면적으로 외부세계의 위협이지만 실제로는 국민들이 자신의 비참한 생활상을 외부세계의 높은 생활수준과 비교하게 되는 상황이다. 권력이 강고해질수록 공포의 수준도 높아지고 따라서 더 부패하게 된다. 더 많이 가질수록 더 많이 잃는다. 결핍에 대한 공포는 자기 영혼을 자양분삼아 끊임없이 커진다.

북한에 대한 진술을 세 독재자에게 공통되는 진술로 바꿈으로써 저자가 말하고자 하는 의미는 그대로 살리면서 논쟁적인 요소를 완화하였다.

물론 이러한 번역선택이 옳은가 그른가 하는 판단은 사람마다, 번역자마다 달라질 수 있다. 또한 이와 같은 번역자의 개입을 불편하게 느끼는 독자도 있을 것이다. 어쩔 수 없다. 어떤 번역결과물이든 번역자의 해석을 거쳐야 한다(어떠한 해석도 완벽하게 객관적일 수 없다). 심지어 '원문 그대로' 번역을 표방하며 원문을 충실하게 옮기는 선택을 했다고 하더라도, 그것 역시 의도적 선택일 수밖에 없다. 의도가 배제된, 다시 말해 순수한 진공상태에서 이뤄지는 선택이란 인간세상에 존재하지 않는다. 그것이 바로 담화의 세계이고, 언어의 세계다. 담화의 세상에 발을 들여놓는 순간, 이전 세상으로 되돌아갈 수 없다.

마지막으로 다시 한번 강조하고 싶은 사실은, 어떠한 커뮤니케이션이든 모든 수신자를 충족시키는 것은 불가능하다는 것이다. 글도 마찬가지다. 이 글을 누가 읽을 것인가? 누가 읽기를 바라는가? '책'이라는 소통채널을 선택하는 사람은 누구인가? 그들은 무엇을 알고 있는가? 세상을 어떻게 바라보는가? 일상적으로 어떤 언어를 사용하는가? 어떤 환경에서 살고 있는가? 사회적으로 어떤 관계를 맺고 있는가? 그들이 크게 영향을 받는 사회적 규범은 무엇인가? 텍스트유형에 따라 그들의 기대는 어떻게 달라지는가? 이런 질문에서 심층결속은 시작된다.

글을 잘 쓴다는 것, 번역을 잘 한다는 것은 목표독자의 눈높이에 맞는 텍스트를 구성할 줄 안다는 뜻이다. 그러기 위해서는 우선 '목표독자'가 누구인지, 누구를 목표독자로 삼을 것인지 결정해야 한다. 자신이 상정한 목표독자와 실제독자가 상당부분 부합한다면 탁월한 번역가가 될 수 있다. 또한 탁월한 번역가라면 자신의 번역선택에 대해서 객관적인 언어로 설명할 수 있는 능력까지 갖추어야 할 것이다.

부록

APPENDIX

"

번역은 명백하게 가장 전형적인 다시 쓰기이며... 어떠한 원저자도 자신의 이미지를 원천문화의 경계를 넘어 비출 수 있기 때문에 가장 영향력이 큰 다시 쓰기일 수 있다.

"

André Lefevere (1992) *Translation, Rewriting and the Manipulation of Literary Fame*, London: Routledge. p9

"

나의 번역은 언어가 여성을 대변하도록 하는 것을 목적으로 하는 정치적 활동이다. 따라서 어떤 책의 역자로 내 이름이 올랐다는 말은, 여성의 언어적 가시화에 필요한 모든 번역전략을 동원했다는 뜻이다.

"

Susanne De Lotbinière-Harwood (1989) in "Translator's Preface" for Lise Gauvin's *Letters from an Other*, Toronto: Women's Press. p9

에필로그

커뮤니케이터로서 번역가 되기

번역강의가 모두 끝난 뒤 학생들에게 과정에 대한 평가시간을 갖는데, 그 때마다 나오는 질문이 있다.

> "번역가가 어느 정도까지 개입을 하여 원문을 바꿀 수 있다는 것인지 아직도 혼란스러워요."

번역을 중재라고 정의하고 가르치거나 번역자가 원문을 바꿀 수 있다고 가르치는 책이나 강의는 거의 접해 본 적 없는 학생들에게 나의 번역강의는 다소 혼란스러움을 안겨줄 수 있다. 사실, 번역을 오래 했다는 사람들에게 번역 방법론을 물어보아도 대부분 '원문을 충실하게' 옮기는 것이 최선이라고 대답한다. 물론 그렇게 대답하는 것이 번역가로서는 가장 안전하고 현명한 방책임에는 분명하다. 실제 번역문에서 발견할 수 있는 다양한 형태의 변형들을 하나하나 찾아내 꼬치꼬치 캐묻는 사람만 없다면 '원문에 충실하게'라는 번역전략에 대해 시비를 걸 사람은 없기 때문이다.

하지만 문제는, 번역을 배우고자 하는 사람들은 그러한 처방에서 그다지 유용한 도움을 얻지 못한다는 것이다. 예컨대 사전에 나오지 않는 뜻으로 옮기는 것은 원문에 충실한 것일까 번역자가 개입한 것일까? 한국어의 관습에 맞춰 표현방식을 바꾸는 것은 원문에 충실한 것일까 번역자가 개입한 것일까? 무생물주어를 유생물주어로 바꾸는 것은 원문에 충실한 것일까 번역자가 개입한 것일까? 원문에 없는 화제어를 삽입하는 것은 원문에 충실한 것일까 번역자가 개입한 것일까?

'원문에 충실하게'라는 표어는 번역이라는 복잡하고 다층적인 작업과정에 대한 별다른 통찰을 주지 못하는 피상적인 구호일 뿐만 아니라, 번역과정에서 벌어지는 다양한 현상을 낱낱이 들여다보지 못하도록 가로막는 정치적인 구호라고 해도 틀린 말은 아닐 것이다.

번역에 관한 모든 논의는 '커뮤니케이션'이라는 관점에서 출발해야 한다. 세상의 모든 번역은 '커뮤니케이션'이라는 목적을 달성하기 위한 행위이기 때문이다. 사실, 번역뿐만 아니라 인간의 언어적 행위는 모두 커뮤니케이션이라는 목적을 수행하기 위해 이루어진다. 1차적으로는 누군가에게 자신이 경험한 사건이나 관념, 감정이나 느낌을 전달하기 위한 것이고, 여기서 한 발 더 나아가 여러 발화들의 다양한 조합으로 만들어내는 텍스트적 의미를 전달하기 위한 것이다.

사실이나 현상을 설명하는 글은 정보를 전달하기 위한 것이고, 논증글은 독자를 설득하거나 특정한 행동을 이끌어내기 위한 것이다. 광고나 선전은 대개 독자의 감정을 자극함으로써 원하는 목적을 달성한다. 예컨대 이 책의 표지를 장식하는 문구들을 훑어보면 그러한 문구들의 커뮤니케이션 목적을 쉽게 찾아낼 수 있을 것이다.

물론 커뮤니케이션이라는 목적이 명확하게 드러나지 않는 언어적 행위도 있다. 소설이나 에세이나 시와 같은 것들은 어떤 커뮤니케이션 기능을 수행할까? 저자가 전달하고자 하는 의미가 무엇인지 파악하기 어려운 경우도 많다. 또한 저자의 의도를 독자들이 다양하게 해석하고 추론할 수 있는 여지도 있다. 하지만 그러한 글들도 어쨌든 커뮤니케이션을 목적으로 한다는 사실만은 분명하다. 누구나 읽을 수 있도록 '퍼블리싱'했다는 것 자체가 명확한 증거다.

일기와 같은 개인적인 형태의 글은 어떨까? 그것은 커뮤니케이션을 목적으로 하지 않고 쓴 글일 수도 있지만 그렇지 않을 수도 있다. 예컨대 미래의 자기 자신을 수신자로 가정하고 쓴 글이라고 볼 수도 있기 때문이다.

커뮤니케이션 목적이 명확하든 명확하지 않든, 어떤 텍스트가 '번역'이라는 행위의 대상이 되는 순간, 그 텍스트의 커뮤니케이션 기능은 더욱 중요한 요소로 부각된다. 왜냐하면 어떤 작품을 '번역하기로' 했다는 것은 곧 그 텍스트를 새로운 목표독자에게 '전달'하기 위해 다시 쓰기로 결정했다는 뜻이기 때문이다. 커뮤니케이션 기능이 아무리 불명확한 텍스트라고 하더라도 번역의 대상이 되는 순간, 그 텍스트의 커뮤니케이션 기능은 극대화될 수밖에 없다.

문화간 장벽을 넘어 커뮤니케이션이 가능하도록 만들어야 한다는 측면에서, 번역자는 근본적으로 저자와 독자 사이에서 '중재자mediator' 역할을 할 수밖에 없다. 직역이 옳은가, 의역이 옳은가 하는 논쟁은 번역자에게 사실상 아무런 영감도 주지 못하는 고리타분한 이야기에 불과하다. 번역이 어떠한 커뮤니케이션 기능을 수행해야 하는지 고민하고, 또 번역결과물이 의도한 커뮤니케이션 기능을 제대로 수행하는지 평가하는 것이 훨씬 생산적이고 의미 있는 통찰과 기술과 전략을 제공한다.

이 책에서 나는 번역에 관해 많은 이야기를 늘어놓기는 했지만, 이것은 무수한 번역현상 중에서 극히 일부만을 다룬 것에 불과하다. 예컨대, 문화적으로 특수한 항목cultural-specific들을 어떻게 처리해야 하는지, 번역불가능 항목untranslatable items을 어떻게 번역해야 하는지, 번역의 목적에 따라 원문충실성accuracy은 어떻게 달라져야 하는지, 텍스트유형text-type에 따라 번역전략은 어떻게 달라져야 하는지 등에 대해서는 설명하지 않았다. 번역가가 되기 위해서는 그 밖에도 많은 것을 알아야 하고 차근차근 공부해나가야 한다. 물론 직접 번역을 하면서 경험을 통해 습득할 수 있는 것들도 많다.

어쨌든 많은 것을 생략하고 책을 마무리해야 하는 시점에서 나는 독자 여러분들에게 마지막으로 선사할 수 있는 것은 무엇일까 고민했다. 그 결과

책머리에서 언급한 대로, 번역가가 되기 위한 길고 지루한 학습과정에서 혹시라도 잘못된 길로 현혹되지 않도록 확고한 균형감각을 심어주는 것이 그나마 가장 큰 선물이 될 것이라고 판단했다.

이 책에서 지겹도록 반복했지만 '커뮤니케이션으로서 번역'이 무엇인지, 그리고 여기서 추론해낼 수 있는 번역의 원리와 바람직한 번역전략이 무엇인지, 복습하는 차원에서 마지막으로 정리하면서 끝마치고자 한다. 이러한 논의를 바탕으로 앞으로 경험할 무수한 번역경험을 통해 여러분 스스로 번역기술을 발굴하고 유용한 통찰을 획득하고 창의적인 원칙을 세울 수 있으리라 생각한다.

❀ ❀ ❀

커뮤니케이션이란 무엇인가?

커뮤니케이션이 발생하는 과정을 도식으로 표현하면 다음과 같다.

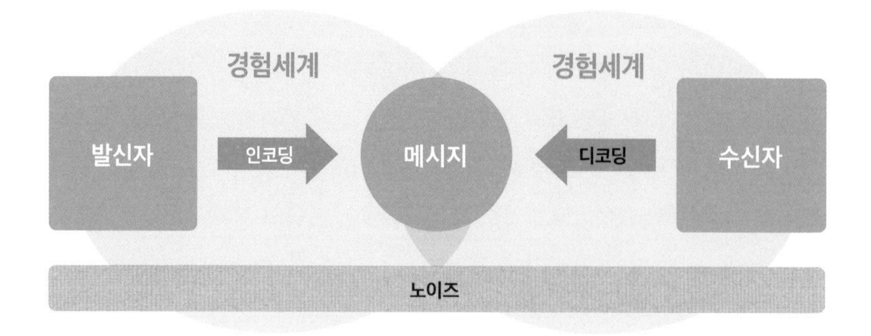

이 모형을 보면 커뮤니케이션은 여러 단계를 거쳐 일어난다는 것을 알 수 있다. 우선 여기서 메시지란 글이나 소리나 몸짓으로 이루어진 기호code를 의미한다. 발신자와 수신자는 자신의 (언어적 지식을 포함한) 경험을 바탕으로 메시지를 인코딩하고 디코딩한다. 경험은 인코딩과 디코딩 과정에서 노이즈(코드왜곡이나 불안정한 소통)를 만들어낼 수도 있다. 전달하고자 하는 사안에 대한 발신자의 지식, 그 사안에 대한 발신자의 견해나 느낌, 또 그것을 글이나 말로 표현하는 발신자의 기술(언어적 능력)에 따라 메시지는 다르게 또는 불완전하게 인코딩될 수 있기 때문이다.

예컨대 발신자가 어떤 사안에 대해 부정적으로 생각한다면 메시지의 특정한 부분을 의식적으로든 무의식적으로든 왜곡하거나 누락시킬 수도 있다. 마찬가지로 인코딩된 메시지는 수신자의 개인적 성향, 지식수준, 문화적 배경에 따라 다양하게 디코딩될 수 있다. 경험세계는 사람마다 다르기 때문이다. 여기서 번역이라는 주제와 관련해서 우리가 기억해야 할 명제를 하나씩 살펴보자.

1. 모든 메시지는 발신자가 인코딩하고 수신자가 디코딩한다

커뮤니케이션 과정에서 인코딩과 디코딩이 발생한다는 사실은, 메시지가 커뮤니케이션의 목적이 아니라 수단에 불과하다는 것을 명백히 알려준다. 다시 말해, 커뮤니케이션의 대상은 텍스트가 아니라 송신자의 머릿속에 있는 '이해understanding'다. 송신자의 머릿속에 있는 '이해'가 수신자의 머릿속에 그대로 전달된다면 텍스트의 형태가 어떠하든 커뮤니케이션은 성공하는 것이다. 이것은 다음과 같은 명제로 정리할 수 있다.

2. 커뮤니케이션의 목적은 코드(글이나 말)가 아니라 이해, 의미, 의도다

머릿속에 존재하는 '이해'를 전달하기 위해 우리는 메시지를 만들고 전달한다. 하지만 이 모형이 보여주듯 이해를 전달하기 위해서는 인코딩-디코딩 과정을 거쳐야 하고, 이 과정에서 왜곡이 발생할 수 있는 개연성이 매우 높다. 바로 이러한 사실 때문에 발신자와 수신자는 왜곡을 최소화하기 위해 서로 노력한다. 발신자는 수신자의 언어능력이나 경험을 고려하여 메시지를 인코딩하고, 수신자 역시 발신자의 언어능력과 경험을 고려하여 메시지를 디코딩한다. 이러한 사실에서 우리는 또 다른 중요한 명제를 이끌어낼 수 있다.

3. 인간의 모든 커뮤니케이션은 발신자와 수신자가 서로 협력한다

커뮤니케이션의 최종목적은 '수신자의 이해'라고 할 수 있기 때문에, 수신자가 제대로 이해할 수 있도록 발신자는 메시지를 적절하게 인코딩해야 할 책임이 있다. 수신자가 알아듣지 못한다면 어떠한 발화도 의미없는 행위로 전락하고 만다. 따라서 모든 메시지는 기본적으로 수신자가 가장 쉽게 이해할 수 있는 방식으로 전략적으로 인코딩된다.

이러한 커뮤니케이션 모형을 번역에 접목하면 어떤 모습이 될까? 번역자는 발신자의 메시지를 디코딩하는 수신자 역할을 하는 동시에, 그것을 다른 언어로 (또는 다른 기호로) 인코딩하는 발신자 역할을 한다. 여기서 고려해야 할 중요한 사실 하나는, 발신자의 경험세계와 수신자의 경험세계가 완전히 다르다는 것이다. 그런 면에서 번역은 인간의 커뮤니케이션 활동 중에서 가장 복잡한 형태라고 할 수 있다. 예컨대 영어를 한국어로 번역하는 작업을 예로 들어 도식화하면 다음과 같을 것이다.

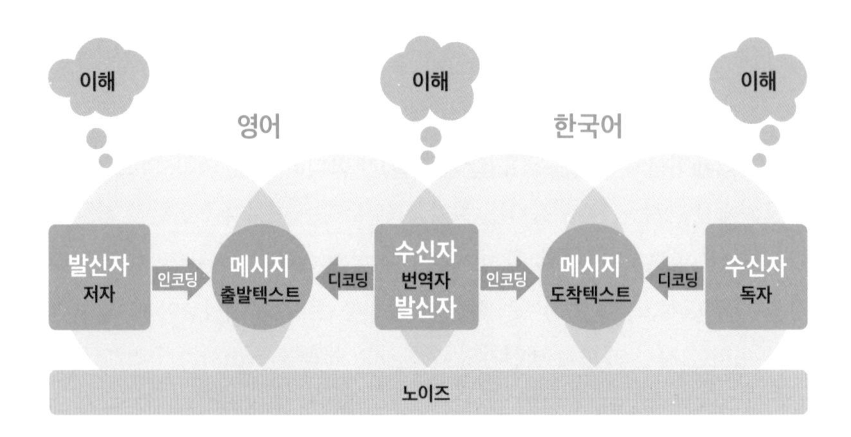

우리가 흔히 번역을 어떤 언어로 된 글을 다른 언어로 옮기는 것이라고 말하지만, 이러한 정의는 자칫 심각한 착각을 불러일으킬 수 있다. 이 모형을 보면 번역은 메시지에서 메시지로 곧바로 연결되는 것이 아님을 알 수 있다.

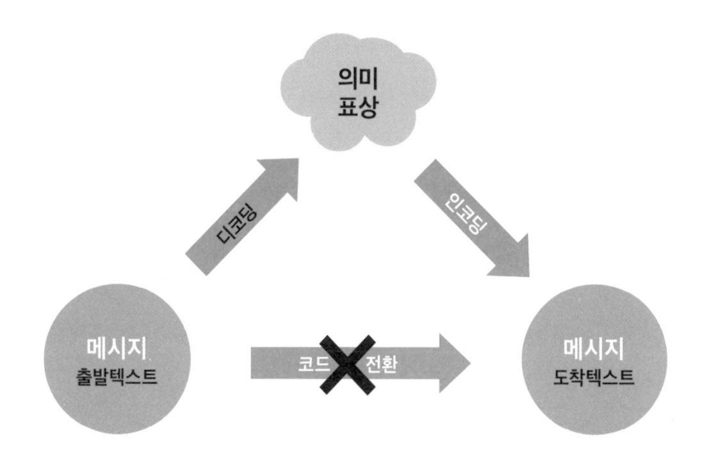

이해는 우리 머릿속에 존재하는 '의미'를 뜻하며 이를 언어학에서는 '의미표상Semantic Representation'이라고 한다. 의미표상은 디코딩이 완료된 상태, 또는 인코딩이 시작되기 전 상태이기 때문에 구체적인 형태를 갖추고 있지 않다. (그래서 구름모양으로 표시한 것이다.)

4. 번역은 출발텍스트에서 의미표상을 거쳐 도착텍스트로 옮겨진다

번역과정에서 '이해'를 반드시 거쳐야 한다는 말은 언어적인 코딩능력만 가지고 번역을 할 수 없다는 경험적 지혜를 다시 한 번 입증해준다. 기계번역이 인간의 번역능력을 쉽게 따라잡지 못하는 이유도 바로 '이해'라는 것을 기계가 만들어내기 힘들다는 데에서 찾을 수 있다. 또한 원문과 번역문을 나란히 놓고 문장성분을 대조하고 비교함으로써 번역의 질을 따지는 일이 그릇된 결론으로 이어질 수 있는 것도 이 때문이다.

커뮤니케이션이라는 행위의 성패는 '송신자의 이해와 수신자의 이해가 얼마나 유사한가'로 판단할 수 있듯이, 번역도 마찬가지로 '원저자의 의도를 목표독자가 얼마나 이해하느냐'로 판단할 수 있다. 따라서 이상적인 번역자라면 출발언어를 디코딩하는 능력과 도착언어를 인코딩하는 능력이 뛰어나야 할 뿐만 아니라, 저자의 경험세계와 독자의 경험세계를 모두 공유해야 한다. 앞에서 모든 커뮤니케이션은 송신자와 수신자가 협력한다고 말했다. 원저자가 원래 소통하고자 했던 대상은 한국어독자가 아니라 영어독자들이었으며, 따라서 그들과 협력하기 위해 영어를 사용하는 공동체의 문화, 지식체계, 물리적 시간적 환경, 언어적 능력 등을 적극적으로 반영했을 가능성이 높다. 하지만 번역자가 협력해야 할 대상은 원저자가 인코딩 과정에서 전혀 배려하지 않았던 한국어독자들이다. 원저자가 원문독자와 협력하기 위해 만들어낸 메시지의 형식을 그대로 가져다가 목표독자에게 제시한다면, 번역은 커뮤니케이션에 실패할 확률이 높다.

5. 번역은 목표독자를 바꾸는 작업이다

영어로 쓴 글이라면, 저자가 협력하고자 하는 독자는 영어를 사용하며 영어문화권에 사는 사람인 것이 분명하다. 그럼에도 그러한 메시지가 한국어사용자에게도 어떤 의미를 제공할 수 있겠다고 누군가 판단할 경우 번역은 발생한다. 번역이란 목표독자를 바꾸는 작업에 불과하다. 하지만 목표독자를 바꾼다는 것은 발신자와 수신자가 공유했던 경험세계를 전부 다시 점검해야 한다는 뜻이며, 메시지를 하나로 묶어주던 표층결속망과 절과 절을 이어주는 심층결속망도 다시 짜야 한다는 뜻이다. 번역자의 적극적인 중재역할이 필요한 근본적인 이유다.

6. 번역은 의미를 중재하는 작업이다

예컨대 우리는 똑같은 의미를 전달하더라도 어른에게 이야기할 때와 초등학생에게 이야기할 때 어휘, 문장, 어투, 이야기전개방식 등을 다르게 선택한다. 송신자는 수신자의 경험과 지식을 고려하여 어휘를 선택하고 정보를 배열하고 때로는 수신자가 이미 알고 있다고 생각하는 내용은 생략하고, 잘 모른다고 생각하는 내용은 부연한다. 예컨대 어린아이에게는 주절주절 늘어놓아야 겨우 설득할 수 있던 것을, 어른에게는 단 한 마디로 똑같은 효과를 얻을 수도 있다.

예컨대 셰익스피어의 소네트 중에 이런 대목이 있다.

> "Shall I compare thee to summer's day?"
> "아름다운 당신을 저 여름날에 비유할 수 있을까?"

아름다운 여인을 여름에 비유하는 것은 과연 어떤 의미일까? 번역자는 영국의 여름날씨와 한국의 여름날씨가 다르다는 것을 고려해야 한다. 무덥고 불쾌한 여름을 경험하는 사람들에게 이 시구는 셰익스피어가 표현하고자 했던 의미를 제대로 전달하지 못할 것이다. 번역자는 아마도 영국인들에게 '여름날'이 표상하는 느낌을 전달할 수 있는 대체물을 찾거나, 원문을 그대로 옮기고 나서 지루한 해설을 덧붙여야 할 것이다. 어떤 선택을 할 것인지는 번역자, 또는 번역행위자가 선택할 몫이다. 이와 같은 중재작업, 즉 번역자의 선택과 개입은 번역과정에서 눈에 띄게 또는 눈에 띄지 않게 무수히 발생한다.

그렇다면 바람직한 중재의 방향은 어떻게 결정해야 할까? 그 해답을 찾기 위해서 번역자는 자신이 수행하는 번역이라는 커뮤니케이션 행위가 무엇을 목적으로 하는지 고민해야 한다. **26장**에서 이야기했듯이, 번역행위는 대부분 발신자의 요구보다는 수신자의 요구에 의해 촉발된다. 다시 말해 수신자가 궁금해 하고 듣고 싶어하기 때문에 번역은 발생하는 것이다. 왜 다른 문화에서 벌어진 커뮤니케이션에 관심을 갖고 그것을 자국문화 속으로 들여오고자 하는가? 다른 문화에서 벌어지는 무수한 커뮤니케이션 중에서 어떤 것은 번역하고 어떤 것은 번역하지 않는 이유는 무엇인가? 번역결과물이 도착문화 안에서 어떤 역할을 수행해주기를 기대하는가? 이 모든 것은 도착문화가 판단하는 것이다. 이러한 판단이 곧 번역이라는 행위의 목적이다. 번역자는 자신이 만들어내는 결과물이 도착문화에서 어떤 역할을 수행하기를 바라는지 먼저 진지하게 고민해야 한다.

7. 번역은 그 자체로서 목적이 있는 사회적인 행위다

번역행위가 도착문화의 특별한 목적을 수행하기 위해 발생한다는 것은 자연스럽게, 다소 도발적으로 느껴질 수 있는 다음 명제로 연결된다.

8. 출발텍스트와 도착텍스트의 커뮤니케이션 목적은 다를 수 있다

예컨대 출발텍스트가 출발문화에서 의도했던 커뮤니케이션 목적은—중요한 고려사항이기는 하지만—번역의 유일한 목적이 아니라는 사실이다. 예컨대 오바마의 선거연설문을 영어학습을 위한 텍스트로 사용하기 위해 번역할 수도 있고, 수사학적 기교가 뛰어난 연설문으로 감상하기 위해 번역할 수도 있고, 오바마정부의 정책기조를 예측하기 위한 자료로 사용하기 위해 번역할 수도 있다. 번역을 왜 하려고 하느냐에 따라 커뮤니케이션 기능은 달라질 것이고, 수신자도 달라질 것이다. 모든 커뮤니케이션은 발신자와 수신자가 서로 협력한다는 측면에서 번역전략은 달라질 것이고, 결과물에 대한 기대도 달라질 것이고, 그에 따라 결과물도 달라질 것이다.

따라서 좋은 번역을 판단하는 기준은 원문충실성이 아니라 번역문이 번역행위의 목적에 얼마나 부합하느냐, 다시 말해 얼마나 중재를 잘 했느냐 하는 것이 되어야 한다. 번역된 작품은 원작과 여러 측면에서 다른 특성을 지닐 수 있다. 물론 이러한 변형은 번역자의 능력(언어지식, 경험, 이해 등)부족으로 인해 발생한 것일 수도 있지만, 번역행위의 목적이나 의도가 달라짐으로써 발생한 것일 수도 있다.

마지막으로 전문번역자가 되기 위해 반드시 알아야 하는 사실 하나를 덧붙이자면, 번역행위의 목적은 번역자 혼자서 결정하는 것이 아니라는 점이다. 번역이라는 행위가 발생하기 위해서는 다양한 참여자들이 필요하다. 기능주의 번역이론에서 제시하는 번역행위 참여자는 최소 여섯 명이다.

- **발주자** initiator (i.e. Apple Inc.)
- **의뢰인** commissioner (i.e. 번역회사, 프로젝트매니저)
- **출발텍스트 생산자** source text producer (i.e. 매뉴얼 라이팅센터)
- **도착텍스트 생산자** target text producer (프리랜서 번역자)
- **도착텍스트 사용자** target text user (i.e. Apple Korea)
- **도착텍스트 수신자** target text receiver (i.e. 제품 구입자, 매뉴얼 독자)

이 여섯 참여자는 각각의 목적에 따라 번역행위에 참여한다. 출판번역의 경우에 발주자는 번역행위가 필요하다고 판단한 최초의 의사결정권자로서 출판사가 될 것이고, 의뢰인은 번역자를 섭외하고 번역일정을 관리하고 업무를 진행하는 편집자가 될 것이며, 도착텍스트 사용자는 번역결과물을 교재나 매뉴얼처럼 특별한 목적으로 활용하고자 하는 학교나 기업과 같은 단체가 될 것이며, 도착텍스트 수신자는 한국어독자가 될 것이다.

9. 번역자는 여러 번역행위자 중 하나일 뿐이다

번역행위 참여자가 중요한 이유는, 이들이 번역행위에 참여하는 목적이 제각각 다를 수 있기 때문이다. 예컨대 출판사는 결과물로 이윤을 얻는 것이 최대목적일 수 있고, 편집자는 작업을 원활하게 진행하는 것이 최대 목적일 수 있고, 저자는 자신의 메시지를 제대로 전달하는 것이 최대 목적일 수 있고, 독자는 유익한 독서를 경험하는 것이 최대 목적일 수 있고, 번역자는 번역이라는 작업을 통해 경제적 이익을 얻는 것이 최대 목적일 수 있다.

그럼에도 이들이 서로 협업하지 않으면 번역은 성공하지 못할 것이며, 더 나아가 번역행위 자체가 발생하지도 않을 수도 있다. 따라서 유능한 번역자라면 번역행위 참여자들의 다양한—때로는 상충하는—목적과 기대와 욕구를 파악하고 조율하고 배려하고 반영할 줄 알아야 한다. '번역'이라는 작업은 실제로 번역자 혼자 수행하지만, 그렇다고 해서 번역행위의 목적이나 전략을 혼자서 판단하고 결정할 수 있다고 착각해선 안 된다. (물론 번역자도 번역행위 참여자로써 자신이 달성하고자 하는 목적을 번역행위에 반영할 권리가 있다.)

예컨대 번역자들이 현업에서 느끼는 딜레마 중에 '원작에 오류가 있거나 문제가 있을 때 그것을 그대로 번역해야 하느냐, 아니면 적극적으로 개입하여 개선해야 하느냐'하는 문제가 있다. 그 해답은 다양한 번역행위자들의 목적을 고려하면 금방 찾을 수 있다. 이 문제를 저자와 번역자 사이의 문제라고 생각한다면 딜레마가 될 수 있겠지만, 6명의 번역행위 참여자들이 원하는 번역결과물은 무엇일까 생각한다면 해답은 의외로 쉽게 얻을 수 있다.

결국 번역자는 원저자와 목표독자 사이에서 중재 역할을 해야 할 뿐만 아니라, 다양한 번역행위자 사이에서도 중재 역할을 해야 한다. (현업에서는 후자가 번역가의 능력을 평가하는 데 훨씬 큰 영향력을 발휘하기도 한다.) 이는 다소 논쟁적으로 보이는 마지막 명제로 이어진다.

10. 번역은 원작의 그림자가 아니며, 번역자는 저자와 독자 사이에 끼어있는 투명인간이 아니다

나는 지금 원문의 가치를 과소평가해도 된다고 말하는 것이 아니다. 저자의 의도를 파악하고 그것을 제대로 번역하기 위해서는 원문을 정밀하게 분석하고 이해하는 능력을 반드시 갖춰야 한다. 또한 그러한 이해를 목표독자들에게 효과적으로 전달할 줄 알아야 한다. 원저자의 경험세계를 공유하기 위해 번역과정에서 상당한 연구와 조사작업을 해야 하며 목표문화와 목표언어의 변화 역시 민감하게 감지하고 반영할 줄 알아야 한다.

'중재'는 '선택'을 의미하지만, 선택의 '효과'는 누구든 검토하고 평가하고 비교할 수 있다. 번역자는 자신의 선택에 대해 책임을 져야 하며 그러한 선택의 정당성을 입증할 줄 알아야 한다. 그러기 위해서는 번역을 잘 하는 것도 중요하지만, 자신의 번역과정을 객관적으로 설명하고 해설할 줄도 알아야 한다. 이것은 '원문 그대로'를 외치는 것보다 훨씬 어려운 일임에 틀림없다.

❀ ❀ ❀

많은 것이 부족함에도 이 책을 통해 다양한 독자들이 번역에 대한 새로운 통찰을 얻었기를 바란다. 번역과 글쓰기는 가르칠 수 없다고 말하는 사람들도 있듯이, 말로 설명하고 이해하는 방법으로는 배울 수 없는 것들이 많다. 직접 번역을 하고 경험을 쌓는 것이 최선이다. 오랜 숙련을 통해 자신만의 노하우와 원칙들을 터득해 나가야 한다. 그 과정에서 이 책이 미약하지만 바람직한 길잡이 역할을 하기를, 의미 있는 책으로 여러분들의 기억 속에 남기를 바란다.

좋은 번역을 평가하는 기준

번역을 의뢰할 때 사람들은 대개 '원문충실성accuracy'를 우선하는 것 같지만, 그들이 실제로 기대하는 '바람직한' 번역결과물은 천차만별일 수 있다. 유능한 번역자라면, 의뢰자가 어떤 번역결과물을 얻고자 하는지, 정확히 말해서 '왜 번역행위를 촉발하려고 하는지' 정확하게 알아야 한다. 번역작업을 직접 해보지 않은 사람은 대부분 '누가 번역을 하든 출발텍스트와 똑 같은 기능을 수행하는 도착텍스트가 나올 것'이라고 간주하기 때문이다.

예컨대 어떤 제품의 광고용 책자를 번역해달라고 의뢰하는 경우, 의뢰자는 번역된 텍스트도 광구문구로 적합할 것이라고 기대한다. 하지만 실제 번역결과물은 도저히 광고문구로 쓰기 어려운 경우가 많다. 문화마다 소비자에게 소구하는 단어나 어법이 크게 다르기 때문이다. 의뢰자의 입장에서 이런 번역결과물은 아무리 원문충실성이 높다고 하더라도 '좋은 번역'이 될 수 없다.

출판번역도 예외가 아니다. 특히 출판은 콘텐츠가 곧 상품이다 보니 하나의 텍스트를 다양한 목적으로 사용하기 위해 번역하는 경우가 많다.

예컨대 오바마 대통령의 연설문을 번역해달라는 의뢰를 받았을 때, 그 연설문을 어떤 목적으로 출간할 것인지 알지 못하면 '좋은 번역'을 하기 어려울 수 있다. 예컨대 《미국의 명연설》이라는 책에 수록될 예정이라면, 번역결과물은 그 자체로 한국독자에게 감흥을 줄 수 있고 설득력이 있는 글이어야 할 것이다. 수사학적 전통의 차이로 인해 원문을 그대로 번역했을 때 '명연설'

이라고 하기에는 부적절해 보이는 부분은 한국어문화의 규범에 맞게 각색하거나 변형해야 할 것이다. 예컨대 《연설로 배우는 영어》라는 책에 수록될 예정이라면, 문장단위로 직역을 우선하여 번역문에서 원문에 담겨있는 항목들을 역추적할 수 있도록 번역해야 할 것이다. 예컨대 〈미국의 향후 정책노선〉이라는 보고서에 수록하거나 또는 미국정부의 정책노선을 예측하기 위한 참고자료로 사용할 예정이라면, 문체나 원문에 집착하기보다는 핵심적인 명제를 빠르게 파악할 수 번역하는 것이 바람직할 것이다.

이처럼 번역의 목적에 따라 번역전략은 달라질 수밖에 없다. 번역의 목적이 다르다는 말은 곧 목표독자가 다르다는 뜻이며, 목표독자가 다르다는 말은 텍스트유형(장르)가 다르다는 뜻이다. 결국 좋은 번역이란, 도착문화에서 사용하고자 하는 목적에 맞게 만들어진 번역결과물을 의미한다. 왜 번역을 하려고 하는지, 어떤 목적으로 번역결과물을 소비하고자 하는지 고려하지 않고서는 절대 '좋은 번역'이 나올 수 없다.

예컨대 《미국의 명연설》에 싣기 위한 연설문을 번역해달라고 의뢰했더니 《연설로 배우는 영어》에 싣기 적합한 번역문을 만들어내고는 '원문대로 번역했을 뿐'이라고 자신의 번역선택을 정당화한다면 그는 결코 '좋은 번역자'가 될 수 없다. 원문중심적 사고만으로는 결코 '좋은 번역'을 만들어낼 수 없으며, 번역행위 참여자들에게 신뢰를 얻을 수 없다(다음 번역의뢰를 받기 힘들다는 뜻이다). 도착문화의 글쓰기 전통에 대해 무지하고, 번역이라는 행위가 수행해야 하는 기본적인 문화간 소통Inter-Cultural Communication에 대해 고민하지 않는 사람은 번역가로서 경력을 쌓아가기 어려울 것이다.

물론 원문중심적 사고에서 벗어나라는 말을 출발텍스트를 마음대로 수정하거나 생략해서 번역해도 좋다는 말로 이해하는 사람은 없을 것이다. 어쨌든 번역은 원문과 완벽한 등가를 달성할 수 없기 때문에, 어느 차원에서 등가를 달성하는 것이 가장 타당한지 판단하고 선택해야 한다. 물론 이 책에서는 단어-문장-텍스트 3차원으로 구분해서 설명했지만, 그 주변에 또 그 사이에 세밀한 차원들이 존재한다. 번역자는 의미있는 텍스트를 만들어내기 위해 다양한 차원에서 적절한 등가를 선택할 줄 알아야 하며, 그러한 선택에 대해 책임질 수 있어야 한다. 다시 말해 자신의 선택에 대해 객관적인 언어로 정당화할 줄 알아야 한다.

'좋은 번역'을 생산하기 위한 번역전략으로 다음 여덟 가지를 소개한다. 문제는 의뢰자가 자신이 어떤 번역결과물을 원하는지 알지도 못하는 경우가 많다는 것이다. 결국 번역의 목적이 무엇인지, 번역결과물이 수행할 기능이 무엇인지, 번역행위 참여자들의 욕구가 무엇인지 번역자가 직접 알아내야 한다. (의뢰자들은 대개 그런 것까지 알아야 하느냐고 되물을 것이다.) 번역행위의 목적을 잘못 이해하면 엉뚱한 번역결과물을 만들어낼 수 있고, 그 결과 실력없는 번역가로 낙인찍힐 수 있다는 것을 명심하라.

축자성literalism을 중시하는 번역

글자 그대로 번역하는 전략. 외교문서, 법률문서, 특허문서 등 공식적인 문서는 번역문만 보고도 원문을 파악할 수 있도록 번역해야 한다. 이들 번역은 대개 원문에 대응하는 번역어가 정해져 있기 때문에 이러한 대응규칙을 알지 못하면 번역하기 어렵다.

이국성foreignism을 중시하는 번역

잘 읽히기는 하지만 어딘가 이국적인 느낌이 나도록 번역하는 전략. 예컨대 이국적 정취를 느끼고 싶어하는 독자들을 위해 문학작품을 번역한다면, 낯선 표현이나 묘사도 번역문에 그대로 드러낼 수 있다. 또는 다국적 여성잡지의 한국어판처럼, 다소 어색하더라도 외국어를 그대로 한글표기하여 번역할 수 있다. 이러한 이국성은 독자에게 유행의 첨단을 걷는 느낌, 세련된 느낌을 선사한다.

가독성fluency을 중시하는 번역

처음부터 도착언어로 작성한 글처럼 술술 읽히도록 번역하는 전략. 대다수의 출판물이 이에 해당한다. 또한 매뉴얼처럼 '도구'로 활용할 목적으로 작성되는 텍스트도 이러한 번역전략을 선택한다. 이 번역의 목표는 기본적으로 원문독자의 반응과 목표독자의 반응을 동일하게 만드는 것이다.

요약summary 번역

핵심만 뽑아서 간략하게 번역하는 전략. 정책노선 분석, 학술논문 요약, 신간소개 등 특정한 내용을 빠르게 파악하기 위한 목적으로 수행하는 번역이다.

해설commentary 번역

숨은 의미나 배경지식까지 모조리 풀어헤쳐 설명해주는 번역 전략. 문화적으로 특수한cultural-specific 요소들이나 언어적 차이로 인해 번역불가능한untranslatable 텍스트의 경우 단순히 텍스트만 번역해서는 원문독자의 반응을 목표독자가 공감하지 못한다. 이럴 때 주석이나 해설을 활용하여 텍스트의 의미를 목표독자에게 알려줄 수 있다. 종교경전이나, 고전문학 등 연구가치가 있는 텍스트들을 해설번역하는 경우가 많다.

요약-해설summary-commentary 번역

어떤 부분은 핵심만, 어떤 부분은 주석을 달아 해설해주는 번역전략.

각색adaptation

가독성을 중시하는 번역전략으로도 원하는 독자의 반응이나 효과를 이끌어내기 힘들 때 번역자가 적극적으로 개입하는 번역전략. 노래, 광고, 시, 동화 등 번역불가능한 텍스트를 자국문화에서 동일한 기능을 수행하는 텍스트로 만들고자 할 때 선택할 수 있는 방법이다. '번안'이라고도 한다.

암호화encryption **번역**

특정한 사람들만 이해할 수 있도록 번역하는 전략. 전문용어, 은어, 속어를 적극 활용하여 텍스트를 만드는 것도 넓은 의미에서 암호화번역에 속한다고 할 수 있다.

* * *

암호화번역은 목표독자를 차단하겠다는 의도를 명백하게 드러낸다. 하지만 가만히 생각해보면, 이러한 의도는 암호화번역뿐만 아니라 모든 번역전략의 기본적인 목표라는 것을 알 수 있다. 다시 말해 번역전략을 선택하는 것은 곧, 누구를 목표독자로 삼겠다고 선택하는 것과 같다. 목표독자가 달라지면 도착텍스트에 대한 독자의 기대도 달라지고, 그러한 기대에 부응하는 텍스트의 형식도 달라진다. 결국 도착문화의 글쓰기 규범에 대한 지식이 '좋은 번역'을 평가하는 데 중요한 역할을 한다는 것을 알 수 있다.

효과적인 3단계 번역품질 평가-개선 방법

언어는 다층적으로 의미를 구현하기 때문에 한꺼번에 번역의 품질을 평가하는 것은 어려운 일이다. 이 책에서 설명하는 텍스트의 세 차원을 기반으로 단계별로 번역문을 평가하면 훨씬 효과적으로 번역결과물의 품질을 평가하고 개선할 수 있다.

1단계. 원문 대조 검사

원문과 번역문을 문장별로 비교한다. 문장이 너무 길 경우에는 의미단위를 청킹하여 비교한다.

- **의미가 달라지거나, 의미가 추가되거나 생략된 부분을 체크한다.**
- **중요한 단어를 일관적이지 않게 번역한 곳을 체크한다.**

물론 체크한 곳이 문장(2단계)이나 텍스트(3단계) 차원에서 타당한 선택일 수 있으니, 최종 평가는 보류할 수 있다. 하지만 명확하게 실수라고 여겨지는 부분은 먼저 수정하고 다음 단계로 넘어가는 것이 효율적이다.

2단계. 표현 검사

이제 번역문만 검토한다. 문장과 표현에 집중하여 글을 읽어 나가면서 자연스럽지 않거나 어색한 곳을 찾아낸다.

- 부자연스러운 표현, 이해가 잘 되지 않는 문장, 논리가 잘 연결되지 않는 부분이 나오면 밑줄을 친다.
- 집중이 흩어지거나 엉뚱한 심상을 떠올리게 만든다면 문제가 있다는 신호다. 독자가 의미를 다르게 해석할 수 있는 모호한 문장이 숨어있다.

물론 밑줄 친 곳이 텍스트(3단계) 차원에서 타당한 선택일 수 있으니, 최종 평가는 보류할 수 있다. 하지만 명확하게 실수라고 여겨지는 부분은 먼저 수정하고 다음 단계로 넘어가는 것이 효율적이다.

3단계. 스타일 검사

목표독자의 시선으로 번역문을 쭉 읽어나가면서 글의 전반적인 흐름에 주의를 기울인다. 너무 전문적인 화법이나 너무 수준이 낮은 어휘처럼 튀는 부분이 없는지 찾는다.

- 격식성이나 높임법 등이 적절한가? 일관성이 있는가?
- 목표독자의 지식수준을 적절히 고려한 어휘나 표현을 사용하는가? 정보가 과도하거나 부족한 부분은 없는가?
- 키워드가 일관성있게 번역되었는가? 섹션 제목이 본문을 제대로 요약하고 있는가? 제목들 사이에 일관성이 있는가?

1-2단계에서 발견한 문제들이 진짜 문제인지 최종적으로 판단한다.

❋ ❋ ❋

물론 모국어에 대한 감각은 사람마다 다를 수 있기 때문에, 평가자와 번역자 사이에 의견충돌은 늘 발생하기 마련이다. 그런 면에서 2단계와 3단계 검사에서는 최대한 번역자의 선택을 존중하는 것이 바람직하다. 반대로 번역자는 평가자의 지적을 최대한 수용하고 반영하기 위해 노력해야 한다. 자신의 글에 대한 피드백에 부정적으로 반응하는 것은 스스로 배우고 발전할 수 있는 기회를 내팽개치는 것과 같다.

좋은 번역결과물을 얻고자 한다면, 일단 경험이 풍부한 번역자와 평가자를 섭외해야 한다. 번역자들은 대개 프리랜서로 활동하기 때문에 번역실력이나 텍스트에 대한 이해방식도 천차만별일 수 있다. 예컨대《갈등하는 번역》을 읽은 (그리고 동의하는) 평가자와 그렇지 않은 번역자가 만났을 경우—번역행위와 텍스트에 대한 이해 차이로 인해— 원활하게 소통하고 좋은 번역결과물을 만들어내는 것은 쉽지 않을 것이다.

물론 평가자가 수정할 수 있는 권한을 가지고 있는 경우에는, 수정할 이유가 분명하고 손쉽게 수정할 수 있는 부분은 직접 수정해도 무방하다. 그 외의 부분은 번역자가 직접 수정하도록 요청하는 것이 바람직하다.

이렇게 3단계 평가와 개선을 모두 마치면 '리바이징' 작업이 비로소 끝난 것이다. 이제 맞춤법, 띄어쓰기, 표기법 같은 요소를 검사하고 수정하는 '에디팅' 작업을 하고 출고한다.

용어해설

- **가상독자**ideal reader: 저자가 마음속으로 가정한 이상적인 독자. 특정한 사실에 대한 지식, 특정한 경험에 대한 기억, 특정한 텍스트에 대한 인식, 특정한 의견·선호·편견, 특정한 수준의 언어적 능력을 공유한다. 목표독자target reader ⇒ 372, 374, 380, 386
- **가치편향**value-laden: 언어적 표현에 개인적인 가치관이나 편견을 반영하는 것.
- **공손성**politeness ⇒ 105
- **근접성의 원리**principle of proximity ⇒ 239
- **글쓰기의 3단계**writing process: 린다 플라워Linda Flower는 효과적으로 글을 쓰기 위한 방법으로 다음 3단계 작업과정을 제시한다. ⇒ 136, 351
  1. **드래프팅**drafting: 머릿속 아이디어를 빠르게 문자로 변환하는 과정. 번역작업에서는, 원문을 직역위주로 빠르게 옮기는 과정이다.
  2. **리바이징**revising: 완성된 초고(draft)를 커뮤니케이션 목적에 맞는 구성과 진술방식으로 고치는 과정. 이 과정에서 핵심적으로 고려해야 하는 글의 요소는 심층결속성이다. 다시 말해 자신의 생각을 그대로 써 내려간 초고를 독자의 입장에서 이해할 수 있는 원고로 뒤집는 작업을 한다. 번역작업에서는, 드래프트를 목표독자의 관점에서 의미가 통할 수 있도록, 또 번역의 목적에 맞는 텍스트성을 확보할 수 있도록 수정하는 과정이다. 이 과정은 만족할 만한 결과물을 얻을 때까지 계속 반복한다.
  3. **에디팅**editing: 리바이징이 끝난 원고(revision)를 마지막으로 검토하는 과정. 문체를 다듬고, 맞춤법과 같은 기술적인 규범을 점검하여 최종원고를 완성한다.

- **단위명사**measure word: 숫자를 셀 때 붙이는 의존명사. ⇒ 165
- **담화**discourse: 사회문화적 행위에 대한 특별한 가치나 태도가 반영된 말이나 글. 모든 텍스트는 담화이며, 담화는 선택의 결과물이다. ⇒ 218
- **도착텍스트**target text: 도착문화의 독자들이 사용하는 도착언어로 작성된 변역결과물. 목표텍스트, 번역문, 단순히 '번역'이라고 일컫기도 한다.
- **독서**reading: 시각적 기호들을 인식하고 그것들을 해석하고 흩어져 있는 정보들을 하나로 연결하여 의미를 만들어내는 작업. ⇒ 282
- **등가**equivalence: 두 언어 사이에 동등한 '값'을 갖는 것으로 간주되는 항목. 유진 니다Eugene Nide는 역동적 등가dynamic equivalence(의미 대 의미)와 형식적 등가formal equivalence(단어 대 단어)로 구분하였다.
- **리던던시**redundancy: 같은 정보를 반복해서 말하는 것. 리던던시는 정보성을 낮추고, 텍스트의 전개 속도를 늦춘다. 함축과 같은 특별한 목적을 달성하기 위해 일부러 사용하기도 한다. ⇒ 293
- **맥락**context: 언어사용에 영향을 미치는 텍스트 바깥의 상황이나 환경.
- **메시지**message: 수신자가 소비할 수 있도록 송신자가 의도적으로 생산한 커뮤니케이션의 단위. 메시지는 다양한 채널을 통해 전달할 수 있으며 채널에 따라 형태가 달라질 수 있다. ⇒ 217-8
- **메타디스코스**metadiscourse: 독자에게 논의의 방향을 알려주거나 진술에 대한 해석방법을 지시하는 역할을 하는 항목들. ⇒ 246
- **명사화**nominalization: ⇒ 79-83, 154, 206, 267-8
- **명시화**explication: 언어적 표현방식에 의도가 직접적으로 드러나도록 만드는 것. 번역과정에서 보편적으로 발생하는 현상이다. 이와 반대로 의도가 간접적으로 드러나도록 만드는 것은 함축화implication라고 한다. ⇒ 367
- **명제**proposition ⇒ 27
- **문미하중**end-weight: 길고 복잡한 항목이 뒷부분에 놓이는 원리.
- **문법요소**grammatical element vs 어휘요소lexical element ⇒ 107-9

- **문체**style: 언어사용의 변이. 특별한 효과를 획득하기 위한 목적으로 음운, 문법, 어휘 등의 자원을 의식적으로 선택하여 만들어낸다.
- **문화**culture: 삶의 방식이자 세상을 보는 사고방식. 문화는 그 집단이 공유하는 언어로 표현된다. 문화에는 다양한 하위문화가 존재한다.
- **방언**dialect → 언어변이 ⇒ 64
- **번역행위**translational action: 직접 도착텍스트를 만들어내는 작업뿐만 아니라, 이와 관련하여 발생하는 모든 형태의 사회적 행위를 포괄하는 말.
- **번역행위이론**theory of translational action: 커뮤니케이션 이론과 행위이론을 원용한 번역이론. 번역행위이론에서 번역은 단순히 언어를 옮기는 작업이 아니라 문화간 장벽을 넘어 의도하는 협력을 이끌어냄으로써 기능중심적인 의사소통을 가능하게 하는 목적지향적, 결과중심적 인간의 상호작용이다.
- **사용역**register ⇒ 64
- **선형배열**linear arrangement: 최소단위로 분절한 메시지 조각들을 주어진 맥락 속에서 독자가 분명하게 알아들을 수 있는 방식으로 배치하는 것.
- **술어**predicator: 동사나 동사구.
- **어휘**lexis ⇒ 29-31
- **유생성**animacy ⇒ 164-5
- **유표성**markedness: 선택된 어휘적·문법적 항목이나 구조가 다른 항목이나 구조에 비해 특별한 정도. 의도가 개입되지 않은 일반적인 선택은 무표적 선택unmarked choice라고 하고 의도가 개입된 유별난 선택은 유표적 선택marked choice이라고 한다.
- **의도성**volitionality ⇒ 184
- **의미장**semantic field과 **어휘집합**lexical set ⇒ 90-1
- **의미표상**semantic representation: 말로 표현하기 이전에 우리 머릿속에 존재하는 메시지. 이해understanding, 개념concept ⇒ 72
- **의사소통적 역동성**communicative dynamism(CD): 언어요소가 의사소통의 전

개에 기여하는 정도. 모든 절은 문맥의존적인 요소(낮은 CD)와 문맥독립적인 요소(높은 CD)가 결합하여 이루어진다. ⇒ 288

- 이데올로기ideology: 개인, 집단, 공동체, 사회, 제도의 관념체계. 이러한 관념체계는 의식적으로든 무의식적으로든 언어적인 표현으로 발현된다. 언어적 표현에 반영된 이데올로기를 추적하는 작업을 '담화분석'이라고 한다.
- **자국화**domestication vs **이국화**foreignization ⇒ 378
- **장르**genre: 추구하는 사회적 기능에 따라 달라지는 텍스트의 관습적인 형식.
- **절**clause: 동사가 포함된 문법적 단위. 메시지의 최소단위
- **정보구조**information structure ⇒ 275-7
- **정보부하**information load: 독서과정에서 처리해야 하는 정보의 양.
- **정보성**informative: 독자가 정보를 예측할 수 있는 정도. ⇒ 289
- **주제구조**thematic structure: 화자가 전달하고자 하는 관점이나 진술방식을 반영하여 메시지를 배치하는 방식. 문장의 앞부분은 주제어, 문장의 뒷부분은 평언이라고 한다. 주제어보다 평언이 의사소통적 중요성이 높다.
- **중재**mediation: 발화와 텍스트를 처리하는 과정에서 전달자가 특정한 가치관, 신념 등을 반영하는 행위 → 이데올로기
- **초점**focus: 커뮤니케이션의 목적이 되는 항목. 대개 문장 끝에 놓인다.
- **출발텍스트**source text: 번역의 대상이 되는 텍스트. 출발언어로 작성된 텍스트로 원천텍스트, 원문이라고도 한다.
- **커뮤니케이션 기능**communicative function: 텍스트의 입장에서 독자에게 전달하고자 하는 '의도', 독자의 입장에서 텍스트의 '의미'를 의미한다. 의도와 의미는 결국 커뮤니케이션의 '기능'이자 '목적'이다. 스코포스이론Skopostheorie에서 기능은 번역과정에서 가장 우선 고려해야 하는 핵심요소다.
- **콜로케이션**collocation: 둘 이상의 단어가 자주 결합하는 경향. 연어**連語** ⇒ 53
- **타동성**transitivity: 행위가 대상에 미치는 영향력 ⇒ 166-8
- **타동성분석**transitivity analysis: 기표 속에 담긴 명제를 체계적으로 분석하여

실제로 벌어진 행위, 행위의 참여자, 행위가 발생한 상황 등을 디코딩하는 작업 ⇒ 158

- **태**voice: 동사와 주어의 관계를 정의하는 문법요소. 영어에서 능동은 행위자가 주어, 수동은 피행위자가 주어에 놓인다.
- **텍스트**text: 어떤 측면에서 완결된 것으로 보이는 일단의 말이나 글. 하나의 목적, 또는 관련된 여러 목적을 달성하기 위하여 체계적으로 구조화되어 있는 메시지 단위. → 담화
- **텍스트성**textuality: 텍스트의 일부로 기능할 수 있도록 작용하는 속성.
- **텍스트유형**text-type: 원하는 메시지의 초점이 가장 효과적으로 드러나도록, 또는 특정한 맥락에 적합하도록 선택한 텍스트 구성방식. 기본적으로 설명, 논증, 지시 세 가지 유형으로 나눌 수 있다. → 장르genre.
- **텍스트적 의미**textual meaning: 개별발화들을 특정한 방식으로 나열함으로써 만들어내는 의미. ⇒ 351
- **표층결속성**cohesion vs 심층결속성coherence ⇒ 363
- **표층결속장치**cohesive device ⇒ 342
- **한정**qualification: 주장을 적용할 수 있는 범위를 제한하는qualifying 행위.
- **해석**interpretation: 텍스트에 제시된 기표들로부터 발신자의 의도를 도출해내는 작업. 이 작업에는 상당한 텍스트 외적 정보가 반영된다.
- **화제어**topic ⇒ 318
- **환기적 의미**evoked meaning: 특정한 감정이나 상황을 의식하게 만드는 효과. 연상의미 ⇒ 30

참고도서

- **Albrecht Neubert and Gregory Shreve** (1992) *Translation as Text.* Ohio: Kent State University Press.
- **Basil Hatim** (2001) *Teaching and Researching Translation.* London: Longman.
- **Basil Hatim and Ian Mason** (1990) *Discourse and the Translator.* London: Longman.
- **Daniel Everett** 윤영삼 옮김 (2009) **잠들면 안 돼, 거기 뱀이 있어** 꾸리에북스.
- **David Butt, Rhondda Fahey, Sue Spinks, and Colin Yallop** (2000) *Using Functional Grammar: An Explorer's Guide.* National Centre for English Language Teaching and Research, Macquarie University.
- **Douglas Robinson** (2003) *Becoming A Translator: An Introduction to the Theory and Practice of Translation.* London: Routledge.
- **Guy Deutscher** 윤영삼 옮김 (2011) **그곳은 소 와인 바다가 모두 빨갛다** 21세기북스.
- **Jean Aitchison** 홍우평 옮김 (2004) **언어와 마음** 역락.
- **Jeremy Munday** 정연일, 남원준 옮김 (2006) **번역학입문: 이론과 적용** 한국외국어대학교출판부.
- **Joseph Williams** and **Gregory Colomb** 윤영삼 옮김 (2021) **논증의 탄생** 크레센도.
- **Joseph Williams** and **Joseph Bizup** 윤영삼 옮김 (2023) **스타일레슨** 크레센도.
- **Lawrence Venuti** 임호경 옮김 (2006) **번역의 윤리** 열린책들.
- **Linda Flower** (1993) *Problem-Solving Strategies for Writing.* San Diego: Harcourt.

- **Malcolm Coulthard** (1992) *“Linguistic Constraints on Translation”* In *Ilha do Desterro* 28 - *Studies in translation / Estudos de tradução*, 9-23. Florianópolis: Editora da UfSC.
- **Martha Kolln** and **Loretta Gray** (2016) *Rhetorical Grammar: Grammatical Choices, Rhetorical Effects.* New York: Pearson.
- **Mona Baker** (1992) *In Other Words: A Coursebook on Translation.* London: Routledge.
- **Mona Baker** 한국번역학회 옮김 (2009) **라우트리지 번역학 백과사전** 한신문화사.
- **Christiane Nord** 정연일, 주진국 옮김 (2006) **번역행위의 목적성** 한국외국어대학교출판부.
- **Roger Bell** (1991) *Translation and Translating: Theory and Practice.* London: Longman.
- **Steven Pinker** (2014) *The Sense of Style: The Thinking Person’s Guide to Writing in the 21st Century.* New York: Viking.
- **Susan Bassnett** (2002) *Translation Studies.* London: Routledge.
- **국립국어원** (2005) **외국인을 위한 한국어문법 2** 커뮤니케이션북스.
- **김도훈** (2011) **문장부호의 번역학** 한국문화사.
- **김은일** (2010) **부호화 체계와 번역** 한국문화사.
- **김혜영** (2009) **국어 번역문과 번역 글쓰기** 한국문화사.
- **박철우** (2003) **한국어 정보구조에서 화제와 초점** 역락.
- **안정효** (2002) **번역의 공격과 수비** 역락.
- **이석규, 허재영, 박현선, 한성일, 김진호, 김규진** (2002) **우리말답게 번역하기** 역락.
- **임홍빈** (2007) **한국어의 주제와 통사 분석** 서울대학교출판부.